从夹缝到通途

深度对话70后作家

舒晋瑜　著

北京出版集团
北京十月文艺出版社

我所认识的舒晋瑜

邱华栋

我认识舒晋瑜有很多年了。从二十世纪九十年代开始，我和她曾一起跑过文化新闻，在各种会议上相见。她总是披着一成不变的长发，不是安静地看书，就是埋头敲字，气质娴雅，性格沉静、内敛，从不张扬。但我知道，她又是热情的、执着的、坚韧的，不知不觉，她在文学领域耕耘了二十六年，出版了多部令人刮目相看的、具有历史文献价值的当代文学访谈录，采写了大量当代文化、文学界人士，做了很多的深度访谈和报道，留下了一个时期文学发展状况的全景观察与思考。因此，她的耐心和职业定力经受了时间的考验，也让我们看到了长期主义的胜利。

舒晋瑜出生于山西霍州，从小就喜欢阅读，八岁时跟着母亲回祖籍山东，火车上遇到一位看文学杂志的大叔，大叔看完，她瞅准时机借来，直到人家准备下车，她的眼睛还恋恋不舍地追着杂志。大叔看出她的心思，索性慷慨地把杂志送给她。少年时，父母带她到北京旅游，别的小姑娘可能会迷恋漂亮衣服，晋瑜带回去的，却是满满一书包的书籍。更不用说后来到北京求学，几乎每个周末她不是去国家图书馆，就是泡在海淀的书城淘书。可以想见，这样一个热爱阅读的姑娘，当她有机会进入《中华读书报》，可以尽情读书，并且还有机会采访到书的作者时，还不像热爱蜂蜜的小熊一头撞进蜜罐里那样高兴啊。

很多小说家最初是从诗歌进入文学殿堂的，我竟不知道作为记者的晋瑜，最初也写过诗。当然，那时候她的诗歌难免幼稚，也只是发表在校园刊物上，但那一时期的训练使她的文字简洁凝练，不拖泥带水。她热爱写作，从中学时期写作文就养成习惯：老师布置一个作文题目，她要写两篇；走上新闻岗位也是，明明一篇新闻稿就可以交差，她要换个角度多写一篇，对比哪种写法更出彩。在初学新闻写作时就对自己要求严格的记者，未来可期。

说起来，我过去还是舒晋瑜的同行。我在《中华工商时报》工作时就和她有交集。1999年，我的长篇小说《正午的供词》在《中华读书报》刊发过介绍；后来，我陆续在《青年文学》、《人民文学》、鲁迅文学院、中国作协书记处任职，都和晋瑜打过交道，还曾经参与《中华读书报》组织的专家学者逛书市活动，那一年，舒晋瑜跟着我走遍北京图书订货会，边走边聊边记，她的职业精神让我这个同行非常感慨。

对于舒晋瑜来说，从进入《中华读书报》的1999年到2014年间，应该是她创作的第一个阶段。她在新闻报道、专访和深度话题采写中收获丰厚，几乎每一期报纸都有她的作品，从第一版新闻到最后的“网络时代”专刊，晋瑜体现出优秀新闻人敏锐的发现、捕捉新闻的能力，以及勤奋、敬业的精神。那一时期，中国人民大学书报资料中心、《新华文摘》、《作家文摘》……很多报刊都引用晋瑜的报道，以至于多年以后，学界朋友见到舒晋瑜都感到惊讶，觉得她在业内如此资深，一定是个老同志，结果却是个娴静的年轻女子。

2014年2月，舒晋瑜出版了她的第一部著作《说吧，从头说起》，这本书收入了王蒙、铁凝、莫言、贾平凹、陈忠实、格非、阿来、苏童、王安忆、迟子建等十六位当代作家的文学访谈。晋瑜以她细腻的观察、体贴的思考进入当代文学发生的现场，对中国当代文学进行报道，有不少采访历时数年乃至十多年，跟踪访谈。这些作家所谈的话题有大有小，但因为舒晋瑜作为提问者的角度与提问方式独特而亲善，这些文字都有着一种平和与温暖，称得上是一份有体温的时代记录。舒晋瑜出身军人家庭，曾经一心想成为军人。但机缘不巧，她只能在工作中完成自己的心愿。这就是她的第二部访谈录《以笔为旗：与军旅作家对话》，这部书收入了33位烙有军旅印记的作家访谈，是一个时期军旅文学的集中展示，体现了晋瑜对军旅文学的长期关注、了解和热爱。

及至2018年，她推出了《深度对话茅奖作家》，应该是舒晋瑜创作的第二个阶段。这部堪称她代表作的访谈录，不仅确立了访谈作为一种独立文体的存在价值，也确立了舒晋瑜访谈在文学界的地位。她极具个人特色的采访与记录，使她的访谈成为《中华读书报》的重要品牌之一。比如，2018年2月，当时还健在的著名文学评论家雷达就说过，一是舒晋瑜的访谈是今后文学创作者和研究者的必备资料，二是一个作家取得了重要成就，才能获得被她访谈的机会。我很认同这一点。很多文坛朋友交流起来，都说舒晋瑜是默默无闻做大事的人，从对首届茅奖获得者到最新一届茅奖获得者，全都访谈一遍，纳入其中。书中还收录了作者对历届茅奖评委的访谈，从评奖与得奖两个角度透析中国文人与文学界，为今后对中国文学的深入研究，提供了有力的佐证和重要的参考。

算起来，这些年舒晋瑜陆续出版的《说吧，从头说起》《以笔为旗：与军旅作家对话》《深度对话茅奖作家》《深度对话鲁奖作家》《倾谈录——深度对话鲁奖作家》《中国女性作家访谈录》，包括纪实作品《风骨　当代学人的追忆与思索》，每一本都像是一个扎实的脚印。

2025年，舒晋瑜即将出版自己的第七本访谈录，《从夹缝到通途：深度对话70后作家》，这是一部对即将经典化、成熟态的70后作家中的代表人物的深度访谈。

说到这里，似乎才步入正题。多年前，舒晋瑜就半开玩笑地约我为她写一篇评论，我毫不犹豫地答应下来，我相信以自己对她的了解、对文学的了解，必然游刃有余地完成任务。没想到，这部书稿来得这么晚，评论改成了序言。晋瑜说，这是她很看重的一部书稿，从步入文坛，她就一直追踪同时代的作家朋友，直到近几年集中看了他们的作品，才觉得是时候出手了。

70后作家队伍很庞大，我很关心晋瑜选择哪些作家进入这部访谈录，她的标准是什么。从本书目录可知，所有入选作家都是茅盾文学奖、鲁迅文学奖的获得者。这两大奖项获得者囊括了一线活跃的70后作家，当然，也有一批创作成就很不错的70后作家，尚未收入其中。所以，访谈录的重要一节便是谈获奖作品。相信每一位作家的获奖作品，都代表了当前文学创作的阶段性标高，集中在访谈录里，晋瑜的用心良苦一望而知。

这本书的结构和她的前几部大致相同，即采访手记+对话，别出心裁的是，此番同时代的采访，加了一些轻松的问题设置，比如血型、爱好、毕业院校。除了小白，其他作家都兴致盎然地回答了，我也颇有兴致地浏览了，很有趣。作家的星座或血型对写作有多大影响，国内还没有太多研究，但是集中呈现出这一代人的“血统”时，或许可以为研究者提供一点信息，也为我们提供一些茶余饭后的谈资。

书中收录的作家都是我非常熟悉的，熟悉他们的形象、作品甚至为人。在读了舒晋瑜的这本书稿之后，我认为她对笔下的作家把握非常精准，写得也很松弛。比如，她写黄咏梅：“短发，圆脸，细长的眼睛，一笑，右颊上深深的酒窝就溢出了欢乐。”她写鲁敏：“发长及肩，着装得体，言语热情又不失分寸。不论何时见到，她总是一副不知疲倦的样子，朝气蓬勃，令人想到春天的白杨。”她写王凯：“沙漠是王凯最辽阔的背景。他的连队也像一片戈壁，支撑或哺育着文学的种子在此生长。行走在沙漠的王凯把自己写成了一粒沙，融入了戈壁。”多么生动具体的呈现！这些作家立刻就来到了我们的面前。

不用怀疑舒晋瑜巨大而精深的阅读量。翻开任何一篇对话，你能发现她大量阅读作家不同时期的作品，这实在需要长期的倾心投入。比如她写张楚：“读《云落》，很难不去想张楚的短篇《樱桃记》（2004年）和中篇《刹那记》（2008年）里的命运多舛的女孩樱桃。只是樱桃的故事延伸了，变身为万樱……她仍是卑微、木讷甚至丑陋的小人物，走在人群里也许瞬间会被淹没，内心世界却浪潮奔涌，阳光下闪着粼粼的光芒。”显然，她至少遍览了张楚跨越二十年的作品，才会有如此内行的比较。

当然，如同评论家并非对所有文本都能够解析透彻，有时候，舒晋瑜也会发出疑问：“我合上弋舟的书时，对自己的阅读理解产生了某种怀疑。我读懂弋舟了吗？他文字背后的精神和隐喻，我读懂了吗？也许，恰恰因为疑惑，才需要借助对话，接近真实的弋舟……读弋舟的文字，感觉他像漂摇在大海里的小船。城市生活的幽暗或明亮，孤独或迷茫，交织在他的笔下，如进入一片混沌的世界。但他分明又目光坚定地指向未来。”真实的阅读感受以及弋舟本人及作品的形象特征，全在这简短的几句话里概括了。

仔细翻阅，你会发现，她对作家作品并不完全是认同和赞赏，也有质疑、反问，但从温和的语气里，作家们必然能感受到她的善意。

作家徐坤在《把访谈做成一门学问》中对晋瑜有准确的评价，她说：“一个人访谈一次并不难，难的是一辈子做访谈。《巴黎评论·作家访谈》由无数记者历经数年共同完成；《中华读书报》‘作家访谈’由舒晋瑜带领走过青春和盛年，她以一己之力做成了，是一己的倾情奉献。”

我深以为然。一个好记者一定是在不断地突破自我，舒晋瑜也在不断地拓展自己的写作空间。她的散文曾获得全国第六届报人散文奖和第四届丰子恺散文奖；她也偶尔写些评论文章，总有自己独特的角度和创见。总之，舒晋瑜是一个有正义感、责任感、使命感的好记者，常常有“舍我其谁”的豪迈。这大概和她的性格有关。晋瑜看上去文静，却古道热肠，颇有任侠之气。

我也在思考，为什么这么多年，媒体记者有转行的，有升迁的，都离开了一线岗位，舒晋瑜却还在坚持？在她的一篇创作谈中，我发现了秘密。她说：“我深爱这充满未知和挑战的事业。采访过的数百位作家，他们散落在全国各地，语言、个性不同，文学观和艺术趣味亦有天壤之别，却一起构成了活泼生动、富有生命气息的文学生态。纳博科夫曾经说，文学除了闪闪发光的生活，什么都不是。文学在今天的感召力依然如此，不论是伟大的还是平凡的，高贵的还是卑贱的，在文学的观照中皆闪闪发光。这是访谈对我的意义，也是文学对我们的意义。我特别向往访谈的一种境界，是和作家一起探究文学世界的风貌与秘密，了解他们写作的幸福或烦恼，分享他们的成功或失败。清风朗月，绿水青山，并肩策马，相伴一程，临别抱拳，会心一笑。单为这相伴一程，就值得我付诸此生。”

这就是我所认识的舒晋瑜，一个在文学沃土上只问耕耘不问收获的“老黄牛”。相信这本书之后，她还会开启自己生命的新征程。让我们共同期待！祝贺舒晋瑜这本书的出版！

2025年2月24日

目录 Contents

李浩：写作是一面放置在我身侧的镜子

李浩，河北师范大学文学院教授，“河北四侠”之一。著有长篇小说《如归旅店》《镜子里的父亲》，小说集《N个国王和他们的疆土》《封在石头里的梦》《谁生来是刺客》《变形魔术师》《消失在镜子后面的妻子》，评论集《匠人坊——中国短篇小说十堂课》《在我头顶的星辰》《阅读颂，虚构颂》，诗集《果壳里的国王》等。曾获第十二届庄重文文学奖，第九届人民文学奖，第九届十月文学奖，首届孙犁文学奖，第九届、十一届、十二届河北文艺振兴奖等。2007年，短篇小说《将军的部队》获第四届鲁迅文学奖。

作家档案

出生日期：1971年1月27日

出生地、籍贯：河北省沧州市

毕业院校及专业：沧州师范学院，美术专业

血型、星座：B型，水瓶座

最喜欢的个人代表作:《灶王传奇》

文学偶像：罗素，卡尔维诺，鲁迅，博尔赫斯，君特·格拉斯……

文学之外的爱好：绘画，书法，流行音乐

想对20年前或20年后的自己说什么：想对20年前的自己说，努力，再努力些，精心，再精心些，你的视力、体力和一切都会随着时间而下降；想对20年后的自己说，你一直试图成为那个“个人”，你觉得自己做到了吗？你的妥协是不是太多了？

文学观：写作是一面放置在我身侧的镜子

采访手记

不同于最早以“私小说”驰名的美女作家卫慧、棉棉们，也不同于专注于青春迷茫和伤感疼痛的丁天、李师江们，作为70后作家，李浩的写作视野开阔、题材丰富，当很多同龄人的写作从自身经历开始时，他的书写却远远地拉开了与“自我”的距离。

选择与“自我”拉开距离，并不仅是出于呈现自我写作面目的考虑，更源自李浩内心与他眼中的世界以及人生观。他对生活、自我和人生的观察更多是审视和俯视性的。他想写下的，不仅是一个“我”。

卡尔维诺在《树上的男爵》中有几句略带戏谑的、对柯希莫男爵一生的概括：生活在树上—热爱着大地—最后升入了天空……这，恰是李浩写作的理想状态，他希望自己的一生也能如此。

“我写书写众人、人类、人类沉默着的幽暗区域，它有具体性但更有超越性，它甚至超越国度、民族和男女，这，才是我更想要的。我希望在我的文字里完成某种整合，我希望我的书写有某种普适性，虽然它有强烈的个人面目、个人特点的存在。”李浩说，他迷恋的从来不是自我，甚至对这个“自我”有着小小的厌恶；他迷恋的是这个世界上未知的谜。当然，他也认为，在每一篇文字中，都有“自我”的血在渗流，所以他反复地说“写作是一面放置在我身侧的镜子”。

对于李浩来说，写作是一种和自己、和他人对话的方式。他希望自己的写作是对自我的梳理和记忆，是对自己、世界和人类的真切表达。他希望写下对命运的感叹、深思和追问，写下爱与哀愁，幸运和痛苦，写下对人生、对世界的理解，对命运和时间的理解。他希望能有聆听的耳朵。

剧作家奥尼尔有一句片面却深刻的话："不和上帝发生关系的戏剧是无趣的戏剧。"这句话，充当着李浩写作的座右铭，昭示着他努力达至的方向。他从不否认自己的"文学野心"，这个野心大约延续了巴尔扎克式的狂妄，正是他，在拿破仑肖像的底座上如此写道："他用剑没有完成的事，我将用笔来完成。"

很长一段时期，在李浩的作品中"父亲"贯穿始终，并被赋予不同的象征。

问：你的写作主题对父辈、对历史关注较多——是什么原因？

李浩：我关注"父亲"是因为在他身上有着巨大的、复杂的背负，他不仅仅是我们生命中最先出现的男人，他还具有象征性，象征历史、政治、权威、力量、责任，象征经验与面对生活的态度，象征我们生活中需要正视的，无法回避的坚固存在。我关注"父亲"，还因为个人的阅读和写作趣味，在我二十余年的写作生涯中，父亲一次次出现，并且可能还会继续出现……父亲是一件"制服"。我看中的，是它的象征性，是它的背负。这个“父亲”，本质上也是我，是给我压力和暴力、困囿住我的那股力量。我想借助写作，更好地、更真切地思考它、审视它、探究它。

在我的小说中，“父亲”更多地被寓言化了，他是一类农民的代指，一大类，我所见的，所熟悉的，只是我将他（以及我）身上的部分进行了夸张。在我的小说中，父亲连接着我的血脉，他也是我，充斥着我对自己的爱恨，对世界的爱恨。

在这里你可以看到我写作的某种一贯性：我不书写或者说有意回避“自我”，但这个“自我”在父亲身上。我在小说中建立的是“彼岸”，是那种“存在的可能”，但它的选材则源自我的身体、我的生活和我的思考。它的里面有我的血。但是，我强烈地认为，“小说不是生活生出来的”，从生活到小说需要一系列复杂而深刻的变动。只不过，我的变动更大些，更“抽象”些。

问：你从创作《拿出你的证明来》《碎玻璃》时就开始书写“文革”，这一主题在《镜子里的父亲》里有更充分的描述，有什么特别的原因吗？

李浩：我不认为《拿出你的证明来》《碎玻璃》《牛朗的织女》等是“文革”小说，“文革”，只是我小说需要的背景而已，它有那种“集体无意识狂欢”，有那种集体的巴库斯激情，有那种对暴力的崇敬和恐惧……用它作背景只是为了使一个细微的发现有更为放大的展现，所以，“执着于‘文革’”是种效果选择，它更宜放大——如果愿意，我可以把我之后的所有作品都放置在民国或者当下，甚至唐朝，无所谓，我无意专注于书写“文革”经验，我要的，不是为一个时代提供怎样的史实性佐证，绝对不是！将它作为背景，只是因为在众多背景中，它是最符合、最恰当、最利于表达的一个。当然，《镜子里的父亲》多少有些例外，我试图勾勒一个时代，勾勒一个时代的个人命运，以及那些农村知识分子的存在和他们身上的问题。这些存在与问题，也是我们的存在与问题，它们一直影响着我们，直到今天。这个父亲，有了“知识”的父亲，他的一生都在“与世俯仰”，努力和流行思想保持一致，而那些被宣称的“高、大、上”的根部都有隐藏的伪装，他相信的、遵从的都是……我希望我的书写能够让我们发现它、认识它、审视它、思考它，部分地抵御它。这是核心，是远比那些表象更重的核心。

问：你似乎很钟情于“镜子”？例如《侧面的镜子》《父亲，镜子和树》《镜子里的父亲》等。

李浩：镜子在我的写作中的确是一个“核心意象”，它，是我对文学的部分理解，我把文学看成是放置在我侧面的镜子，我愿意用一种夸张、幻想、彼岸、左右相反的方式将自我“照见”。引用诗人塞菲里斯的一句诗：“如果要认识自己/就必须/审视灵魂本身/我们在镜子中窥见陌生者和敌人……”我觉得，他的这句诗可作为我对写作中镜子的理解的佐证。

成为画家的愿望在最初就并不“大于”成为作家的愿望。它是李浩从小就有的梦，只是萌芽和生长的过程相对漫长而已。

问：你的写作是从什么时候开始的？处女作发表在哪里？

李浩：我的写作开始于……我似乎不太能说明它具体的发生时间，因为在小学的时候我就试图写过一些很不像样的文字，向《少年报》一类的报纸投稿，当然是石沉大海。中学的时候我开始写诗，主要是古体诗，它也应是写作的一个部分，尽管同样没有发表出来。我的处女作是诗歌《萍》，发表在1990年9月的《诗神》杂志，如果我没有记错的话。我竟然没有找到样刊——它可能在几次搬家的过程中丢失了。

问：你的文学道路走得顺畅吗？

李浩：我个人觉得还算顺畅吧，基本上算是可以。从1990年至2004年，我每年基本上发表十几首诗，收入八十多元的稿费，多的时候四百多元……我也没觉得有什么不顺。后来觉得诗歌的“载力”不够，我就开始写小说。我写小说的过程应当说略有不顺，一年写十余篇小说，发表一两篇，主要发表在《长城》《人民文学》《花城》。直到获得了鲁迅文学奖之后——不过，我也没有觉得当时作品发表不出来算是有什么不顺，我的写作偏先锋、偏怪诞、偏重思考，这种类型作品发表不顺畅、名望不够显赫也是我早已接受的。其实，我个人觉得给予我的远比我想的要多许多了。而在文学内部，更看重的文学内部，我也觉得相对顺畅——始终，我在朝我的目标努力，尽管它太过庞大和野心勃勃。文学是“造山运动”，我们必须要以毕生精力来逐步完成，一时的或局部的，没那么重要。

问：你是学美术专业的？你与文学结缘有什么故事吗？

李浩：是的，我学的是美术，现在我也偶尔会画画、写字，保持着一种业余水平。与文学的结缘应该说早于与美术的结缘，我成为画家的愿望在最初就并不“大于”成为作家的愿望……它是从小就有的梦，只是萌芽和生长的过程相对漫长而已。

问：你从什么时候确立了成为作家的目标？

李浩：可能是在我学习美术的二十世纪八十年代。我觉得写作更有价值，同时在学习美术的过程中我也发现自己不太可能成为一个开宗立派的好画家，意识到这一问题后我就马上转向，走向了另一条道路。

问：诗歌、评论、小说……各种体裁都写，你最爱哪种？诗歌的训练对你的小说创作有怎样的影响？

李浩：我各种体裁都爱，最爱的可能还是诗歌。我觉得诗歌是最接近自我的，它可以承载我的情感与情绪的表达。而小说，则承担另一部分功能——认知上的，对世界和生命的言说，它和诗歌之间也可互通有无。文学评论，是因为我觉得有些看法和文学指认只能以这样的方式说出，它是另一种更直接的状态分享……至于诗歌训练对我小说创作的影响，我能想到的是4点：①对于语词的极度敏感，它是诗歌所带来的，我会让自己尽可能多地对它们进行种种掂对，同时有意陌生化。②对于小说整体诗性的诉求，它始终是我非常在意的部分。③瞬间情绪的捕捉和放大。这也是诗歌训练给予我的，而在小说中，它也会呈现出某种特别的光来。④沉浸感，以及错觉、幻觉、飞升念头的使用。它们也都来自诗歌，而转入小说则有别样的运用，我同样也非常地看重它们。

问：当二十世纪九十年代末“70后”作家虎虎生气地冲上文坛的时候，你在做什么？十几年过去，一茬“70后”作家已经淡出人们的视野，另一茬“70后”作家成为文坛生力军。你怎么看待同时代作家的成长变化？“70后”作家的生命力在哪里？

李浩：我在做什么？需要很羞愧地说：我在写作。当时，他们是我的榜样，真的。我“羡慕嫉妒恨”着呢。等另一茬“70后”成为生力军的时候，我依然在写作。依然在“羡慕嫉妒恨”之中。我缺乏他们的才能。你知道，我不是一个自谦的人，在文学上我尽可能不说谎。我敬重每一个尝试者。尽管，“既生瑜何生亮”的恨意时常让我不自觉地“忽略”同时代的作家们。哈，这也是常态。

如果不是出于盲目或者别的什么，“70后”作家的写作已经获得呈现，他们的独特面目还是相对清晰的，只是这个时代对于文学的严重忽略使他们似乎还属于“灌木”的高度……可以说，“70后”作家在艺术的探究上、对人性和现实的发掘上都做出了自己的发现和贡献。当然，就我个人的趣味而言，这个时代的作家，和现实贴得太近、文学理想缺失、思考深度还不够、和生活过于和解等问题也是存在的，不过我相信我们在意识到它们的时候会慢慢纠正它们。

鲁奖改变也改善了作家的生活。李浩的写作和写作方式被更多的人看到，也被更多的人理解。

问：短篇小说《将军的部队》获第四届鲁迅文学奖。能否谈谈这篇小说的素材来自什么？

李浩：它几乎没有使用多少素材——如果想象和设计不能算作素材的话。当时，我只是想写一篇军队小说，和战争相关的小说，同时在内容和形式上都表现出不同的小说……我先确定了主题，根据我对战争的认知和对人的认知，然后选择了角度。这里面涉及素材的部分可能是“干休所”的部分，而这部分我是从我的一位领导那里只言片语地听来的，我的那位领导曾在干休所当过几年兵，然后转向后勤。他很少谈及自己的生活，谈及的时候也往往飞快地略过。可是，他给我建立了一个情境和一种看人的角度。这位领导叫李传伟，我对他的帮助心存感激。

问：你是如何构思的？能否以此为例谈谈短篇小说创作的经验？

李浩：我先确定了主题。一般而言我的写作都会先确定主题，然后认真掂对这个主题：它是不是有新意和独特发现？值得写吗？中国的或西方的作家写没写过同类的题材，他们做得怎样，我还有没有新的腾挪空间？小说的主题决定小说的“格”，我还是倾向列夫·托尔斯泰的判断：越对生活有意义，它的价值就越高，它的“格”就越高。然后，我根据主题选择合适的故事，包括让什么样的人物来承载，从什么角度入手更合适，讲述者是A还是B，需要不需要加一个C进来……选择由警卫员来讲述，是仔细掂对的结果，也是陌生化诉求的结果，但有了它新意依然是不够的，我当时并不感觉满意，直到，我找到了木牌这个“道具”。我知道我可以写了。

在开始写作之前，我还设计了语调，该以一种怎样的方式来叙述，1=C还是F，使用大提琴演奏合适还是使用二胡演奏合适；设计时间顺序和故事结束的点，设计故事的高潮——当一切准备就绪，写作就变得顺畅无比。

问：你所理解的鲁迅文学奖，有怎样的标准？

李浩：我个人觉得，它应当是对那几年中文学最高成就的奖掖，它应当是一种优中选优，是那几年中文学创作实绩的一个有效展现；它体现着那几年里文学的丰富、收获和多样，并保持着一种向善的、建构的、深入的力量；它应当体现那几年中艺术探索的个体趋向和整体趋向，体现着我们与生活、时代和精神诉求的某些契合与共鸣。这里可能更多的是个人理解，哈，当然所有的标准都应先向鲁迅文学奖评审委员会制定的那个标准看齐。

问：作品参评、获奖及评选过程，你知道多少，愿意谈谈吗？

李浩：我先谈我自己的获奖过程。2007年，河北省作协专家组先开了一次会，推荐申报的作品，当时专家组看重的是我的另一篇小说。我当时年轻、傲慢，有着太多的刺。是故，当大解老师来找我的时候我找个借口拒绝了，我说，我在搬家，手上没有书，没办法复印，要不就算了吧，我就不报了。大解老师向专家组汇报，有两位专家指出，我的《将军的部队》在《新华文摘》选刊过，而《新华文摘》省作协图书室就有——让这小子马上复印去！我非常非常感激省作协和专家们，要不是他们的坚持我可能就遗憾地错过了。报上去后，我没当回事儿，初评在前二十，我也没当回事儿，不过还是小小地兴奋了一下。觉得，他们竟然会给我这样具有先锋气息的小说以鼓励，真是不错。终评是另一批评委，我一个都不认识，我得奖的消息是另一组的评委先告诉我的，我竟然还傻呵呵地向人家表达祝贺。就是到绍兴领奖的那天我依然忐忑，仔细地看过人家酒店的房价——我怕第二天组委会通知我：搞错了，李浩没有得奖，不好意思你回去吧，但这天的房费还得你来支付……

我再谈我所知道的评奖过程。因为我也在后来担任过鲁迅文学奖的评委。我们会大量地集中阅读那些提交上来的参评作品，每篇作品至少需要两到三个评委来审读，然后是一次次的讨论：进八十，进四十，进二十，进十，最后进五。在这个过程中大家会反复地争论，有时会为一篇作品争得面红耳赤……最后呈现的是反复争论的结果，审视和重新审视的结果，也是部分妥协的结果。我说的妥协是大家严格尊重我们的投票程序，在结果呈现出来之后做到接受并维护。我可能更喜欢哪一篇一些，既然大家已经投票决定，我自然也就接受这一结果。至于说某些人猜度的“跑奖”或者电话游说，在我的感觉中应当说很少，至少我没有经历过。

问：获奖对你的创作和生活有怎样的影响?

李浩：它改变也改善了我的生活，我的写作和写作方式被更多的人看到，也被更多的人理解；它也让我更为从容、自信，尽管我有时会否认它的存在；我的小说和诗歌也更容易发表了。

好小说大抵难以“按图索骥”，它总是在不断地更新和变化之中，总是不断地让自己陌生化。

问：在你的小说中，没发现有过对人的外貌描写。是这样吗？

李浩：没有任何人的外貌描写！这是我有意设置的写作禁忌，我不允许自己把它变成“自我”的、只有单一具体化指向的，我写下的是人的内在，这个内在是他、是你也是我，不过，我把一个微点放在显微镜下，把它放大了，让它更强烈地呈现了而已。原来，我还有一个禁忌，就是不在我的写作中出现性描写——不是出于某种道德洁净的考虑，是因为它被阐释和书写得够多了，我没有赋予更新，而那些所谓在“性”关系和行为中蕴含的深刻“意义”，我完全可以通过其他途径表达。我不想成为跟在后面的“迟到者”，而希望自己是发现者和创造者。对“性”描写的禁忌不是固定的，但对外貌书写的舍弃，是固定的。

问：你的写作很注重技巧，这种技巧仅仅来自绘画的经历吗？你觉得“技术主义”对写作有哪些影响？有些短篇就感觉技术过盛。也许是我的阅读偏差。

李浩：技术过盛，肯定是问题，小说写作过于沉浸于技术是不对的，它不应过于炫技而伤及阅读者对“所说”的关注。不过，文学之技，是文学得以存在并前行的重要理由，而随着它的发展，这个技也越来越接近科学——缺乏技艺的文字是不值得重视的，对我这样的人来说如此。我曾在军艺开了一年的讲座，就讲基本的写作技艺，先解决了技的问题才能有对思的解决，而且，我还得强调，技与思是紧密相连的，技术的改变本质上是思维方式的改变，没有一种技是单纯“为技而技”的。这点需要我们重视。

我喜欢在文字中冒险，当然包括技艺。北岛在一次讲演中借用里尔克的诗提出“古老的敌意”——对流行思想的敌意，对母语的敌意，对自我的敌意。他强调的是冒险和创造。我一向不惮于承认，我的写作是写给无限的少数人的，我希望自己的写作是种“智慧之书”，是和自我以至上帝的一种智力博弈。虽然我未能达到，但心向往之，并甘于边缘、沉默。

问：“匠人”来自诗人茨维塔耶娃谦虚中不乏骄傲的宣称：我是一个匠人，我懂得技艺。小说家都有自己的技巧，你是通过什么形式、什么渠道获得技巧的？你的技巧掌握得如何？

李浩：最初，我的技巧获得是模糊的、不自知的，这里面包含着诸多的漏洞和错谬，而且可能反复地在同一个点上跌倒。感谢李敬泽，他对我提及：你有个点没有找好，所以你的小说总是在可发与可不发之间；感谢鬼子，他告诉我：李浩，大作家们已经解决了技术问题，他们思考的、谈论的总是人类的救赎之类的大话题，但你不行，你还得回去拆小说。我承认我从他们的警告中极度地受益，他们的这些警告让我意识到技艺问题，也让我意识到技艺对于小说完成度的重要。那么，我可以说，批评和警告是我获得技巧的一个渠道——我也会从列夫·托尔斯泰对莎士比亚的批评中、纳博科夫对陀思妥耶夫斯基的批评中受益，让我不断地反思：我是不是也有这样的问题和不足？第二个渠道，也是最让我受益的渠道，就是拆小说，拆那些让我喜欢的、着迷的经典小说，我在我的《匠人坊——中国短篇小说十堂课》(以下简称《匠人坊》)中部分地运用和展示了这一方法，它构成其中的一个支点性局部。第三个渠道，是试错，是掂对，是在“以为”掌握了一种技巧之后在自己的小说中进行调适性运用，它有时会告知我事情真的不像我想象的那么简单，我以为的掌握其实并不足够……第四个渠道，是阅读作家们的随笔，或者讲稿。那里面充满着匠人们对于“匠人”体贴的、内行的、天才的理解，充满了技艺分析的种种卓见，哪怕，它只是偶尔被提到。第五个渠道，作家们的创作谈或访谈。他们有时会“逼迫”自己说一些真挚而有见地的话，说一些属于技艺内部的话——我是一个饕餮的“拿来主义”者，这里面的只字片言我是不会轻易放过的。第六种，一些理论书籍。它们有时对我理解文学技艺同样有效，甚至更有效。

至于我个人的技巧掌握……我不知道在这里是应自谦还是自夸。那好吧，我决定先自夸。我觉得自己可能能看清楚绝大多数的技巧操作并能将其中多数在自己的作品中运用，也对绝大多数的技巧在运用中的得失（没有一种技巧只有优势而没有缺陷，它们总是在保障优势的同时又悄然地将匮乏和缺陷呈现出来。作家们在运用这一技巧的时候往往会强化优势，用另外的种种策略掩盖住匮乏和缺陷）有基本了解。《匠人坊》将以技艺的可能性为主体，分十二讲，谈论十二种小说技艺的运用与得失……而自己掌握不好的，一是庞大、复杂、多重的故事设计，二是多线头交织、齐头并进式的小说，我总是顾此失彼，写着写着就进入自我怀疑中。

问：《匠人坊》的主要目的是回答“好小说”究竟好在何处。那么，你能概括一下吗？讲了十堂课，你认为好小说有何共通的特点？

李浩：套用一句套话，不好的小说总是相似的，而好的小说则千变万化，不易归纳……事实上是如此，好小说大抵难以“按图索骥”，它总是在不断更新和变化之中，总是不断让自己陌生化——但变化中的某些“规律”也是的确存在的。在这里，我愿意提供的是具有个人偏见的某种认知。①智识性。好小说一定会在我们的习见和固有认知中开出一道缝隙，让我们在掩卷之后反复思忖：生活就是如此？非如此不可吗？有没有更好的可能？他（我）该如何更好地完成选择？托尔斯泰说过，越对生活有意义，小说的“格”就越高。包含着深刻的洞见肯定是好小说的标准之一。②美妙的艺术感。每一处都显得精致、精妙并恰到好处，耐人寻味。让人在阅读中不断地感受到魅力和愉悦，为匠人的同行提供启示。③陌生感。它与我们之前的所有阅读都不同，部分时候甚至会对我们造成审美冒犯；但在我们仔细而认真阅读中，又会从中嗅到不断散发着的、熟悉的“经典气息”。④作家的真诚。

我们在阅读中能感觉到写作者的血液在纸页上涌流，部分时候，会在小说主人公的身上找到作家延伸出来的肋骨。他在说他真心想说和要说的，他说他信的并且是深信的，尽管在故事层面一直在“弄虚作假”。

李浩在写作《匠人坊》的同时，保持了一个匠人的身份，也因此体会到更多的惊喜。

问：在《匠人坊》中，你保持了一个写作者的匠人身份，用专门的篇幅讨论写作技术，在拆解的过程中，自己是否也受益良多？

李浩：确实如此。它让我慢下来，停下来，甚至多次地反复——这个缓慢和反复是我之前也做过的，但如此专注、仔细还是第一次。我的受益在于：一是有些隐藏在文字褶皱中的设计，作家心思，被我在这个过程中寻到，它们会给我带来一种发现的惊喜；二是在经历如此粉碎、研磨之后，我体味到更多的属于文学的“芬芳”，在这一次，我觉得它更深地渗入了我的骨头里；三是在拆解的过程中我时时会想，如果我来写这一段，如果我有了这个构思，会增或减什么……它让我不断地比较，让我一方面更清楚“那位作家”的长处和用心，一方面也让我更清楚地意识到我在写作中的可能性，比他多的以及比他少的。我是一个极度自私的人，总是考虑“对我有用”——尽管在完成《匠人坊》的时候，最先考虑的是对学习写作的阅读者有用，帮助他们看到可能被忽略和错过的风景。

问：这些作品想必你不止读了一遍，那么你是在什么时候确认它们是值得解读的好小说的？

李浩：必须每一篇作品都不止读一遍，每一篇都如此，否则，你所说的“确认”是难以完成的。这里面，多数的作品是我在十几年前甚至更早的时间里读过的，部分则是——在确定了某个作家之后，在他的作品当中进行掂对和选择，譬如残雪的《从未描述过的梦境》即是如此。确认，有些是早早就确认，譬如史铁生的《我的遥远的清平湾》；有些则是在掂量的过程中确认，譬如鲁迅的《狂人日记》。我原本想谈的是我特别喜欢的《伤逝》，它们之间的取舍更多的是出于哪一篇更具话题性。另外，我也想再次坦承，因为篇幅、体例的限度，诸多我所喜欢的作家、作品无法纳入，这样的作家、作品实在是太多了；而有些作家的中篇、长篇更具价值，譬如王安忆、孙甘露……我觉得谈论他们的短篇反而会影响价值感。这是我一直怀有的遗憾。

问：你在谈论这些多数已被经典化的短篇小说时，有意忽略其“附着物”，装作不知道它们的影响力，实际上多少也会受一些影响吧？书中收入的十位中国作家，你的选择标准是什么？

李浩：哈哈，我承认，多少还是会受影响。做到完全不受影响，是不可能的。但我希望自己能少受影响，甚至把自己装成是“老外”——我说的不受影响是不受定评定见的影响，不受中国史学界“经典化”的影响，努力地让文学回到文学自身，尽最大可能地回归自身。同时我也希望我使用的评判标准是人类命运共同体式的，统一性的标准。当时，我为自己确定的选取标准是：经典性，作家的经典性或文本的经典性，它是第一标准，这个标准是影响力的产物，也不完全是——它能影响到我的是是否被纳入视野，但在阅读具体文本的时候我不会受到文学史评判太多影响，偶尔地，我还会嘲笑一下我们文学史评判的粗陋低劣以及人云亦云；话题性，它能让我有话可说，每一部作品都代表一个向度，譬如鲁迅，我借助《狂人日记》谈论小说的启蒙性和智识负载，谈论小说的有用和“无用之用”，譬如沈从文的《丈夫》，我借以言说小说之小和小事之大，现实主义方法中的虚构策略，譬如张爱玲，我借助《封锁》想言说的是“手把件的美和它的格局限度”，它是我们当下小说的一个集体问题，譬如余华的《爱情故事》，我想梳理、比对文学道德体系，以及在“西方影响下的文学写作”的焦虑与可能性……十篇文章的话题部分绝不重复，而其中的议题应具有普遍性和代表性，它是一种小说类型的高标并且能展示那种类型的基本面和可能的高度……在选择的过程中，我始终保持着这一考量。

问：这些内容的完成，是课堂的讲义整理吗？有无调整和修改？作为一个理论和感性兼具的作家，你认为自己在写作中是否格外清醒？很多作家都有类似的作品，你觉得《匠人坊》优势何在？

李浩：我是一个习惯打腹稿而很少打底稿的作家，它更多的是一次完成，只是后期又整理了一遍。它是课堂讲义，也不完全是——在课堂上，我可能更灵活些，使用的语言也更口语化一些，而且可能根据学生的接受度而做出难度上的调整，多数时候是降一些，甚至要在常识问题上苦口婆心。至于我在写作中……我可能会致力于让自己清醒，尤其是在主题、故事和高潮的三重锚定上，一般而言它都是小说开始之前的预设，如果不把它想好我是不太敢向下进行的；但与此同时，我也会有意为自己留出“未知的”和“变量的”部分，就是有意不预设，而是在写作的过程中局部发挥，让自己在把每个字词敲进电脑的时候始终有一种“创造性的快感”——这一部分，是细节和细微处，在大的方面，我多数时候还是会预先设计出来的。这是个人习惯，它不能算是写作的标准程式。

我又要面对是自夸还是自谦的两难问题了……王安忆、毕飞宇的讲义我都认真看过，而且从中学到了许多，除了他们的，我还阅读过纳博科夫、卡尔维诺、米兰·昆德拉、鲁迅、博尔赫斯等诸多作家的讲稿和文学随笔。我不敢说自己有什么特别的超越，但不同，我认为还是有的。①文本细读的系统性，文学议题的承载设置，这里的精心考量和有意分配，在其他的文学讲稿中可能是少见的。我部分地发挥了我对文学理论极有兴趣的长处，同时充分调动了作家敏锐知觉的普遍长处，努力将二者融合。②非同一类型的作品的充分解析。说实话，一般而言作家更多地会“偏好”和自己有更多相似性的作家的作品，而对另外类型的写作保持漠视，更不会充分解析——这里我要自夸一下，我似乎有一个更大的胃，能容纳文学样貌种种的不同。在《匠人坊》的序言中我曾谈道，“在我现在选取的这些作家的短篇小说中，有注重启蒙性、思想性的，有更关切生活层质的，有倾向于游戏和幽默感注入的；有很现实主义的，有很先锋性的，还有具有古典倾向的，有完全属于虚构的；在语言上，有使用黑白两色完成故事叙述的，有使用淡彩式、重彩式的方法完成的，有极注意语言的陌生化的，也有有意平实只交给大提琴来演奏的……”③世界眼光。把这些中国的经典文本放置于世界文学的整体谱系中审视的眼光，可能也或多或少有一点儿不同。没有一部作品在这里可因民族性和地方性而获得宽宥。这更是“作家标准”，其实大多数的作家会采用我的这一评判标准，只是他们未必肯说而已。④即使是经典文本，我也会略显自不量力地提出自己的重新设计方案，会在掂对和拆解后重新组装，而不是一味地顺着文本的呈现来走——这是我所见的所有文学讲稿中未有的部分，只有布鲁克斯与沃伦的《小说鉴赏》中提过重新设计的议题，然而没有他们的解决方案。在这里，我有，我有自己提供。无论对错，适合与不适合，我想我总能为后学者提供启示性的可能，他们可能做得比我更好。

问：你在写作的时候会从类似的作品中找技巧吗？

李浩：我不说谎，会，会的。譬如我在写作《如归旅店》的时候，从杜拉斯的《抵挡太平洋的堤坝》中借取了大提琴；在写作《镜子里的父亲》的时候，从君特·格拉斯的《铁皮鼓》和《比目鱼》中借取了复眼和那种滔滔不绝的喧哗感，在写作《丁西，和他的死亡》的时候脑子里想的是卡夫卡……所有的技艺都可为我所用，我希望所有的“他们的”都最终变成我的，当然我更希望在使用种种技巧的过程中有创造性发挥，变出新的花样来。技巧从来都不是“死的”，不是只有原教旨一种方式，它一定会随着不同文字的更变而产生新变体——这，才是艺术的魅力所在和动人之处。

《灶王传奇》是李浩暌违多年的转型之作。小说以小神灶王为主人公，写他历险三界的传奇故事。

问：听说你是十年前就想写“灶王”的故事？是什么契机让你十年后完成《灶王传奇》？

李浩：是啊，十年前，我就开始了写作“灶王”的思想准备，而且兴致勃勃地和韩敬群先生、龙一先生谈了构思，但意外的是，自己被一些似乎不起眼的细节给卡住了。它们能动摇小说的合理性，使其相关逻辑出现松动。在数年的时间里我一直试图用种种的方式解决，然而总有……也许阅读者会忽略，但作为作者，我不敢在这点上有半点懈怠和自我原谅。契机有两个。一个是河北省文物局的一个朋友邀我去蔚县采风，在那里，我一边参观他们修旧如旧的屯堡，一边参观王振的旧宅和家庙，它们让我找到了安放故事的落脚点；另一个是一位诗人的诗集，要我写评论，我在认真阅读的过程中读到了一个佛教用语，它突然打开了我的思路，让我豁然。我知道，我可以写作它了，它已经在我的大脑里孕育完成。我是在1月份开始写作的，完成的时间是腊月二十三，民间传说灶王爷上天的日子。在写作过程中，我甚至有时一天能有一万二千字的创作量。

问：这么说写作的过程非常顺畅？你一直比较重视小说的结构，那么《灶王传奇》的结构是如何处理的？

李浩：我将小说的结构看作小说的骨骼，它是支撑性的，小说有无站立甚至奔跑的可能，有无体形上的美感，关键在于结构。在《灶王传奇》中，我先建立了“倒叙”，这就为叙述中的来回出入提供了便捷；然后，主故事部分我采取的是线性叙事、箱体叠加的方法。线性，保障故事的连贯和顺畅，也便于阅读者轻易掌握其中的前后关系；箱体叠加，是把长篇故事分截成若干段落，每个段落的故事都有一个小核心和小高潮，同时尽最大可能让它们保持短篇小说式的精彩——这是从《铁皮鼓》和《午夜的孩子》，以及赫拉巴尔的《我曾侍候过英国国王》那里学来的技法。而它，也解决了故事与故事之间的“叙事疲惫”，能够有强烈衔接又保证了转场有效。

故事中的“我”，那个豆腐灶王是故事结构中的主线部分，主体的聚光灯都围绕着“我”的活动和思维展开，然而“我”又或多或少在部分时候“隐身”，让故事和另外的人物站到前台去，这时“我”便充当一个观察者——另外的，像小冠的线、铁匠灶王的线、龙王的线和高经承的线也就能够粗大起来，可以形成合力又能变成延展的丰富。龙一先生曾提议，为“我”提供一个灶王奶奶，在近十年的时间里她一直时隐时现，现的时候多、隐的时候少，然而到最后，出于对故事结构的考虑我将她拿掉了。我很怕她成为罗丹为巴尔扎克像塑造出的“光彩夺目”的那双手——她的故事很可能会影响到阅读者对主体故事的注意，仅仅提供一个有趣故事又不是我想要的。

这是我在结构上的一些想法。至于是不是已经完成，我不敢轻易断言。

问：“我”在小说中有两个身份：前世是明代读书人，死后成为灶王。那么，在故事中自如切换叙述语言，对你来说有难度吗？

李浩：没难度。因为它已经酝酿了十年的时间，我对种种的掂对、调整、讲述都已经“胸有成竹”，故事中的龙王以他的那种方式、那种语气已经跟我讲了十年的话……小说，需要设计，需要深思熟虑，但一些设计和深思熟虑是在反复的写作过程中积淀完成的，而在用时，可能就相对轻易，仿若真是天才。

问：你的阅读和写作从西方文学中汲取了很多营养，但是此次却以明代土木堡之变作时代背景来构建小说。从小说中可以看出，你对于中国古典传统文化的准备也很充分，这里是否暗藏着你的某种文学“野心”？

李浩：我是一个坚定的“拿来主义”者，无问西东，只要有利的、有用的我都想尽可能多地拿来，我也相信吃羊肉、吃牛肉既长不成牛也长不成羊，我要尽可能地多获得些。我最初是从对中国古典文学的兴趣开始的，包括最初的艺术学习——当时，我写繁体字、写古体诗、学国画，臆想自己能成为一个“君子”……我父亲叫我“满清遗少”，似乎也真的有那么一点儿。感恩二十世纪八十年代，它让我不断开阔，不断接受新的知识和新的撞击，也让我部分地接受来自西方文学的营养。在这过程中，我甚至产生了另一种狂妄，现在看来这种狂妄是多么无知。近些年来，我又开始更多地理解和试图理解我们旧有文化里的所有，当然加上了审视和反思……没有任何一种技艺只有长处而毫无短处，文学也是，只是，关键在于我们如何取、如何藏、如何修正。我希望自己能够理解西方文学，能从中有更多的获得；我更希望我能更深地理解东方文学，希望从中有更多获得。如果这属于野心，我承认，我有，而且坚固。

我是野心勃勃的人，一贯是。我希望在有生之年用尽毕生精力创造出一个属于我个人的文学世界，我希望自己能在临终之前对自己说，我的一生都努力成为那个人，基本做到了，如果有来生，我愿意把我未完成的部分，继续下去。

李浩试图在天马行空的“非典型”故事背后，开掘我们民族穿越古今、具有普遍性的人事、人情、人性，探讨现实的复杂性与多样性。

问：在一般读者印象中，灶王是能间接掌控民众死后去向的神仙。《灶王传奇》中的灶王相对于众神而言地位较低，甚至求神办事时，灶王也要施行人间俗礼，灶王也有他的圆滑。你采取寓言、神话、变形……并不是拒绝现实，其实是以一种艺术形式反映现实。以灶王体现人性的复杂性和多面性，不仅是灶王叙事文本的突破，也是对人性发掘的创新。你觉得呢？这部作品中你还在哪些方面有新的探索？

李浩：灶王是民间神，但关于他的传说都是碎片化的、象征性的，如果不加以创造性改造，几乎无法完成故事——中国的诸多神话、传说都有这样的特点，它们是点，而不是线，没有多少关联性和延续性。在写作《灶王传奇》的时候我首先想如何完成连贯的故事，但更主要的是如何放置“遮遮掩掩的真情”，即那种我对现实、世界、个人和命运的理解和表达。

我选择灶王，是因为觉得他合适。①他不具备特别的法力，如果是一个无所不能的神仙将会大大破坏我在这部小说中的想法，灶王的微薄法力正好够用，当然在这部小说中我还要将其减弱。②灶王，是中国的道德神之一（中国传统文化中的神灵多数是道德神，区别仅是他们神通的大小和职务的高低），他手上的“好罐”“坏罐”具有强烈的道德判断的表征，而民间灶王联上那句“上天言好事”更是代表了民间百姓对于自己道德记录的一种极有意味的期许……道德神，是中国文化的一个独特存在，这一存在也影响着整个民族的处世规则和事务判断，它足以彰显中国文化中的某一特色。③灶王，是最接近民间烟火的一位神仙，甚至可以说被供奉在灶台前的灶神本身就是烟火，他能够洞悉每个家庭里所有的事（这是何等便捷的角度啊！），但同时又有一种间离感，对于人世间发生的所有他都无力干涉，却担着“一家之主”的虚名。“虚名”，闲职，也是一个特别有意思的“东方”议题，在灶王的身上体现得更清晰些，它同样可以得到充分“利用”。④灶王，是神仙谱系中最低的神阶职员，然而他又必然受控于整个神仙体制，包括其中的规则性和官僚性，也包括规则性和官僚性的合理与问题所在，这也是一个很有意思的观察通道。⑤灶王的身份可以看作是一个“枢纽”，以这个枢纽为支撑，可以连接天庭、人世和地府三界，这样，小说可获得的腾挪空间和丰富性便得到了更多的保障……找到灶王，我感觉也为自己打开了一片天地。

问：你对《灶王传奇》的完成度满意吗？如何看待这部作品在自己创作中的独特价值？

李浩：基本满意，我大约会给自己打80分吧。它对于我以往的写作是突破，但更重要的是延续：它让我再次冒险，部分地离开了自己的舒适区，我对其中的某些据对、设计依然有些小兴奋；在这个充满传奇性的故事里我举重若轻。它应当是“像鸟一样轻，而不是羽毛”，那种轻逸感是我想要的，那种内在的凝重也是我想要的……我更愿意听你和其他阅读者的批评指正。

魏微：我终于等来了这一刻

魏微，1994年开始写作，迄今已发表小说、随笔两百余万字。现供职于广东省作家协会。作品曾登1998、2001、2003、2004、2006、2010、2012年中国小说排行榜。曾获第二届中国小说学会奖、第十届庄重文文学奖、第九届华语文学传媒大奖·年度小说家奖、第四届冯牧文学奖及各类文学刊物奖。部分作品被译成英、法、日、韩、意、俄、波兰、希腊、西班牙、塞尔维亚等多国文字。2004年，短篇小说《大老郑的女人》获第三届鲁迅文学奖。

作家档案

出生日期：1971年4月26日

出生地、籍贯：江苏省淮安市

毕业院校及专业：南京大学，作家班

血型、星座：B型，金牛座

最喜欢的个人代表作:《烟霞里》

文学偶像：曹雪芹

文学之外的爱好：打牌

想对20年前或20年后的自己说什么：你不够勤奋

文学观：文学无关勤奋

采访手记

冬日的暖阳透过玻璃毫无保留地泼洒下来。魏微找了一个最舒服的姿势，人就一下变得放松甚至有些慵懒了。

我们随便聊吧！她说。

相识二十多年的老朋友，还有什么不可以敞开谈的呢？作为70后中出道较早并一直坚持写作的作家，我们这些年保持联系的纽带是文学。我们聊“美女作家”的写作与生活，聊从南京、北京到广州的“迁徙”对写作的影响，聊成长的烦恼和创作的困惑……这一次，话题主要是围绕她的新作《烟霞里》。

多年前，魏微的母亲看过女儿写的小说，有些不屑地说：你写的小说真难看，要写出《红楼梦》《围城》这样的作品就好了。

写《烟霞里》时,《围城》就放在魏微的案头。未见得是因为母亲的话，而是因为魏微对作品纯粹的喜爱。这种喜爱多多少少影响了《烟霞里》的基调。这是魏微继2012年发表《胡文青传》之后的首部长篇。

小说主人公田庄生于1970年，经历完美涵盖了当下大多数人的成长轨迹。上县城、离开乡土；盖房子，成为城里人；高考冲刺，南下广州；买房炒股，赚外快；旧城改造，招商引资；互联网经济、智能手机时代；家庭主妇、女性意识等。纵览田庄的成长地图，无论是哪个年代的女性，都能从中找到共鸣。

小说中，2005年的某一天，魏微和田庄两个人谈话。田庄跟魏微说，你将来可以写一个人从出生到死，中间几十年，他怎样去活，这是一个问题，要写得很繁茂、很热闹，各种跌跌撞撞，人来人往，各种伤心、摇摆、痛苦，末了一声叹息，每个人都不一样，但说到底每个人都大同小异，人生就是如此。

后来，田庄去世了，小说家魏微将她的一生写成了编年史，这就是《烟霞里》。

魏微调动了几乎所有关于写作和生活的资源。《烟霞里》既可以看作二十世纪七十年代的个人成长史，也可以视作1970年之后个人和国家命运重叠的发展史。魏微身在其中，是观察者也是亲历者，是书写者也是剧中人。

主人公田庄在某种意义上，可以视为魏微，也可以视为你或我。不同的读者会从中或多或少地找到自己的影子，一个女人半生所经历的重要节点，她都写到了。

走上文学这条路，与其说是家庭的熏陶，毋宁说是时代的熏陶。从发表第一篇作品起，魏微就在研究别人的写作。

问：记得你在某篇文章中说，父亲是报纸的总编，你对于文学的爱好是否也受家庭的熏陶？

魏微：是，我爸当过几年报社老总，但我走上文学这条路，好像跟他没多大关系。印象中，反而我妈是文学青年，爱读伤痕文学，有时会跟我掏心窝。我跟我爸很少聊天，我小时候挺怕他的，他又很忙，平时难得见到他。我走上文学这条路，与其说是家庭的熏陶，毋宁说是时代的熏陶。我念中学那会儿正赶上“文学热”，几乎人人都是文学青年，像我们家的书橱里就能找到几本文学书。

问：你的很多作品是以故乡为背景的，很多故事中也有“5岁的我”的视角。能否谈谈你的童年经历？

魏微：我小时候是爷爷奶奶带大的，直到六七岁才回到父母身边。我的成长经历，在我这代人中绝不是个例，尤其是女孩儿，要么跟着爷爷奶奶长大，要么跟着外公外婆长大。男娃舍不得，一般留在身边。我身边有很多这样的女性朋友，成年以后自己当了妈，就有一个共识：孩子一定得自己带，当爹妈的不能缺席孩子的成长，得陪护。养育孩子这件事，别人不能代劳。为什么？有前车之鉴！小孩子在性格形成的那几年，父母不在身边，会带来一系列问题，任性、骄纵，跟原生家庭的关系不亲密，比较疏离，有时会很自卑。我妈常说，她最后悔的一件事就是小时候把我送去爷爷奶奶家，被惯坏了，处处跟她忤逆，不听话。我承认她说得有道理。

问：你最早读了哪些文学书籍？最早萌生当作家的心思是从什么时候起？

魏微：我最早读的书籍应该是《红楼梦》，忘了是在小学还是初中。高中开始读现当代文学作品，像郁达夫、刘心武、柯云路、韩东等。我二十岁上下开始写“小作文”，模仿流行文学的腔调，像席慕蓉、三毛等，学得挺像，抹掉名字，我的同学还以为是《读者文摘》上抄录的。

问：你进行有意识的文学训练是从什么时候起？还是一直是无心插柳的状态？

魏微：两者皆有。直到今天，我写文章还是依赖感觉，鲁迅有句话深得我心，大意是，他不知道文章该怎么写，但是字生字，句生句，有了第一句，下面就全有了。当然，有意识的文学训练也是有的，从发表第一篇作品起，我就在研究别人是怎么写小说的，把它当个事儿。叙事是门学问，这门学问我掌握得也不够好，所以写得磕磕绊绊，大凡这时，我就靠感觉去弥补。

问：你的处女作是在哪里发表的？在文学道路上是否一直走得很顺？

魏微：不顺。苏童、格非二十出头就名扬天下了，我是直到二十六岁，一直遭退稿。处女作的发表倒是很顺利，二十四岁时，在我老家的一本文学刊物上，叫《崛起》，现在这本杂志早就不在了，当时的主编是诗人赵恺，我的责编叫龚正，他们对我帮助很大，等于是他们把我推上文学这条路的。我在淮阴成名以后，1995年北师大作家班招生，我就去北京学了半年，后来又回南京待了几年。我是在南京正式走上文学这条路的，当时上海《小说界》杂志的魏心宏主编正在物色青年作家，新辟了一个专栏叫“七十年代以后”，上面有卫慧、棉棉的作品，我看了以后，心有所动，就给魏老师投稿，被留用了。当时这个专栏在全国很有影响，因为是新一代人的声音，文学圈的人都很留意，我的作品发表以后，就有评论家在《文艺报》上作综述，我的名字也位列其中，算是成名了。说起来，魏老师是我文学路上的另一个引路人。

《大老郑的女人》是魏微写作的一个分水岭，确切地说，是她被“风格化”的一篇小说。

问：能否谈谈《大老郑的女人》是在什么背景下创作出来的？

魏微：这篇小说写于2002年，是我写作的一个分水岭，确切来说，是我被“风格化”的一篇小说，后来落在我身上的很多关键词，像故乡、成长、时代、亲情、温暖等，都能在这篇小说里找到影子。在此之前，我的小说是东一榔头西一棒槌，零敲碎打。当时还处在“后先锋”时代，先锋文学对我影响很大，可以说，我这代人是读先锋文学长大的，我们的文学启蒙就来自先锋而不是古典文学，但按当时的态势，我又觉得先锋的写法有问题，不落地、太花哨，形式上搞得过头了，不愿学，学也学不像，还不如老老实实去写故事、写人，这就有了《大老郑的女人》。这篇小说是《人民文学》的约稿，当时我以卖文为生嘛，约了，自然要写，写什么呢？我就想到了《大老郑的女人》，这有原型的，二十世纪八十年代，她跟外地的一个生意人同居，做所谓“露水夫妻”，这事在我们那里是有议论的。

问：这篇作品获得鲁奖是在你意料之中吗？

魏微：我得奖比较早，第三届鲁奖，那时鲁奖的影响力不比今天——虽然也重要，但不像今天那么重要。头两届鲁奖我都没怎么关注，我当时是文学新人，初出茅庐没几年，那时的文学环境也单纯，写作又不是为了获奖。反过来说，获奖也不能证明什么，奖金也低，我又不在体制内，诸多因素，使我压根儿没想到文学奖会跟我有关系。这么说吧，我当时连参加“作代会”的资格都没有，轮不上我，我也不以为意，参加“作代会”又能证明什么？当时，我这一拨作家就是这么想的，很单纯，唯一看重的就是写作本身。我得鲁奖，纯属天上掉馅饼。

问：如评论家阎晶明所说，你是渲染小城气氛的“高手”，你的故乡是“小小的、淳朴的、舒缓的小城，其间又夹杂着人情的冷暖、世态的炎凉。这里有人擅吹笛子，如《大老郑的女人》里的大老郑；也有人会拉二胡，如《姊妹》里的‘三爷’。然而这个小小的地方在不变中也发生着种种骚动，有时代发展造成的变革，也有基于人性本身的纠葛。《异乡》里的那个小女子，是一个在异乡难以容身，在故乡却更有‘异乡感’的漂泊者”。能否谈谈你的小城叙事？

魏微：我记得阎晶明还说过，我是个没有“故乡感”的人，好像哪里都跟我没关系，我和世界的关系是客居、寄居。他的眼神挺好的。我写过不少故乡事，却让他看出了我没有故乡情，因为我的故乡是抽象意义上的故乡，虽然写了具体的人和事，有具体的风物描写，但笼统地说，我的小城可以置换成内地的任何一个小县城，它可以在湖南或湖北，江西或四川，山东或河南……我早期的写作风格是温情脉脉、温柔似水的，却被他发现了我的寡情。

大体而言，我认为抒情性一直是外界对我的误读，我没读者想象的那么多情。我无意于写出文学上那个“独一无二”的故乡，就像湘西之于沈从文。人与故乡的关系——鲁迅的态度深合我意——非常复杂。他因为少年时家道中落，看尽了世态炎凉，对人对事有很深的体察。《风波》的开头，上来就是一段江南村镇的风景描写，一群文人坐在船上看风景，说，“无思无虑，这真是田家乐啊”。鲁迅说：“文豪的话有些不合事实。”讽刺入骨。中国人与故乡的关系，大多数都像《风波》里的文人，一旁看看挺好，当真回去了也不是那么回事。我认为鲁迅写故乡，不是因为爱，而是因为熟。到了我这一代，迁徙成了常态，对于“故乡”的书写更是一个难题，倘若还是旧式文人的单相思，未免太矫情了。真实的情况是，人已经没有故乡了，虽然父母尚在，你也常回去，但故乡对你来说是陌生的，你是一个外人。《异乡》写的就是这个意思，到处都是异乡，没有故乡这回事。

问：评论家注意到，你在小说中常常体现出“感情用事”。如《家道》中，为了表达“家道”的不易，主人公忘了“政道”的守则。在《姊妹》里，两个“三娘”本是仇人，却最终因心生同情而成“姊妹”。在《大老郑的女人》里，大老郑在外成家的行为因温情体现而可原谅。你的小说里，感情和价值观常常混为一谈，是这样吗？

魏微：所谓“感情用事”，可能是指我“是非观”不明，道德的界限感不强。可是一个写小说的人，如果是非感太分明，黑是黑，白是白，小说还怎么写？因为道德感太强的作者，是很难对她笔下的人物有理解、有同情的。大部分人的生活是处在黑白之间，呈现灰色的含糊状态。这也是人生的常态。文学要处理的正是这种常态。

感情和价值观是两回事，但小说家的情况比较复杂，对人对事必得有体谅，才能生出同情，这个同情还不是感情，他得换位思考，把笔下的人置换成自己，哪怕是个坏人，否则小说就不具备合理性、逻辑性。

问：你沉迷于日常生活的细节，这种沉迷会影响到你对宏大叙事的热爱和呈现吗？

魏微：不会，以《烟霞里》为证，因为宏大叙事的书写也得依靠日常生活的细节，否则小说就不能称作小说。但《烟霞里》也有毛病，因为篇幅受限，人、事和时代的关系写得不尽如人意。对于读者,《烟霞里》可能太长了，可是对我而言，它还不够长，如果能多出七八万字，这篇小说的表现力会更强。

熟悉某个城市，便缺少了新鲜感。魏微一度觉得，新鲜感对作家来说很重要。

问：对于很多人来说换个城市生活要下很大的决心，但对你来说几乎是说走就走一般轻松。

魏微：我那时年轻嘛，又是自由职业，不受体制的束缚，当然可以说走就走。到了中年就不敢了，落户广州，安居了。我们这代人，几乎都在背井离乡，念大学的、打工的，人人都在迁徙。我们年轻时是听着齐秦的歌长大的,“外面的世界很精彩，外面的世界很无奈”，那时，远方对我们来说太迷人了，有一种浪漫想象，哪怕吃苦也不怕，因为这是人生阅历的一部分，所以胆子特别大。好像我的前半生，把该走的路全走了，北京、南京，就这么瞎晃荡，三十五岁来到广州，我就宅了，基本不出门、不社交。我挺怀念青年时代那段生活的，没有方向感，不知路在何方，不知归处，但是在奔波和内心的动荡里却能生出写作的热情。

问：到广东是什么契机？

魏微：因为人才引进，我当时已经成名了嘛。卖文为生太辛苦，我就进了体制内。这是2005年的事儿。

问：到广东之后感觉如何？

魏微：起头不适应，一直在调整。岭南是很独特的，从语言、气候到饮食，跟内地完全不一样，我去相邻的江西、湖南都能找到熟悉的东西，但是岭南不行，太陌生了。比如气候，内地是四季分明，广东则很模糊，我第一次来广东是冬天，看见街上绿树成荫，人人穿着短裤T恤，我都惊呆了，异域感很明显。我有一个山西朋友，每年山西下雪，他都会拍雪景传给我，我看着就解馋，我是到了广东后才知道萧索、荒凉是多么好，广东人中有一辈子没见过雪的，不知道冷是什么滋味，我喜欢冷，很想做个寒冬夜行人，那种孤寂苍凉感，也是人生的别样滋味。还有粤语，我直到现在都听不大懂，就因为这个，我始终认为自己是外地人。还有气候，太潮湿了，有好几年我都水土不服，身体里湿毒太重，人很乏力，很倦怠，导致我来广州的最初几年，精神很萎靡。

问：到广州之后的写作状态如何？

魏微：也不够好，写得很少，还有一度失声了。当然这也不能全赖广州，人到中年也是一个因素，再有就是瓶颈期，我青年时代的写作结束了，简单有力的东西没有了，温绵柔软的东西也没有了，故乡离我太远，我是说广义上的故乡——我熟悉的环境：气候、语言、饮食、朋友。我置身于一个完全陌生的文化里，找不到语言。就是找到了，再去重复从前的题材毫无意义，我已经写尽了，毫无兴致。当然这中间还是写了几篇，比如《姊妹》，这篇常被人提起，可能因为写得不错，但是写得不错对我来说也毫无意义。我对求变的兴致更大，于是就有了“中年变法”，写了《胡文青传》和《沿河村纪事》，这两篇也常被人提起，可能是因为在风格上有大变化，别人都说，写得不错，就照这个路子写下去。只有我自己知道，变法失败了，因为我把自己弄丢了。于是我又重新来过，这才有了《烟霞里》。

七年间，魏微经历了一个中年人所能经历的一切心理状态：空洞、虚无、焦灼、麻木，常常四顾茫茫，走在拥挤的大街上也会觉得空空荡荡。她觉得自己是在忍受，也是在享受。

问：2012年发表《胡文青传》之后就没有新的作品问世，这十年间是很焦虑，还是泰然处之？

魏微：有焦虑，但时间长了，就泰然处之了，学会了跟焦虑和平共处。我是2005年来到广州，这是我人生、写作的一个转折点。到了广州后，突然不会写了，找不到语言。生活环境发生了很大的变化，又步入中年，有很多人生困扰，需要处理很多问题。看世界的眼光也变了，跟年轻时完全不一样，题材的改变，首先是语言、腔调的改变，用年轻时的语调来写中年的生活，没法写。十年前我就想写编年体小说，写不出来，就写了一个短篇《胡文青传》，就当是找语感吧，没找准，带不出那个腔调来，不能让我自由自在地去说话，就放下了。这一放就是十年。

问：故乡、成长、亲情是你早年写作的标签，为什么会想到写“宏大叙事”？

魏微：我对时代天生敏感，二十世纪九十年代中期开始写作时，就想对时代进行总括，我早年在《青年文学》开过专栏，名字就叫“我的年代”，尝试对八十年代进行概述。后来写的《大老郑的女人》，背后是能看出大时代的。我曾说过，我不喜欢宏大叙事，这有两层意思：第一，我目力范围之内的宏大叙事写得太难看了，观念迂腐，手法陈旧；第二，我认为小说是以小见大，对于大时代的书写，没必要去直面、硬碰硬，绕着写就好。其实是那时还缺少硬碰硬的能力，心力、眼力都没到那个程度。中年以后就有了，宏阔的东西在我心里生长了十几年，长成了一棵树，想去对人生、对时代做整体的把握。人到了一定的年纪，视野开阔，心胸开朗，眼里、心里都有大东西，同时还不失对微小事物的体察，大和小要融合得天衣无缝，合成一个整体，写作的难度就提高了。

问：的确，作品既有时间的纵深，也有空间的延伸，从李庄到广州，其实是从乡村、县城到都市的过程，这么一路写来，非常自然贴切，是对女主人公田庄一生的回顾，也是对一代人人生的回顾。小说家魏微身在其中，是观察者也是亲历者。很想知道你写作《烟霞里》时的心态，和过往有何不同？

魏微：写这部小说的时候，我的常用参考书是《红楼梦》和《围城》，每天都要翻一翻。《红楼梦》先搁下不谈，这里单说《围城》，写得太好了，我每读每笑，太欢快了。钱锺书是天才小说家。人物关系的交代，七八个人聚会，谁挨着谁坐，小心思、小眼神，一个不落，交代得清清楚楚，笔墨能照顾到每个人，一点都不乱，言语风趣，充满睿智和洞察，读来令人捧腹，但几段话写下来，人物性格出来了，关系出来了，彼此之间还挺错综。这种能力，当代作家里没几个有。

我有一次跟责编樊晓哲感叹，我的能力不行，我就以《红楼梦》举例，哪怕是次要人物像傻大姐、小红等落笔不多，但读者照样记得牢。晓哲糊弄我说，那是因为你看过太多遍了，当然记得牢。不是这样的。写作确实需要能力，我是中人资质，钱锺书是天才，曹雪芹称得上伟大。很多人说《围城》刻薄，我觉得还好，小说家最大的道德是塑造人物，钱锺书可能影射了一些熟人，但很多年后，读者不会去分辨他影射的人，单记住了苏文纨、孙柔嘉、李梅亭、顾尔谦，这些人现在还在，是我们的同学或同事等熟人，又可爱又可憎，这些人会一直活下去，代代流传。文学的魅力是在这里。《烟霞里》也有这个意思，就当是致敬《围城》吧——我不敢说致敬《红楼梦》——因为《围城》有态度、有喜好，作者所爱的、所憎的都摆到了桌面上，不藏着掖着，特别好。读来欢快，本质悲凉。《围城》的调子影响了我。但我本性并不是惯于嘲讽的人，因而嘲弄两句后，又回归正常叙事。

《烟霞里》并不是非写不可，它没有必然性，是各种契机造成的。外面都传我在“憋大招”，不是这样的，我不憋，但这么多年，那口气我也没歇，只是在等。等不来就算了，被人忘掉也没关系。人，总归会被忘掉的。《烟霞里》我积累了十几年，有人积累了几十年都未必写得成——这是写作的代价，作家必须去承担。就是说，写作是有运气成分的，《烟霞里》是不是好作品另当别论，但对我来说它是自我完成，我觉得自己运气太好了，上天在眷顾我，让我自由敞亮地去发声。事实上，我是有可能一直沉默下去的，一直到老死。我是说真正的写作，不是为混个脸熟而去填充报刊版面，不是为了博取功名，那是无效写作，毫无意义。

越挣扎，越幸福。写作的终级意义，就是为了等来这一刻。《烟霞里》的写作中，魏微享受到人生第一次放飞。

问：那你在沉默中爆发的点是什么？

魏微：契机、各种合力的结果。当时我正在写《梁启超传》，掉进戊戌变法的大坑里，写了十几万字，发现自己引用的康有为的材料是假的，他在作伪。特别绝望。我写《梁启超传》时，情绪饱满，语言也上道，但因为材料是假的，这部作品就不成立。正好人文社来约稿，把我从晚清的大坑里拉出来。写戊戌变法，人来人往，上到王侯将相，下到底层百姓，中间夹着知识分子这个群体，全连在一起了。这对我的编年体写作有帮助。

这是我第一次在人文社出书，像两个相亲的人一见钟情，很快结婚生子，生出一个大胖小子，顺利得不像话。所以这不是一部常规条件下写成的东西，有运气成分，是上天在眷顾我。这么高强度地写作，每天熬到夜里三四点，有两次偏头疼，大吐不止，我常担心自己会突然“挂掉”，每天都当最后一天过，每写几万字，我就发给我的责编樊晓哲。我以前的写作是字斟句酌，特别磨叽。写《烟霞里》时，字词突然不存在了，它们汇成了语言，带着我一路飞奔，所以说，这不是常态的写作。一边被语言席卷，完全丧失了自我，一边还要努力找回自我，要压着，要克制，怕自己成为话痨，找到这两者之间的平衡，很难，越挣扎，越幸福。写作的终级意义，我想就是为了等来这一刻，等语言、等情绪。写作真是等来的，得有耐心。那种极致体验，如果它能再次光临，我愿意再沉默十年，让自己销声匿迹。

问：虽然你在有意识地克制，但还是写了五十四万字。

魏微：人生第一回放飞，那就飞得远些。

问：你说自己很早就有编年体写作的想法？《烟霞里》的前身就是《一个人的编年史》？

魏微：对，原名就叫《一个人的编年史》，我二十年前写过《一个人的微湖闸》，也发表在《收获》上，所以《收获》责编钟红明一看到这个题目就笑了，说，好熟啊。但出版社不满意，先改名“山河故里”报了中国作协的“攀登计划”，但是我又不满意。《收获》发稿前，杂志社和出版社一块儿想名字，想了上百个，程永新的思路是声音，“合声”“和声”等，强调的是双声叙事，这名字倒是贴切，但不好记。后来出版社把李洱也拉进来了，李洱的思路是女性视角，给起了“her”“雌”“雌伏”等，被人文社给否了。最后才确定了“烟霞里”，各方都能接受。

我老早就想写编年体，因为我老早就在读年谱，起头是想写父辈那代人，生于抗日战争期间，二十世纪八十年代是中年人，走在街上时的孤独形象。这形象在我脑海里盘桓许多年，但找不到合适的语言。《烟霞里》写得很顺，开头第一句话有了，句式、语感、气氛全出来了，字生字，句生句，源源不断。写作挺神秘的，我是依赖语言，语言本质上就是神秘的，不是依靠努力、勤奋、刻苦就能找到的，需要一点运气。我十多年没写，是因为语言没来找我，我去找它，人家不应。人文社一来约稿，语言也跟着来了，还有什么好说的？十多年来，我已做好了最坏打算，这辈子我可能写不成小说了，武功全废，那就写写非虚构吧，权当自娱自乐。写出来很好，写不出来拉倒。

问：所以你去写非虚构了。读了那么多年谱，你有什么感受？

魏微：我中年以后就开始读年谱，有一度不是兴“民国热”吗？我不能免俗，也跟着读。有一回读到梁启超写的《李鸿章传》，惊为天人，直接呆了，那文章写得！天才文字！情绪饱满，知人论世，笔力纵横，大开大合，把晚清几十年的政治、军事、外交、人物全给端了，费字五六万而已。貌似写李鸿章，又不全是李鸿章，然而这才是最真实的李鸿章。大概就是中年以后，我觉得写人状物，必得游离出去，将人事置于环境里来打量，方能看得清大略。文字这回事，最怕就事论事，容易呆板，偏于局部。后来我就顺势把梁启超的名篇找来读了些，像《清代学术概论》都写得那么好看，像我这种学术白痴也读得津津有味，对他就很叹服。再顺着读下去，就遇上了梁启超的朋友圈，严复、黄遵宪、谭嗣同、章太炎、袁世凯、张之洞等，可以说，他的朋友圈就是一部晚清、民国史，因为他交游甚广，性格比较讨喜，二十出头就名扬天下，招人待见也是正常的。他有个朋友叫陈散原，陈寅恪的爹，晚清四公子之一。钱锺书在《围城》里写过他，方鸿渐几人在酒局上论诗，诗人董斜川说，五六百年来，就数陈散原是第一，并说唐以后的大诗人可以用地理名词来概括，叫作“陵谷山原”，原就指陈散原。方鸿渐说，不能加个坡吗？董诗人说，苏东坡，他差一点。我读来真是忍俊不禁。说这些是什么意思？全连在一起了呀，近代、现代，哪怕是当代，其实是一个整体。陈散原的爹也是了不得的人物，叫陈宝箴，做过湖南巡抚，著名的维新派人物，陈寅恪就生在当时的省府大院里。他家是大名门，人才辈出，这一来，我就把陈寅恪祖孙三代的年谱全给读了，还有一些相关传记，略微知道他家的子侄辈、女眷们的情况，跟谁家通婚，父生子，子生孙，末了是怎样谢世的，落场如何。这些全在脑子里，成了一个整体。这十几年的读史，对《烟霞里》的写作是有帮助的，养成了我的思维惯式，就是有总体性、整体性。而针对个人而言，则是生命的成长、盛开、凋零，末了一声叹息。《烟霞里》就是写的这个意思。

如果说早期的写作尚属于经验写作的范畴，那么魏微在后来的写作中尝试写更广阔的社会生活，更关键的是重新找回了表达的热情。

问：《烟霞里》的构思很巧妙，大家普遍对这种编年体的结构感兴趣。你在书写田庄个人史的时候，几十年国内外的重大事件是作为背景的，田庄四十年的生活，每一年、每一个细节这么写下来，人物命运与时代变迁怎么融合对你来说是难题吗？

魏微：难。主要是笔墨照顾不过来，既要写大的，还要写小的，写人物、写性格、写命运，七姑八姨，还要交代归处，还有人物关系，各种细节。出版社也建议控制字数，大部头对读者构成压力，这些对我的写作都有心理暗示。没法敞开写。各种掣肘。大和小的融合方面，我认为自己尽力了，在我的能力范围之内做到了最好，但还是有缺憾，比如2008年的汶川地震、奥运会，我都没有直白地写，只能在对话里带出。又比如我身在广州，2010年广州亚运会，也包括上海世博会，全是一两句话带过。这是很遗憾的。当然我以后还可以出修订本，但味儿不一样，情绪一旦离开《烟霞里》，再回去找补就难了。

结构上我是每年写一万字左右，每年分三小段。2008年写得最长，有两万字左右，主要是爱情太难写了，迟迟进入不了正题，一直在外围转悠。大事件的概述，并不是每年非写不可，但是2000年过后，时代的笔墨明显减少，我意识到了，但也无能为力。理想的状态是田庄活到四十五岁，年代事件的交代就会更从容，人物关系也会更自如。

问：小说已经超越田庄个人的历史，是改革开放几十年的一个缩影。其实田庄是改革开放前沿阵地的外来者、旁观者，我很好奇为什么没有把田庄夫妇塑造成“弄潮儿”？

魏微：这有两个考量，第一，我对“弄潮儿”不熟，当然我可以去做功课，但是写“弄潮儿”很容易写成“财经小说”；第二，以往但凡写改革开放，都在写“弄潮儿”，怎么下海，怎么创业，怎么成功，怎么失败。田庄反而提供了一个别致的角度，普通人视角，局外人视角，因为当“弄潮儿”的毕竟是少数，而田庄代表的是大多数。她身上有普泛性。就是一个普通人，一个看客，但即便是这样的人，也吃了时代红利，小日子过得不错。有朋友讲，田庄年过三十，形象有点“糊”了，不鲜明。但是就小说逻辑而言，我觉得是能自圆其说的，女人年过三十，尤其是当了妈，如果不是特别拼事业的话，形象大多会糊。也可以说，糊是大多数中年妇女的宿命。

问：如果请你总结自己写作风格的变化，你觉得这种变化明显吗？

魏微：我是渐变式的写作，不是突变式的。青年时代的写作，是在为《烟霞里》做准备，两者之间有延续性。有朋友指出来，这种情况有点像萧红写《呼兰河传》，还是那些元素，但属于“集大成”的作品，一生只为写这一本。当然我不愿承认这一点，我希望自己还能写出更好、更别致的作品。我不想到此为止。

问：很喜欢你写的田庄，她和闺密、和亲人的相处，婆媳之间复杂的感情，包括她对生死、对爱情的思考，里面蕴藏着很多的人生智慧。很多细节的描写非常真实细腻，这些细节是怎么来的？但是也有人认为田庄不是典型女性，对男女关系的认识处于一种混沌状态。你怎么看？

魏微：典型女性，可能也是一种刻板女性，是男人心目中的女性，比如温柔、多情、懂风月；比如漂亮、体贴、有女人味。什么叫有女人味？这是男人定义的，就是充满性魅力，温柔、可爱、妖娆、圣洁等。田庄反其道而行之，因为她是女作家塑造的，不照男人的喜好来，不顾他们的感受。也因此，田庄才有可能是某类更真实的女性，她自管自，你爱谁谁去！照我们女性看来，这才是有魅力的人，因为她独立，不迎合男人，也拒绝被他们塑造。她是生命的自然呈现。我不能说田庄代表大多数女性，但至少代表一部分女性，介于雌雄之间，天生不好那一口，男女关系上迷瞪瞪，懂也懂，但是懒得搞那些。就是说，她不是多巴胺型，她是内啡肽型。这个多好啊，省了多少事。至少省了我不少笔墨，使我腾出精力另有兼顾。我在塑造田庄时，我的责编跟我聊，田庄是个新女性形象，至少在当代文学范畴内，还没出现这样的女性形象。而她，其实是更真实的某类女性形象，只有女人懂女人。我希望田庄在当代文学的人物谱系中占得一席之地。

弋舟：通过写作矫正生命中顽固的东西

弋舟，中国作协全委会委员、小说专业委员会委员，入选中宣部全国文化名家暨“四个一批”人才。曾获第三、四届郁达夫小说奖，首届中华文学基金会茅盾文学新人奖，首届朱自清文学奖，第二届鲁彦周文学奖，第六、七、八、九届敦煌文艺奖，第二、三、四、五届黄河文学奖一等奖，首届“漓江年选文学奖”，2012年《小说选刊》年度大奖，第十六、十七、十九届百花文学奖，第三届《作家》“金短篇”小说奖等。入选“新世纪文学二十年青年作家20家”。2018年，短篇小说《出警》获第七届鲁迅文学奖。

作家档案

出生日期：1972年4月24日

出生地：陕西省西安市

毕业院校及专业：西北师范大学，美术专业

血型、星座：O型，金牛座

最喜欢的个人代表作：“人间纪年”系列

文学偶像：无

写作习惯：必须身边没人

文学之外的爱好：喝茶

文学观：以写作修行

采访手记

中国作协副主席、评论家李敬泽评弋舟如鸟："流畅地穿行于人类生活的幽暗与明亮，绝望与英勇。"

弋舟颇为认同：这是飞翔的姿态，至少洞察了他写作的情绪。

他的阅读开蒙很早,《春秋故事》是他"文学起点"上的第一本书,《上下五千年》《唐宋词选讲》《少儿古诗读本》是他的童年读物，十三岁时读《小逻辑》，十四岁遇见吕新的短篇《那是个幽幽的湖》。

在他的印象中，这是一个准确的、"有意识"的文学的标记点,"一艘纤弱的小舟，在文学浩荡的河流里开始了它的漂泊"（弋舟语）。

如今，作为一个美术专业出身的人，弋舟早已被当作小说家看待。小说家的职业感、持久的写作力与虚构的热情敦促着他完成一篇又一篇，一部又一部。是的，弋舟的勤奋有目共睹。他的小说，如此丰饶地展现人的精神困惑，似乎很容易将读者带入人性的幽暗处。但是也有评论如黄德海，对弋舟的创作表达出隐隐的担忧："自省同时流露出的自怜式的柔弱感，很容易把人捆缚在某些细致周密的固定频道。"

"读弋舟的小说，我既忌妒又哀伤。我完全不知道他将把人物带向何方，或隐约知道人物去何方，却不晓得以何种姿态摆渡。但无论他将畸零者逼迫向哪里，我都知道，绝不是那个叫

‘天堂’的神祇，而弋舟在小说里对小说技艺和小说语言近乎苛刻的追求和实验，既带有某种完美主义者的悲凉，也带有某种先锋者的慨然从容。”同为70后小说家，张楚的阅读感受应该更为准确。他说，这个叫弋舟的忧伤的小说家，是个真正骄傲的男人。

同为70后作家的梁鸿对弋舟的解读也深得我心。她说，弋舟在不断建构的同时，也在拆毁，甚至建构就是拆毁。世界如此灿烂，但又危机四伏。盛开就是颓败，沉默即是说话，它们辩证于同一事物的内部。弋舟的小说，贯穿着对人本质意义的追寻，他的人物多在观念世界里游荡。……这样的写作者，他不热爱生活，或者，他太热爱生活，因为他不想妥协。

之所以借助作家们的话，是因为我合上弋舟的书时，对自己的阅读理解产生了某种怀疑。我读懂弋舟了吗？他文字背后的精神和隐喻，我读懂了吗？也许，恰恰因为疑惑，才需要借助对话，接近真实的弋舟。

弋舟从来都是谦虚又诚恳地对待所有的评论，包括批评。

读弋舟的文字，感觉他像漂摇在大海里的小船。城市生活的幽暗或明亮，孤独或迷茫，交织在他的笔下，如进入一片混沌的世界。

但他分明又目光坚定地指向未来。

对弋舟而言，是那些杰出的文学作品合力，成为他文学创作

上的“引路人”，十五岁投稿，近三十岁时，他才确认“要去做一个作家”。

问：你在中学时就写小说，能否谈谈你对于文学的爱好是从什么时候开始的?

弋舟：“中学时就写小说”算是个抒情的表达，现在看，可能连练笔都算不上，但尝试着“以小说的方式”进行某种不同于学生作文的创作，倒是一个事实。我对于文学的爱好大概从能够独立阅读时就产生了吧，我的父母都是学中文的，家庭环境对我的确有一定的影响。

问：听说你十五岁就给《收获》投稿，投给谁了?

弋舟：当时是寄给了编辑部，无具体投给某位编辑。不久后，便收到了一纸格式化的回复，大意是不合用。虽然不合用，但依然令一个少年深感郑重。这件往事现在看来，深具意味，就是说，从那时候起，我就必然与我们的文学体制构成了关系，文学刊物，发表，等等，在这条生产线上，我注定将是一个具有中国特色的作家。

问：你曾不止一次地谈到自己受先锋作家的影响。那个时期你读得最多的是谁的作品?现在如何评价当年那批先锋作家的创作?

弋舟：受先锋作家的影响，对于我这一辈的写作者而言，几乎是个无可避免的自然现象，我们在那个时期成长，而他们，恰好正是那个时期广谱的太阳。从马原到余华，从格非到苏童，等等等等，我差不多读了那个时期他们所有人的所有作品，仿佛植物无差别地被阳光照耀，作为植物本身，是没有选择权的。现在我依然认为当年的“太阳”重要，他们已经成为了中国文学史上重要的一环，我无法想象，没有这一环，我们今天文学表达的所有样式，还能否实现。

问：你的处女作是在哪里发表的？文学上的伯乐是谁？能否谈谈你和编辑的关系？

弋舟：我的处女作发表在我父亲主持的一本内部刊物上。我的作品第一次公开发表应该是在《佛山文艺》上。我愿意将我的所有发稿编辑都视为伯乐，这一点在今天也依然如此，他们愿意将我的作品发表出来，就是如伯乐般的认可。随着写作日久，我和不少编辑建立起了文学的情谊，亦师亦友，我始终能够从他们那里得到启发，有时，还有宝贵的信任与温暖。编作关系，对于一个作家来说，可能是人间最为重要的关系之一吧，彼此之间，仿佛协作的战友，互相搀扶的依靠。

问：你是从什么时候觉得自己可能会成为作家的？

弋舟：这个“觉得”比较晚了，我是在差不多年近三十岁的时候，才确认自己要成为那种严格意义上的作家，那个时候我也已经写了些东西，但“要去做一个作家”的自觉的时刻，我将其确定在千禧年来临的时候，不是特别精准，但象征性很重要。

弋舟学的其实是美术专业。他说，大多数时候，我们是“被选择”的，许多事情无从谋划，好像不知不觉，就成为了一个既定的事实。

问：美术专业对你的写作有怎样的影响？听说你经常设计封面？

弋舟：影响是一定会有的，但我真的很少思考其中的关系。有时候，被提问者所引导，我也就听从了大家的意见，无外乎“艺术都是相通的”云云。可我们活着，什么与什么之间是不相通的呢？的确，我还常常做一些平面设计，这一度还是我谋生的手段，现在多是受朋友之托了。对于搞设计，我似乎比写小说更有把握和信心，我相信，如果我全身心去做这件事，会成为一个非常杰出的设计师，但是对于写小说，我没这么十拿九稳。至少，就我的感受而言，我觉得写小说是一件比做设计难度大得多的事。

问：有评论家将你的作品概括为“成长小说”。很多关于成长主题的小说创作，是自然而然形成的吗？

弋舟：评论总是需要找到自己的论点，但“成长小说”这个框子太大了，几乎盛放得下人类创造出的一切小说，于是，用这个框来框定对象，就显得有些随意。但也没有大错。有某一部分作品专门写到了成长，我想这对任何作家都是躲不开的事吧，因为人生也就那么几件基本的事罢了，成长，爱情，生死。

问：你曾两次到鲁院学习，能否谈谈在鲁院学习的收获？

弋舟：两次鲁院的学习对我非常重要，至少，在我们的文学体制下，这样的经历注定会强化你作为一个中国作家的身份认同，当然，这种身份的认同也有它巨大的干扰和局限，你认领了某种身份，势必要受限于这个身份对你的规定。如果说收获，这种受益与受限的辩证，可能就是我最大的收获了。

问：你平时的写作是怎样开始的？你会从哪里获取素材？

弋舟：我最初的写作会有一个构思与酝酿的前期准备，但写了二十多年，“专业化”越来越强，现在更像是“写作业”了，经常会有命题，也经常会写出第一段话之后压根儿不知道写往何处，让小说“自动”长，长着长着，意义、故事，才逐渐显现。我也不知道这是好还是不好。对于素材的遴选也越来越随机了，感觉万事万物，只要有文字命名过，就可以拿来写小说了，让其“莫名化”，或者让其更加的昭彰。

弋舟觉得，自己是一个高度依赖意象的作家，他不知道除了赋予作品象征性，写作还有什么更值得追求的价值。

问：在《蝌蚪》中，孤独、羞耻出现多次，在你的其他作品中也比较常见。比如《我们的踟蹰》里的诗歌“亲爱的，把我的心也拿去洗一洗/它悬空太久，孤单，痛”;《鼠辈》中那位女主角“身在那种有着孤注一掷气息的孤单里不断地用意念召唤与驱离着伴侣……”;《出警》中从“重点人口”老奎到干警小吕;《雪人为什么融化》中书写的是另一种孤独——这个主题在你的书写中是否一直没有变化?

弋舟：可能是的。这可能关乎个人的性格与气质吧，也并不是一个优势，但我觉得也不必当作一个劣势。每个人受限，继而遵守他的天性，是一个作家应有的诚实，也是他存在的理由。

问：《蝌蚪》中的郭卡和继母徐未，有种精神上的默契；而在《缓刑》中，也有一个小女孩与一个中年男人有精神上的关联。

弋舟：具体到这两部小说，这两对关系还是有着根本性区别的。郭卡对于成熟女性的向往，是自愿的，并且被青春期的性渴望驱使；而小女孩在成熟男性面前，纯然是被动的，尽管她似乎习得了某种性别的优势，还会颟顸地使用自己的这种优势。

人性中总有些什么躲在蒙昧的角落戕害着我们，如果一切都

条分缕析，我们可能会避免许多鲜明的痛苦，同时也将丧失许多隐秘的欢乐。

问：为什么你的作品，每一部都要写一句献词？《刘晓东》献给母亲，《平行》献给父亲，《雪人为什么融化》献给姐姐……在《丙申故事集》中，你甚至“再一次永远地献给妈妈”。这些虚构的故事和血脉相连的亲情之间，有何关联？

弋舟：这的确是一个小说家的“私情”。但我想理解起来也不会特别困难。毕竟，我们还是赋予了写作某种崇高感的，将崇高的事物奉献给亲人，既表达了我对亲人的爱，同时也敦促着我在写作的时候“自我确认崇高”。我觉得可能后者更重要一些，一旦想到我的写作要交由亲人来检验，我的笔至少就不会过于散漫和懈怠。我所说的“交由”，并不是说一定会让他们读，更多的是指精神的交托。写《丙申故事集》的时候，我妈妈已经离世，事实上，她也无法读到了。

问：很多读者发现，《我们的踟蹰》中有一个“眼”，就是来自《汉乐府·陌上桑》里面的“踟蹰”，“踟蹰”这个姿态重新成为现代人爱情姿态的一种象征，小说中的三个人都在“踟蹰”，都拿不定自己是不是真爱。这是否也是你对于现代男女之情的认识？

弋舟：是的，这部小说直接被那首古诗所驱动。我们的汉语真的很伟大，早早地就为我们提供了准确描述复杂世界的词语。我挺反对用作品来套作家，但我也接受作品在一定程度上反映着作家的观念。但是有个常识依然需要重温：小说不等同于小说家。“对现代男女之情的认识”是一个过于宏观的打量，社会学家也许对此更有把握，而一个小说家，更多的时候是在捕风捉影。

问：《我们的踟蹰》中女主人公李选离异，《年轻人》中因醉酒一夜混乱的姬武和师敏丽，《隐疾》中因都离过一次婚而对生活了无兴趣的“我”和左玲莉的婚姻——你如何看待爱情？你相信世间有美好的爱情吗？为什么你笔下的情感故事，读来都有着一种痛感？

弋舟：我相信爱情，也知道爱情必然伴随着伤痛，人性的可贵与可悲，在爱情这一命题下，都能够得到最佳的观察。

问：专业术语经常出现在你的小说中，比如《等深》，比如《隐疾》中的梦游，甚至大段地阐述这一医学概念。而《怀雨人》中的潘侯，实际上也是患了一种病。你是由概念引发小说，还是小说中格外需要阐述这一概念？

弋舟：这两者之间是彼此缠绕和相互促发的。在特定的文本里，我需要这样的处理方式。我想，探讨人类的疾病，可能也是文学的一个古老传统吧。即使从“社会批判”的角度去要求，针对病灶，也是“批判现实主义”的题中应有之义。

问:《隐疾》对你来说，是否也有一定的特殊性？你的很多小说对于人性的幽暗刻画得淋漓尽致，甚至有评论认为“弋舟擅长写隐疾”，你如何看待这一观点？

弋舟：我想这依然关乎作家本人的个性与气质吧。疾病既是一个生理现象，也是一个精神现象。在我看来，没有比疾病本身更富有书写性的了，也没有比疾病更适合用来观察人这个物种的角度了。

问:《怀雨人》这部小说里，学校安排给“我”一项特殊任务，就是照顾潘侯，潘侯数学很好，但是走路经常不明方向，走着走着脑袋就撞到墙上，像外国电影里面的“雨人”似的，因为保护不了他的女朋友，反复奔走……你的小说给人带来新鲜阅读感受的同时，故事背后也触及了社会痼疾，但这似乎并不是你的处理重点——你希望通过这个故事表达什么？

弋舟：老实说，让一个小说家对自己的小说做出说明，是这个世界上最困难的事情之一。我希望表达什么呢？可能我所希望表达的一切，都罗列在小说里了，甚至，我未曾想表达的，小说和小说的读者，也自我生成了。潘侯背后那个社会的“痼疾”是一目了然的，但的确如你所说，它不是我在这篇小说中处理的重点。小说肯定不仅仅是在揭示“社会痼疾”上产生意义，它有着复杂的审美系统。如果一定要问我希望通过这个故事表达什么，那么好吧，我想表达人的正直依然值得盼望，想表达笔直的爱和磊落的精神始终存在。

问：“我梦见了金斯伯格/他向我讲述垮掉的生活”这句来自娜夜的诗，我倒觉得可以理解为你讲述故事的基调：垮掉的生活。如果请你对笔下的生活做个概述，你会怎么写？

弋舟：顽强地重建着垮掉的生活。

《刘晓东》是一部被评论反复阐述的作品，但弋舟自我评价并不是很高——老实说，他对自己所有的作品评价都不是很高。好的作家内心里总会存在着一个难以言明的尺度，并知道自己与标高的距离。

问：你是在什么情况下写作《刘晓东》的？

弋舟：写每一部作品的条件都是很复杂的，关乎写作者当时具体的情绪，他感知世界的态度，甚至他自己的生理状况、文学准备。现在回忆，我只能说那时候的我，只能写《刘晓东》，之前写不了，之后也写不了。但我细数不了那时所有的“情况”，就好像我们没法细数导致自己行为的所有因素，如果标语一般地只给出一个或者几个说明，那一定是谎言。人的行为、动机含混不明，这本身就是文学的迷人之处。

问：刘晓东的身上，多少有一点弋舟的影子，但同时也是

“我们这个时代的刘晓东”，这个作品在你的写作中有何特殊性?

弋舟：很重要。至少,《刘晓东》已经被算在我的所谓“代表作”之中了。他的确有着我的影子，在我虚构出的所有作品中，我得承认，这个角色的现实还原度最高。

问：写《刘晓东》时你在形式上有很多探索，包括给人物取名为尹彧（隐喻）、邢志平。《夏蜂》《平行》等很多也是意象性的作品——这似乎也是你的创作特点?

弋舟：我是一个高度依赖意象的作家，我不知道除了赋予作品象征性，写作还有什么更值得追求的价值。我们在小说中，不是单纯地渴望一个故事，我们渴望的是这个故事的“意义”。

不是所有的阅读都能抵达作品的实质并与作家的本意严丝合缝。对于不同意见，弋舟以他一贯的真诚坦然接纳。

问:《丙申故事集》和《雪人为什么融化》整体感觉似乎一脉相承。感情没有归宿的主人公，乱伦或违背常情的情爱……城市是幽暗且萎靡的，时代也是混沌而没有方向的。我很想了解你在写作中的精神状态。

弋舟：一个作家肯定有着自己毕生相承的“一脉”。但你给出的这些描述还是令我有些震惊。如果我的小说就是描述着如此的景象，我必须反省自己的失败。因为，那不是我想要在文学中提供给世界的，甚至，它都有违我的信仰和我的文学观。作家与他的作品之间，可能会有神秘的相互投射，但是还好吧，我觉得我在写这些作品的时候精神状态至少和常人没有太大的差别，忧虑着一个常人应当忧虑的，喜悦着一个常人应当喜悦的。如果阅读我的作品只给你带来了这些观感，我愿意相信，那并不是出于你的误读，而是我的写作能力与我的写作目的没有能够一致。我会认真思考这个问题。

问：谢谢你接受我的阅读感受，尽管这感受并非准确，只是一己之见。我以为作为同时代读者，能够比较一见如故，更能深切地体会你的作品——可能我读得不够多，理解不够全面。比如在《雪人为什么融化》里，主人公是晚报记者潘布，他的感情经历丰富，和女网友飘摇的遭遇最为奇特，飘摇因丈夫出轨产生报复心理，和潘布只在网上聊了三次就“鬼混”。这样的女人，却在后来潘布否认认识她的情况下找她黑社会的哥哥“捍卫尊严”——阅读的时候我就在怀疑故事的合理性。当然也可能是作为女性读者的一种狭隘认知。我想问的是，小说家对于故事的构思，在其逻辑严密性上是如何考虑的?

弋舟：是的,“同时代人”的阅读最为重要，我不是特别赞同那种“写给未来读者”的远大抱负。作为一个专业的阅读者，你对我的作品迅速达成的印象，在很大程度上揭示了它们的某些特质，对此，我一定会认真对待。既然令你产生了对于“合理性”

的疑问，那么这个小说一定是有所欠缺的。所谓“小说的合理性”，在很大程度上要结合小说的具体文本讨论。譬如，在《变形记》里我们就不会质疑卡夫卡将人变成虫子的合理性。但《雪人为什么融化》这篇小说基本上是以“写实性”的方法来写的，那么，我就得接受你“合理性”的质疑。现在看，它的说服力的确不是那么充分。小说家必须尊重故事的逻辑严密性，这也许应成为小说创作的第一律令。可能更多的分歧，在于每个人对“逻辑严密性”的认识有所不同。有的人将镜子里的事物当作现实的投射，有的人只当它是泡影。但无论如何，一个作品应当经得起挑剔，乃至“狭隘”的审视，即使这很难做到，就像我们无法满足所有人的审美一样，但至少应当成为一个小说家用力的方向。

问：《凡心已炽》刻画了一个为了男人或者说为了爱情不断挪用公款，从而走上不归路的女人阿莫。阿莫为什么会成为这样的女人？男人有多大的魅力使她在深渊里越滑越深？我没有在小说中找到答案。至于那几个享受过阿莫公款的男人，小说中没有过多的描写，副教授只问过一句“你哪里来的这么多钱？”阿莫一句“偷的”就一笔带过，不了了之。能谈谈这个故事吗？是纯属虚构吗？你对小说中的男主人公怎么看？

弋舟：这个故事完全是虚构的。没有过多描写男人们，也许是因为这篇小说我原本就只想描述阿莫这个女人。当然，她是在男人的映衬之下才成为了小说中的那个她，但她并不依赖男人来完成自己在小说里的命运走向。阿莫的悲伤，也许就在于她自己都不知道自己被什么所驱动。我们要承认，人性中总有些什么躲在蒙昧的角落里戕害着我们，如果一切都条分缕析，我们可能会避免许多鲜明的痛苦，但同时我们也将丧失许多隐秘的欢乐。我觉得，文学正是在捕捉这些未明之事上才具有优势。同样，这些说辞最终只能落实到小说里去被人检验，你觉出了遗憾，就表明这个小说留下了遗憾。

他用一本小说集的方式来追忆刚刚过去的一年：丙申、丁酉、庚子、辛丑，在年复一年的记录中，“人间纪年”系列也逐渐有了形状。

问：《丙申故事集》《丁酉故事集》，虽然都是故事集，但前者侧重人的精神情感，如何穿越困境，后者更多地聚焦普通人，更为关键的是，在《丁酉故事集》的小说中，包括《巴别尔没有离开天通苑》和《如在水底，如在空中》，小说结尾有了光亮，人们可以和困境相持。而到了《庚子故事集》中，《核桃树下金银花》有了某种温暖。你觉得自己在写作中产生了哪些变化？

弋舟：是的，“有了光亮”，这可能正应验了我的认识——写每一部作品的条件都是很复杂的。现在的我，大约是期望“光亮”的，也更愿意在自己的作品中给出一点“光亮”。为什么呢？因为这关乎写作者此刻具体的情绪，他感知世界的态度，他自己的生理状况，甚至他既有的文学准备。更重要的也许是，这一切都受制于我本身的年龄与气血——一个五十岁的中年男性看待世界时的心情。

问:《辛丑故事集》是“人间纪年”系列的第四本，写到现在，你是不是早就适应并且享受这种叙述节奏?

弋舟：不适应，也不享受，反而更像是一份工作了。这就是“专业化”带来的后果吧，这也再次教育了我，让我明白：所有的价值只能产生于劳作。

问:《辛丑故事集》收入的几篇小说中,《瀑布守门人》(首发于《收获》)是“致敬老田”的一篇作品，田耳也写了一篇同名小说。这背后一定有什么故事吧?

弋舟：说起来有些像一个游戏，我们几个人相约用对方的小说篇名重写一个小说。游戏感有时候挺重要的，能让我这样一个所谓的专业作家，提起笔来时，不那么“端着”。当然，首先是田耳的小说本身打动了我。

问:《辛丑故事集》中另一个短篇《化学》，涉及女同性恋。四十五岁的离婚独居的化学家在夜跑中偶遇两个女孩热吻，小说以“化学”为名探究女性的身心处境和生活里的化学反应——这能否看作是“隐疾系列”的延伸与拓展?

弋舟：可以这样说。以“化学”为名，也是佐证我对于万事万物尽可相通的世界观吧。我们的精神现象，也可以是化学现象，甚至是天文现象。

问：《巴别尔没有离开天通苑》让我想到鲁敏的《奔月》，前者是“我”一次蓄谋已久的逃离，后者是主人公小六在一次事故中“消失”。这篇小说的创作是受到霍桑的影响吗？

弋舟：我写的时候压根儿没想到霍桑，经你一说，倒是的确能和《威克菲尔德》互读。这也说明，文学的永恒主题就是那么几种大框架：成长，逃离，等等。

问：《丁酉故事集》是你在旅途中完成的？这种状态对于写作本身有什么影响？

弋舟：其中有些篇章是我在旅途中写的，倒是真的能够缓释旅途的紧张与疲惫，我一下也想不清楚对写作本身是好是坏，可能节奏会急促或者凌乱一些吧。但是急促与凌乱，有时候或可达成某种预料之外的美感。

问：《丁酉故事集》中的人物在各自的人生泥淖中挣扎，有未来世界中被宣布为“无用者”的作家和艺术家，有赴十八年前约定的中年男子，有目睹父母情感危机的小女孩……《掩面时分》里写到一句：“世界何曾太平过。不戴口罩的日子里，每个人不是照样深陷在各自轰轰烈烈的平庸的困境里。”你的很多作品关乎困境，能否谈谈你对于现实主义题材的理解和认识？

弋舟：我从来没有觉得自己脱离过“现实”的路径，但有些时候，好像也被认为不那么“现实主义”。我只需要确定，我所书写的一切困惑，欢乐抑或痛苦，都是有着现实依据的。它们从来就不会是，也不可能是纯然的异想天开；同时，文学所强调的那份对于现实的终极关切，也应当始终不渝地贯彻在自己的创作之中。

问：在2016年写下《丙申故事集》之后，你陆续完成了《丁酉故事集》《庚子故事集》，为什么坚持写“人间纪年”系列？在我们的印象中，弋舟是特别勤奋的作家。这样的自我约束对于创作来说，会有怎样的影响？如果完不成，你是不是也会有一点自我怀疑？

弋舟：你说得太对了，完不成，会有一点自我怀疑。也许这有些可悲，我们证明自己、保护信心的手段，已经如此仓皇了。但是怎么办呢？一位农民不打粮食，可能也是要自我怀疑的吧？那么，对于这种自我怀疑的有限克服，也可视作我将这个系列坚持下来的缘由之一吧。

《出警》获得第七届鲁迅文学奖。评委会认为，这一短篇“体现着对心灵辩证法的深入理解。不回避人性的幽暗和荒凉，更以

执着的耐心求证着责任和疗救”。

问：短篇小说《出警》获得第七届鲁迅文学奖短篇小说奖。能否谈谈这篇小说的创作背景？

弋舟：这篇小说在我的创作中是少有的一篇有着明确“背景”的小说，当时的确有事关警察执法的社会性新闻在耸动视听，对此，我也多次做过说明，我希望用自己的笔，写出我对警察这个职业的理解。

问：对于获奖你是否也有些许期待？

弋舟：当然，既然入场比赛了，我想每一个参赛者对于自己的成绩都会有所期待吧。但也不会格外热切，因为理性一些来讲，作家应当懂得文学的角逐，很难有一个不受所有人质疑的准则，每一个奖项都有着它自己的“背景”，这也是一种现实主义的态度吧。

问：后来你是怎样得知获奖的？又是如何庆祝的？

弋舟：消息传来的时候我正在给母亲扫墓，庆祝的最高形式就是默默地告慰一下母亲的亡灵了。

问：关于短篇，你能否以《出警》为例，谈谈自己的创作经验？

弋舟：写作这么多年，如实说，我依然很难提供出什么经验，这可能和文学创作的特殊性有关，它关乎每一个作家自身的条件，他感知世界的方式等等，那么，作家的经验，其实很大程度上只对自己有效，只对自己有效的，就不足向外传道了。

问：评论家贺绍俊有另外的观点，认为《出警》没有显现出你最鲜明的文学个性。同时参评的作品中有另一个短篇《随园》，或者更具有代表性。你认为呢？

弋舟：这种意见是有代表性的。《出警》和《随园》都是我的作品，我对它们平等看待，如果论个人气质，可能《随园》的确更符合我的“人设”，但以鲁奖的标准而言，它颁奖给了《出警》，就说明在鲁奖的标准中，《出警》是好于《随园》的。对此，我自己也是认可的。我想，评委们颁奖给我，可能也不会是孤立地对于《出警》做出的评价，他们考量的，是那个也写了《随园》的完整的弋舟。

问：获得鲁迅文学奖对你有怎样的影响？在心态和创作上是否有些变化？

弋舟：是会有的。可能会更加从容与自信了吧，这也是一个好的文学奖项应有的效果——提振写作者的信心。

《空巢：我在这世上太孤独》是弋舟的首部非虚构作品。他发现了走访与想象的出入与差距，广袤的生活本身，从来都是会

令人震惊的。

问：《空巢：我在这世上太孤独》是你的第一部非虚构作品吗？作品的完成对你有哪些影响？

弋舟：是的，这是我第一次以非虚构的方式书写文学作品。既然是“非虚构”，那么就一定会对我这样一个常年的“虚构”者起到必要的平衡作用，令我得以矫正某些积习，再次确认了生活本身的伟力。

问：这部作品和短篇《平行》有何关联？

弋舟：《平行》的灵感或者说素材，完全得益于这部作品的启发。

问：早期你也创作过关于老年人的题材，比如《锦瑟》，可否谈谈关注老年的话题，有什么感触？

弋舟：不知死焉知生，也许人的世界观应该这样去建立。当你明白了人会衰老，会最终去向何方时，你才会对眼前的一切有一个大致不离谱的判断。

问：在写作中你是如何和这些老人交流的？他们愿意向你敞开心扉吗？

弋舟：这是一个非常复杂的过程，你得调动自己的真诚、智商、情商、经验，等等。相较而言，老人也许是最容易向外敞开心扉的一个群体，原因很简单，因为他们“在这世上太孤独”。

问：你在采写过程中的心境是怎样的？对于中国式父母的认知，是否也能做出一些整体上的概括？

弋舟：面对这样一个命题，心境当然不会轻松，他们让我更为理解了何为“中国性”，对文化的力量有了更加深刻的理解。

不同体裁均有涉猎，对弋舟而言，长篇是故事，短篇是事故。短篇的任性也许更消耗人，而长篇的“耐烦”也许适合养生。

问：你经常和同行交流写作吗？能否谈谈你眼中的70后？

弋舟：很少，写作这件事真的很私人。但我们的文学生活又免不了要靠交流来展开，有效与否，其中的矛盾，可以想见。同为70后，我对他们中的佼佼者深为欣赏，也许我的判断有着情绪化的因素，综合考量，我认为这个群体已经是当下中国文学创作中质地最好的一批人了。

问：你和评论家的关系如何？他们的评论对你来说有启发吗？

弋舟：文学生态如此，写作这么多年，肯定和评论家们过从甚密了。他们中不乏有真知灼见者，我的写作很难想象没有评论家这个群体的存在。

问：你喜欢什么样的评论文章？

弋舟：有才华的、不人云亦云的——美文。

问：你理想中的评论家和作家的关系是怎样的？

弋舟：当然是相互促发最好，但相互妥协也很重要。不，这不是说那种人情世故的油滑，是说“共情”很重要，当然，所谓共情，是需要“情”相匹配的。

问：黄德海评价你“自省同时流露出的自怜式的柔弱感，很容易把人捆缚在某些细致周密的固定频道……”你怎么看？

弋舟：他说得对。我就是具备这样一种天性的人，李逵式的不柔弱，心向往之却不能至。

问：部分评论将你的小说概括为“城市文学”，你怎么看？今天如何书写城市？

弋舟：他们说得也对。今天书写城市，作家本身要有“城市感”吧，他是一个现代性的人，又懂得批判现代性并且体谅现代性。

问：你曾在一次访谈中提到自己属于“欠缺生活的作家”，

目前这个问题解决了吗？还有怎样的写作障碍？

弋舟：如此表达，既是个事实，也是个省去许多口舌的策略。有些欠缺估计永远也解决不了，譬如，我不是个女性，就没法绝对解决掉男性视角的单一性。那么，障碍也是永恒的，缺陷也是行动的动力吧。

问：你的作品形式多样，甚至会在同一个时期写出风格截然不同的小说。能否谈谈你在艺术创新上的探索？

弋舟：可能也不是有着纯然的创新冲动和自觉，而且，我们的“新”，大概率是“旧”，我只是多少窥见了一些古往今来文学形式的多样，愿意都尝试着去复盘一下。

莫言看重弋舟短篇小说中极富象征意义的细节，认为它们微妙而精确，堪可用来探究我们心灵秘密的富矿。

问：你愿意用什么词形容自己和作品的气质？你有没有觉得，自己的性格对于塑造人物有或多或少的影响？

弋舟：我找不到那样的一个词，所以只好任由大家冠以认定的那些词。我的性格必定决定着笔下人物的性格，这是毫无疑问的。如果一定要找个词来概括，那么我希望自己的小说是“体面”的。这个“体面”，一定不仅仅指向某种娇柔的风雅，更多的，是对艺术本身的敬重，是对文明的服从。

问：小说创作中目前最要紧的问题是什么？长中短都写，但近几年侧重短篇，是顺其自然吗？

弋舟：是顺其自然，但也有着某种“身不由己”，一篇篇“作业”，总不能都用长篇来完成吧？目前紧要的，也许是忘掉自己是一个“职业的作家”。

问：你如何看待自己小说的独特性？

弋舟：我想，我在自己的作品中诚实地暴露了我这个人，申明了每个人的独特性是需要用文学来表达的。

候鸟在大地上自由来去，为的是适宜的温度和丰美的水草。我们在大地上迁移，为的是什么？

问：你曾表达“甘肃生活实际上就是我文学生活的全貌”，“甘肃”可视为你的“文学的故乡”吗？

弋舟：我的写作生涯是在甘肃开始的，很多重要的文学观念也是在这个时期形成的，写作的基本训练，也在甘肃完成。将它称为“文学故乡”，是我对甘肃应有的敬意。

问：在甘肃，你曾连续获得多届黄河文学奖，拿遍了长中短篇小说的一等奖。回顾那段时期的文学创作，你是怎样的一种状态？

弋舟：那是美好的记忆，对写作充满了单纯的热情，而且难能可贵，自己的每一次实践都得到了同样热情的呵护与表彰，这简直像是一个奇迹。

问：为什么选择离开甘肃？

弋舟：更多的是出于个人生活的原因，我的亲人都在西安，父亲年事已高，就近一些会更好。

问：从兰州到西安，你现在已经完全适应了吧？

弋舟：我生在西安，长在西安，在生活上不需要额外的适应。至于一些莫名的“心灵环境”，是需要逐步适应的。

问：你曾谈到自己是没有家乡的人。这种“无根”的感觉对于作家会有怎样的影响？

弋舟：这种“无根”的感受会让我更慎重也更仓皇一些吧，伤感也许对一个作家而言是重要的。有些人失去故乡会肆意妄为，有些人失去故乡则惘然不安，我应该属于后者。

问：从兰州到西安，地域的变化对你的写作状态有影响吗？

弋舟：我想，身在北京的莫言和身在山东的莫言也会有着不同，人真的很微弱，受制于一切客观条件与主观因素的总和。

问：在西安的生活怎样？以你的敏感，周围作家群的变化是否也是一种无声的熏陶？

弋舟：生活上我不是一个非常讲究的人，所以估计待在哪儿都能自得。人是环境的产物，熏陶谈不上，但有些事物一定会侵染我，是的，这有些让人感到艰难，但这种艰难是无以言传的，就像我们压根儿无从听到一棵被移植后的植物，如何表达它在调整与适应着什么。

问：有评论家提出，如果你的题材领域再拓展一些，可能结构故事的方式和社会体验的方式也更为开阔。不知你如何看待这一看法？

弋舟：我认同，这就好比是，如果我们长过两米高，就可以试着去打打篮球。我接受自己的局限性，也会努力去尝试这样的拓展。

问：回顾自己的创作历程，你愿意作何归纳？你觉得自己的创作面临怎样的状况？

弋舟：我好歹算是坚持写下来了——这可能是我回顾自己创作时最先跳出的感受。目前，我的写作所面临的状况和最初提笔之时没有本质性的不同——始终都是在考验着自己的能力，体力上的，智力上的，耐力上的，笔力上的。

问：作为专业作家，你必然会面临如何突破困境，如何保持叙述能力等强大且鲜活的考验。在这方面，你是如何做的？

弋舟：这是永恒的考验。而且我觉得这种考验也不是仅仅针对专业作家，它可能针对所有的生命。我觉得，对文学的忠贞不渝，是应对这些考验的基本前提，就好像对生命的珍惜与敬重，才是我们不至涣散的根基。为此，我愿常怀警惕。

问：你希望成为一个怎样的作家？

弋舟：托尔斯泰或者塞林格那种。我不是奢望获得像他们那样的荣誉和成就，而是他们身上某种“避世”或者“出离”的勇气，令人向往。

问：你把写作当成一种修行。这种意识是从什么时候开始的？

弋舟：从一开始这种认识可能就有了，因为通过写作本身，我矫正了许多自己生命中顽固的东西。

问：你的“小说观”或“文学观”是什么？

弋舟：同情，深深的同情。

王十月：写作是我和这个世界对话的工具

王十月，本名王世孝，1972年生于湖北石首，现居广东，中国作协全委会委员，广东省作协副主席，《作品》杂志社社长、主编。著有长篇小说《无碑》《米岛》《收脚印的人》《如果末日无期》等七部，中短篇小说集《国家订单》《我们的罪》《荒野》《烟村故事集》等十余部。曾获人民文学奖、《中国作家》鄂尔多斯文学奖、百花文学奖、《小说选刊》年度中篇小说奖、《人民文学》“未来大家TOP20”、老舍散文奖、冰心散文奖、在场主义散文奖、南粤出版奖等。作品译成英、俄、西、意、蒙等文字出版。2010年，中篇小说《国家订单》获第五届鲁迅文学奖。

作家档案

出生日期：1972年6月16日

出生地、籍贯：湖北省石首市

血型、星座：B型，狮子座

最喜欢的个人代表作:《如果末日无期》

文学偶像：托尔斯泰，陀思妥耶夫斯基

文学之外的爱好：美术，美食

想对20年前或20年后的自己说什么：对20年前的自己说“不要急”，也对20年后的自己说“不要急”

文学观：用写作和世界对话

采访手记

他之所以写起小说，原是一种随手的记录，绝不是为了什么。那时，他在工厂打工，每天重复单调而机械的工作，对未来看不到希望，倾诉苦闷的方法，就是用笔随手记下内心的感受。没想到这些最初在工友间传阅的文字，居然发表了，从此，“王十月”这三个字，便不再是千百万打工族中一个简单的符号，他的存在，使更多的人知道这个庞大而沉默的群体的生活。那么多在领工资时不会签自己名字的人，那么多有委屈不会诉说也无从诉说的人，在王十月的笔下一一展现，他说，如果不去记录，可能这一代人的经历就这样被湮灭了。他愿意通过自己的“话语权”为他们发声。

“‘打工文学’彰显了我，也遮蔽了我。它让我在那么多写作者中受到了格外的关注，但也因此而让人们忽略了我作品的深层价值和丰富性。这是一些掌握了话语权者常有的高高在上的心态。标准不在他们的手中，但要命的是，他们认为标准在他们手中。”这样的思考，使王十月有了一些不甘，想和别的作家站在同样的平台上公平竞争，而不是被人认为是对弱势者的施舍。

从2004年到2006年，王十月称之为一个“徘徊的、痛苦的，否定了过去的自己，又没有找到真正的自己”的阶段。在那一阶段，他写了许多实验性的小说，那是“为艺术而艺术”的阶段。不停地肯定和否定，转了一大圈，他又回到了最初写作的根由上来。他想：我用文字和世界沟通、对话，既如此，何必在意笔下写出来的是什么文学，又何必在意别人怎么看呢?

他决心回到最初的起点，重新明确自己的文学观，“我很笃定地知道自己想成为什么样的作家，想写什么样的作品，不会被别人的观点左右，也不再为艺术而艺术，而是把文学作为我和这世界对话的一种方式。我更看重的，是我说出了什么，发现了什么。而这一选择，日益坚定，并成了我的文学信仰”。

王十月很迷恋写人在历史潮流中的挣扎与无奈。他写的是现实生活，是经过观察、思考、提炼后的现实生活。他说，希望多年之后，读者仍然能从他的文字中，读到我们这个时代一部分人的真实生活，并以此作为一个窗口，了解我们这一代人的关切、我们的理想与我们的困境。

十六岁的王十月风雨无阻去老年大学学习诗词，并拿到了老年大学结业证。

问：能否谈谈你的经历，你从初中就出来打工了？为什么那么早就离开家乡?

王十月：因为我没考上高中，其实我读书成绩是很好的，老师也喜欢我。但我家境不好，母亲去世得早，父亲一个人拉扯我们兄弟姐妹五个孩子，我就想着早点帮家里干活，帮父亲撑起这个家，所以没有心思读书，根本没想要读高中。初中毕业就回家，什么重活苦活都干，农忙时干农活，冬天农闲了，就砍芦苇，出水利工，到建筑工地干活。也挣不了什么钱。

后来打工潮兴起，我有个初中同学在黄石做分割鸡的生意。父亲把家里的猪卖了，给我凑了三百块钱。我同学能干，每天天没亮就去进货，我只负责卖。我好像天生不会做生意，同学去就能卖完，我总是卖不出去。眼看坚持不下去了，城管又将我们的东西给没收了。当时手上只有三十块钱了，我花了十块钱去看李白和崔颢笔下的黄鹤楼，同学很生气，他自己没进去，在黄鹤楼门前等我。同学回家了，租的房也退了，我住在一家小旅店里，一天大概花三五块钱吧。我没钱了，就将做生意时用的秤啊，绞肉机啊，什么的抵给店老板，才算是住了下来，慢慢找工作。

那时找工作多难啊，又是在武汉，差点被骗到黑窑厂当窑奴，好在我还算机灵，看形势不对，半路跳车跑了，天无绝人之路，就在山穷水尽之时，进了一家服装厂做手绘。老板傅泽南是个大画家，我和一个武汉小伙子、一个老师傅，三人一起面试。我见他们都太厉害了，就吹牛，说我的老师是关山月。傅泽南就哈哈大笑起来，说你要是关山月的弟子，我这庙太小，就请不起你喽。我这才实话实说，关山月给我老师题过字的。我学过一段时间画画，师从故乡著名的画家王子君先生。先生教我素描，又教我工笔花鸟。又对我说，汝果欲学画，功夫在画外。先生让我读诗，介绍我师从小城格律诗诗人徐永兵老师学格律，算是打下了一点基础。我十六岁时，画的画参加过石首市的青年美展，获得了一个证书，这个证书帮了我，我才获得面试的机会。最后，傅泽南留下了我。

问：你是在什么情况下开始写作的？

王十月：徐永兵老师将我的诗词拿到省内外的刊物发表，后面还专门注明我的年龄为十六岁。故乡县城有个老年大学，每周六上午开班讲格律。我骑自行车六十多里，风雨无阻地去学诗词。后来还拿了个老年大学的结业证。我十六岁时，老年大学结业，我很珍视那张结业证。

徐老师对我说，年轻人，学点格律是可以的，但不要痴迷，要写，你就写现代诗、写文章。《石首日报》搞春联征稿，我参加了，拿了奖，还有奖品。于是又写了一篇小短文，寄到《石首日报》的副刊。我家乡的文风很盛啊，副刊主编蔡德林先生给我回信，我现在还记得他信的内容："《做斋》拟用，请用方格稿纸誊抄好后寄我。"我很兴奋，满镇找方格纸找不到，后来骑自行车到县城才找到。那应该是在一九八七年吧，我当时十五岁。文章发表后，拿了八块钱的稿费，了不得，几乎是全村人都知道了，说村里出大才子了。村学校招考民办教师，我和我哥都考上了，村里说不能你们一家两兄弟都上，于是我哥去学校教书。我那时爱好很多，喜欢根雕，会背着锄头到处挖树根。喜欢画画，我叔叔说我画的茶壶好，"敲得响"。我也给人家画过招牌，给修电视机的商店画个电视机，给卖肉的店画一头肥猪。还给亲戚家画过中堂，那时农村人盖了新居，都在家里挂中堂。再就是读书，只要一有空闲，我放下农活就读书，放牛时读书，晚上也在读书。

听说谁家有一本《简·爱》，我便走了十几里夜路，也不认识人家，就去借书。父亲骂我，说上学时又不好好上，不上学了，读这些书还有什么用。那时农村爱读书的人还是比较多的，能读到各种文学刊物，文化生活很丰富。年轻人经常聚在一起唱歌跳舞打群架。我也打架，被人称为“土流子”。那时就读了不少的书，我记忆最深的几篇是张贤亮的《肖尔布拉克》，乔雪竹的《今夜霜降》，张承志的《黑骏马》，总之很多。还有聂云岚改写的《玉娇龙》。我当时想将《玉娇龙》背诵下来，主要是为了在别人面前显摆。当然，金（庸）、古（龙）、梁（羽生）的小说是一本不落读全了。我喜欢古龙，我的QQ名，从注册开始就没改过，一直叫“九月鹰飞”，就是古龙的小说名。背唐诗宋词，我当时能背很多,《琵琶行》《长恨歌》《春江花月夜》《孔雀东南飞》《古诗十九首》，专门挑长诗背，如果当时有诗词大会，我大概也能上去比赛的。现在好多都记不真切了，但看诗词大会，我跟着答题，还是能答不少的。我当时是什么书都读，也分不清什么是好书，什么是不好的书。手抄本《少女之心》《第二次握手》我也读过，甚至骑自行车我都能一边骑一边读书，村里人都笑话我是书呆子。

在市报发表了一篇小“豆腐块”后，没人笑话我了。我父亲不反对我读书了，让我坐在家里写文章，我不写了。父亲很生气，认为我故意和他作对。我出门打工后就再没写过。在武汉时很幸运，进服装厂，老板傅泽南是大画家，高名潞等的《中国当代美术史1985—1986》上，给他写了专门的一节。傅泽南和我，亦师亦友。他画画，我给他当助手，他说要把我教成湖北最好的青年画家。我那时主要迷画画。相比文学，我还是更喜欢画画，到现在都是。我从小的梦想是当画家。只是打工时条件太差了，没法画。

问：你的处女作是发表在《大鹏湾》上吗？是自然投稿吗？

王十月：1998年，我到佛山南海打工，1999年，听工友说起打工作家周崇贤的故事。周崇贤、安子，是当时的打工明星。我想我也可以学他写作。正好那时他就在《南海日报》当编辑，主编一个栏目叫"外来工"，发一些四五百字的打工故事。我就给他投稿，每周投一篇。都是一些之乎者也，半文半白的东西。连投了有七八篇吧，他吓坏了，以为我是个被文学搞坏了脑子的人，于是写信给我，说我的文章写得老气横秋，没有生机。他说这个栏目要一些生动有趣的东西。我就编了几篇搞笑的寄过去，没想到都发了。每期都有我的。当时报纸影响大，我在南海算是小有名气了。厂里人更是都知道我是作家，老板也对我刮目相看，说我是他招的"大学生"。

当时，《佛山文艺》《大鹏湾》《江门文艺》《打工族》这些刊物的读者特别多，打工的人都读。上面写的都是我们打工人的故事，很亲切。于是我就写了一篇小说，叫《我是一只小小鸟》，写的也都是身边的故事，寄给《大鹏湾》，没想到寄过去没多久就发表了。过了两个月，主编张伟明打电话给我，约我再写一篇小说。我又写了一篇《活着总得折腾点啥》，张伟明看了，很喜欢。当时《大鹏湾》正在招编辑，他问我愿不愿意去。我就去了《大鹏湾》工作。《大鹏湾》当时发行量很大，但没有刊号。因此，我第一篇在有正式刊号的刊物上发表的小说，应该是2000年发表在《作品》的《出租屋里的磨刀声》。

问：你对于文学的爱好始自什么？

王十月：说不清，我从小喜欢读书。我还记得，我才上小学三年级，就能读繁体竖排的《幼学琼林》，我能认繁体字，也不知怎么就认得的，总之在学校里算是出了名，老师们都很惊奇。还有一个，可能是我作文写得比较好，老师总是表扬，将我的作文拿出来当范文，给了我小小的虚荣心和成就感，但我从来也没有过当作家的梦，我从小的梦想是当画家，爱阅读只是一种求知的本能吧。近三十岁开始写小说时，我也只是想写点东西而已，谈不上文学梦。

也许是遗传吧。我们家族的人骨子里有反抗精神，不服管束。我爷爷就是这样的性格，我听过很多我爷爷的故事，他是个很传奇的人物。没上过学，却会编顺口溜，据说二十世纪五六十年代，国家大搞水利建设那会儿，我爷爷在工地上就是宣传队的，负责编顺口溜鼓劲。我父亲、我叔叔，都是这样的人，二十世纪八十年代后期，国家购粮给农民打白条，我父亲就带人抗粮不交，被乡政府给绑了去，好多村民在夜里围了乡政府，那是我父亲的高光时刻，他成了英雄一样的人物。我父亲只上过半年学，但他识字，能读书看报，还会写诗。他将他的诗刻在竹林里的竹子上，刻了好多首。我记得几首，如“孝儿武汉去打工，披星戴月路匆匆。我儿人穷志不短，泰山顶上一青松”。有段时间，我们兄弟姐妹全都在外打工，他在家给我大哥带孩子，写了首“一人在家苦闷头，无事出门慢慢游。耳闻邻家童歌颂，进出只有锁相逢”。我认为很感人。我叔叔更加不得了，我叔叔是大才子，琴棋书画样样通，在村小学教了一辈子的书，也是因为性格耿直，很多比他资历浅、教学能力差的同事都民转公了，他一辈子是民办教师。

“野兽系列”是一批试验性的作品，王十月对乡村生活的书写，到《寻根团》画上了句号。

问：你写过一批乡村题材的小说，“烟村系列”“困兽系列”“野兽系列”，为什么这么命名？能否谈谈故乡对你创作的影响？

王十月：“烟村系列”是想写一种优美的，我梦想中、记忆中的乡村生活，那是我的童年。我的故乡荆南水乡风景很美，那些水草、那些水鸟，是我的梦。只是，我记忆中的童年又是苦难的、贫穷的。当时，有一个在文学界挺有地位的人，批评我的“烟村系列”是在“急吼吼地朝主流靠拢”，我很委屈。写什么难道不是我的自由吗？他说我在美化乡村，写的是田园牧歌，那是他没有读懂。我的“烟村系列”，底色是悲凉的，我写的是苦难，是苦难中坚守的乡下人。我没有丝毫美化，只是我不想将苦难写得特别激烈。

我的家乡有个老人，我小时候，他经常来我家，和我父亲关系很好。他大字不识一个，自己的名字都不识，却能背整本的《大学》《中庸》，我们那里的人说话轻声细语，斯斯文文。有人说我笔下的农民不像农民，那是他们见识短。我的乡亲，面对苦难也多是隐忍。我们那里的农民，完全不是作家们笔下农民的样子。我写的是他们。你看我的《绿衣》，我每次重读都会老泪纵横，三代人的悲剧，可是我写得很节制。那些如烟往事，浮在烟雾缥缈的故乡。我写这批小说时，是我最想家的时候。

“烟村系列”是我七八岁时的乡村记忆，是我的童年，到了“困兽系列”，童年的我长大了，那是我的少年记忆。我父亲说我：“你心比天高，奈何命比纸薄，你生在了我们家，就是摸牛屁股的命”。我总是满脑子的幻想，心有不甘，不满足于乡村的天地，但又走不出乡村。那时的我，就像被困的兽。“烟村系列”和“困兽系列”是回忆式的，很多故事都是真实生活的写照，许多人也实有其人。要不是乡村窒息，我怎么会想着逃离故乡？有人会问，都是同一个乡村，为何“烟村系列”中的乡村和“困兽系列”中的乡村差别如此之大？其实不是乡村变了，是我长大了，“困兽系列”写的是我的青春期。“野兽系列”是一批试验性的作品，我对乡村生活的书写，到《寻根团》算是画上了句号。

问：你最初的创作是在什么环境下完成的？周围的环境会对你的写作造成干扰吗？

王十月：我最初写作就是在工厂。我不择环境，什么环境都能写。在工厂，我就在车间里写，机器轰鸣，边写还要边防着老板突然出现。晚上伏在铁架床上写，工友们就在旁边大声吵闹。我的第一部长篇是趴在厨房的案板上写出来的。

问：你的小说想象力很丰富，楚文化也赋予你的作品丰富的内涵。能否具体谈谈？

王十月：我打小是个爱胡思乱想的人，我生长在楚地，楚地的巫鬼文化深入我的骨头。后来我写小说，写到故乡，并不是为了巫鬼而巫鬼，有人说我是受魔幻现实主义的影响，其实不是，我就是在写我的生活。那是我的真实人生。《十月》杂志的季亚娅，她的家乡离我家很近，她读了我的《米岛》后写文章说：王十月接的是荆江老坟的地气。这句评价让我很感动。

写作是表达的需要，是在和世界对话。它从来没有条条框

框，无论是在生活中，还是在文学界。

问：学历对创作来说影响不大吧？2008年你去鲁迅文学院学习，感觉怎样？对自己的帮助大吗？

王十月：学历的影响本来是没有的，我学历低，但在打工的那么多年里，虽说没写作，读书却一直没有中断，而且一直在读经典，我打工时遇到了很多好老板，他们对我很好。傅泽南，徐工，一个是大艺术家，一个是大科学家。主要的影响来自文学界对我先入为主的看法，大家可能想当然地认为，一个打工仔，又没上过什么学，就是没素养的。要改变这种偏见是很难的。比如，我有一次在接受访问时，被问到读什么书，我说正在读哈耶克的《通往奴役之路》。访问者很惊讶，问，你读这样的书？你为什么会读这样的书？这样的事很多。

有一次，在鲁院，是去卢沟桥，老师和学生一起。我不知说了几句什么话，一位老师很吃惊地说，王十月，没想到你一个打工仔，还挺有见识的。我当时很生气，反问，你认为打工仔该是怎样的？在我的身上，这种偏见是一直存在的。《收脚印的人》出版时，《新京报》的一个记者约了专访，她写她约了王十月在一个咖啡馆见面，王十月要了一杯咖啡，用满是老茧的手端起，喝了一口，皱了皱眉头，就再没有喝。我和朋友们开玩笑，让他们看我满是“老茧”的手。我十几岁出门打工，做了很多种工作，但没做过苦力。但《新京报》的记者要将我描写成满手老茧、没有喝过咖啡的形象。刚开始，我是很敏感的，会愤怒，但慢慢习惯了。

2008年，恩师吕雷推荐我去鲁院，我是有收获的，很多课我感觉老师好像就是针对我在讲。当然，这是我的错觉。没上过大学，我是很遗憾的。正因为有遗憾，我才拼命读书。虽然没上过大学，但这不等于我没读过什么书。

问：20世纪90年代初开始你在武汉、佛山、东莞、深圳、广州等地务工至今，从事过流水线普工、调色工、编辑、广告公司艺术总监等多种职业。你如何看待这些经历？对自己的创作有怎样的影响？

王十月：这些经历不仅为我的写作提供了丰富的素材，更重要的是重塑了我的性格，让我从之前的阴郁变得坚韧，由悲观变得乐观。最重要的是塑造了我现在的世界观。这也决定了我会是一个怎样的作家。我不愿受束缚，不愿被人轻易定义。

我进入作协之后，基本保持着这样的性格。我的同事曾经写过一篇文章，叫《野生的王十月》。我没有条条框框，因此无论是在生活中，还是文学界，讨厌我的人，会觉得我很狂妄，其实我只是和他们格格不入。

问：大概从什么时候起，你有了成为作家的意愿或志向？

王十月：其实我开始写作时，并没有强烈的成为作家的自觉，只是想发表点东西，找份好的工作。真正开始思考我该当怎样的写作者是在2004年，我从《大鹏湾》辞职开始自由写作之后。

我还是将表达看得更重要。往小里说，写作是为了表达，是在和世界对话；往大里说，写作是在布道，文字是道具。通过道具传达出来的思想才是最重要的。出版作品的文学界是道场，现在的新媒体也是道场，是更具自主性的道场。

王十月希望能通过自己的写作，让人们放慢脚步，转过身来，关注背后被忽视的人。

问：你会经常回过头去看自己的作品吗？写了二十多年，能否分阶段谈谈自己的创作风格经历了怎样的变化？

王十月：2004年之前是一个阶段，这个阶段，是自发写作阶段，并没有特别明确的文学追求，就是写自己熟悉的生活。2004年到2007年是一个阶段，我进行了许多试验，在寻找自己的风格，在突破，在变化。2007年之后，我的想法比较明确了，我知道自己是谁，要写什么，为何写作。

我是个不愿意被风格束缚的写作者，我认为，没有一种适合所有题材的风格，因此，风格是视题材与内容而定的。我喜欢变化。这三个阶段，有点从看山是山，到看山不是山，最后看山还是山的意思。

问：你的写作经常会推倒重来吗？比如《米岛》或《寻根团》。

王十月：《米岛》写得很艰难，前面废了差不多二十万字，后来我突然找到了觉悟树这个叙事者，眼前一亮，就推倒重来，然后一气呵成。《收脚印的人》更难，推翻了三十万字，后来也是找到了收脚印这个切入点，然后一气呵成。我的电脑里还有四部写了十万字的长篇，都没有进行下去。《寻根团》写得很顺，只是想得很久。我的很多中篇，都是要在心里想上五六年的。《寻根团》在我的中篇里，是我比较喜爱的。推倒重来，就是因为没有找到一个合适的说话方式。

问：有评论认为，你的长篇《收脚印的人》是“罪感文学”，你认可吗？中篇小说集《我们的罪》中收入《人罪》等作品，包括长篇《无碑》，“快速发展是建立在原罪之上”似乎是你要表达的主题之一？

王十月：我部分认可吧。这是由我思考问题的方式决定的。我们都是有罪的人，这是我写作和看世界的前提，是我骨子里的认知。“快速发展是建立在原罪之上”似是我一度反复表达的主题，但这是阶段性的主题。我信奉鲁迅先生的“揭出病苦，引起疗救的注意”。之前，我们的经济高速发展，社会普遍忽略了发展背后那群默默无闻的打工人。因此，我希望能通过我的写作，让人们放慢脚步，转过身来，关注背后被忽视的人。但是现在，我们的问题可能不再是反思发展的原罪了，我们遇到了新问题。

我现在更多是想写中国人这几十年的思想变迁。

问：你在作品中曾说“整个广东的打工经历，就是一部躲避收容的恐惧史”，能否具体谈谈你的观点？

王十月：这是我的生命体验。孙志刚事件之前，这就是铁的现实。收容制度造成的悲剧是无法统计的。我之前一直对此耿耿于怀。打工者的苦难，历史会遗忘。我很长一段时间的写作就是想对抗这种遗忘。

很多读者以为王十月写下的是他真实的故事，没有脱离自身的经历，事实上，这是小说家的伎俩。

问：在反复书写弱者的恐惧的过程中，你的恐惧感是否得以纾解？

王十月：我是个没有安全感的人。但不知从哪天开始，我突然不怕死了。我想我能平静地接受随时到来的死亡了。自从接受这一点之后，好像没那么恐惧了，但这并不是因为反复书写而纾解的，而是突然明白了生命的规律。过去想到死亡我会悲伤，觉得人的一生，所有的奋斗不过都是过眼云烟。

现在我想，做云烟也很好。我有时甚至想，这世界大抵就是个幻觉，我眼中的世界，是以我为玩家的游戏世界。我只要下线了，故事就结束。

问：我非常喜欢《寻根团》，小说主人公王六一回故乡是寻根，却发现家园荒芜，世道人心也变了。乡村坚守者最终放弃，在某种程度上也是一种更为深切的恐惧?

王十月：是的,《寻根团》写的是理想主义者失败的故事。你看我的小说，大抵都是这样，我写下了很多的理想主义者，最终都在现实面前低了头。《喇叭裤飘荡在一九八三》里的少年哥哥，《少年行》里的那些乡村少年，以及《无碑》中的老乌，莫不如此。因此，我骨子里是一个悲观的人。

问：自己的小说人物，你一般是怎么命名的?

王十月：在我的小说里，有两种人物名，一种像马有贵，他出现在我众多的小说中，但每篇小说中，马有贵都是不同的形象，他们并不是同一个人，但他们又是同一类人。还有李想，我的多篇小说中都有李想或者李响，他们也是一类人。同一类人，我有时就不想换名字。就像我的《国家订单》里，主人公就叫小老板，小老板也不是一个具体的人，而是一类人。我在设计人物时，喜欢用一个人物代表一个群体,《收脚印的人》里，四个人分别是作家、公安局局长、企业家和打工者。他们分别代表了知识阶层、权贵阶层、资本拥有者和无产者。另外我会有意设计一些象征，比如老乌脸上的胎记，比如老乌的孩子乔乔总是皮肤过敏，这些都有我的考量。包括老乌里面有一个子虚，而老乌则是乌有。包括最后他写下的那个“不拆”。

我一般不会随意给人物取名，有时是根据氛围，有时是根据情节。另外，我的小说中还经常出现王六一、王中秋、王端午，这是我有意为之，我就是要让读者想到王十月，然后认为这些人就是王十月，或者是他们的身上有王十月的影子，让他们认为我写下的是王十月的真实故事。也有评论家被我骗到，认为我的小说没有脱离自身的经历，事实上，这是小说家的伎俩，无非是让读者更加有代入感，相信小说家所讲的事的真实性。

问：《收脚印的人》的叙述视角，让我想到《人鬼情未了》，这部作品的创作起因是一次真实经历？

王十月：人死之前，要将一生走过的脚印收集起来，这是我家乡的民间传说。我们那里经常会有人说，某某老人说他在收脚印了，人们就知道，这个老人不久于人世了。《收脚印的人》里的故事是有一点原型的，我在我的散文《烂尾楼》里写到过，不过在真实生活中，我们没有害人，只是见死不救。而治安队的故事发生在另外一个朋友身上。小说中写得很明确，真正的收容遣送不可怕，可怕的是我们无视这段历史，可怕的是我们面对曾经的罪行时的态度。小说中的王端午面对的是个悖论，他要证明自己没有疯，却只能用“收脚印”这样不合常理的叙事，因此，他无法证明自己是清醒的，他最终的结局已经可以想见了。他将在疯人院里“合理”死亡。

对作家来说，最大的瓶颈，永远是认知问题。

问：当年你调入广东省作协的时候，周围曾有不同意见（主要出于对你的爱护），认为离开一线不利于创作，事实上是如此吗？

王十月：如果这样的话，那现在莫言、阎连科还该在基层当兵，陈建功、刘庆邦还该继续挖煤，余华该继续当他的牙医，您说呢？所以啊，当一个人在受苦难时，可能会写出伟大的文学作品，你有这个能力救他出苦海，但脱离苦海了，他可能就写不出伟大的文学作品了。你是救他呢，还是不救他呢？哪个是为他好呢？这是个“电车难题”啊！都没有错吧。但如果是我，我会选择救他出苦海。更何况，谁又知道，这个出了苦海的人就一定再写不出好作品了呢？或者，他会获得升华，眼界更开阔了也未可知。您说呢？

问：也有道理。那么你脱离“苦海”之后的写作顺畅吗？你觉得自己的创作还有瓶颈吗？

王十月：当然有，永远都有瓶颈存在，突破一关，又有一关，是永无止境的。连托尔斯泰都有瓶颈啊。对作家来说，最大的瓶颈，永远是认知问题。你怎么认知这个世界，从而认知人或者世界的本质，你是否能触摸到这个本质，这是多难的事啊！另外，对于我来说，还有一个最重要的挑战，就是战胜自己。十年前，

《天涯》杂志约几个作家写了几篇文章，我写了《我是我的陷阱》，当时我在文章的末尾就说，我是我的陷阱，我这辈子最大的敌人是自己，没有别人能打败我，只有我自己。《天涯》杂志在文章发出十年后，又约我写了一篇文章，回答上一篇文章中我提出的问题，我写了一篇《我的无物之阵》，显然，我陷在自己的无物之阵中，无法突破。我特别喜欢《我的团长我的团》中的一句台词，“死都不怕，就怕不安逸；命都不要，就要安逸”。

诸多作品中，《无碑》中的老乌最像王十月本人。王十月以极其犀利的笔触探析人性的微妙，试图为一代打工者建一座纸上的丰碑。

问：《无碑》很厚重，也非常好读，内容跨越三十多年。能否谈谈这部作品的创作起因？

王十月：你目前读到的《无碑》是我计划的一个大工程的一部分。《无碑》是和我自己的生命历程高度吻合的，《无碑》写了改革开放之初到2008年这一时间段，写老乌们为了过上幸福的生活，付出了怎样的努力和代价。小说的结尾是开放的，老乌去了哪里呢？写的时候，我也不知道，因为我写这部书是在2008年。我当时的计划是等十五年，再写老乌和书中其他人物的故事。这十五年我只能等，等故事发生之后，我才知道老乌去了哪儿。否则，我如果在2008年（动笔），就无法预知现在智能手机对世界的改变，也无法预知疫情对世界的改变。我要等事情发生后再回望。因此我一直在做写第二部的计划，一定还是老乌们的故事，是他们这十五年来发生的故事。如果生命给我可能性，到2038年或者2040年，时间再过去十五年，我七十岁时，继续写第三部。我要写的就是中国人在时代浪潮中的真实生活。一切听命于时代。

问：《无碑》中的老乌（李保云）是一个打工族里的知识分子，正直、善良、有底线，也有一些懦弱和酸腐气。老乌的所作所为、所思所想，在一定程度上承载了你的理想主义吧？

王十月：老乌承载的是那一阶段王十月的理想主义。因此，在我那么多的作品中，老乌是最像我本人的一个人物。在第一部里，我有多爱老乌，第二部中，我可能就会有多厌恶老乌。我的众多小说，写下的，都是理想主义者的失败，我的老乌也不能例外，因为我也不会例外。

问：《无碑》的创作过程顺利吗？你写长篇的准备是怎样的？

王十月：《无碑》在我的长篇写作中算比较顺利的，那时刚到《作品》杂志社上班，我说要写长篇，主编就放我的假，这样我有一份基本工资，心比之前自由写作时安定了许多，又不像现在，要负责杂志社的一大摊子事，根本离不开。当时的环境是很适合写作长篇的。我用了九十多天就写出了初稿，然后改了大半年。小说写之前，想得比较成熟，生活积累又够，每天很规律，凌晨四五点起来写，写到早上十点左右，下午修改这一天写的，晚上九点准时睡觉。很有规律，现在做不到这样有规律地创作了。

问：在长篇小说的写作中，你遇到过哪些问题？又是如何解决的？

王十月：每一部长篇遇到的问题不一样，我是不喜欢重复自己的，几部长篇用了完全不同的表现手法。其实最主要的问题，就是要保证有一整块的时间供我写出初稿。我那几个写了十万字就放下的长篇，都是写到一半，单位有事，一中断就接不上来了。感觉找不回来了，只好另起炉灶。

评论家陈福民认为:《无碑》的写作表明，王十月是一个有强烈历史感的人，也是一个为真相寝食难安的人。

问：这部长篇的写作，看得出来你是有抱负的，你如何评价《无碑》在你创作中的独特价值？

王十月:《无碑》在《中国作家》发表之后,《长篇小说选刊》和《中华文学选刊》都转载了。这部书对我是有特殊意义的，我将自己的生命历程放了进去，并记录它。我想如果后人有幸能读到它，并从中读到一个真实可感的中国，那样我会很欣慰。

问：中国这二十年的沧桑巨变，每一个成就和每一步前行，都浸透了无名打工者的汗水与血泪，都讲述了打工者的骄傲与承担。你的创作从一开始就被贴上了“打工文学”的标签（和老乌脸上的胎记一样），“打工文学”似乎历史也很长——你关注这一类文学吗？

王十月：其实，我并不太关注别人怎么归类我的写作。“打工文学”这些年似乎谈论的人少了。主要是时代变化了，现在的打工者过的不是我们当年的生活，而今天的打工生活，似乎没有得到更好的书写。

问：《无碑》的结尾，主人公老乌在黄氏宗祠墙上奋笔写下“不拆”，似乎也有某些隐喻，可否看作是对历史和时代的抗议？

王十月：说是抗议也好，说是作者良好的愿景也行。但是，时代大潮不以小人物的个人意志为转移。因此，老乌的这个“不拆”是可笑的，螳臂当车，谁会在乎他写下的这个“不拆”呢？

问：无论境遇怎样，老乌心里一直存有对爱情的美好向往。你如何看待爱情？此后你的《如果末日无期》中，《子世界》《我心永恒》也都涉及情感。

王十月：这是一个最难谈得清的问题。牛顿、爱因斯坦、达·芬奇、卡文迪许还有霍金，都曾说过类似的话，这世界上最难搞的事情他们都能搞得清，唯独搞不清楚爱情。我就不献丑了。

《如果末日无期》写人类终于实现了永生的梦想，书中的每一个故事，都在“未来现实主义”的统照下，散发着光芒。

问：你一向关注现实，为什么想写科幻题材？

王十月：我是当成现实主义作品来写的。前面我们讨论过这个问题，我认为，我面对的是当下最重要的问题，科幻只是虚晃一枪。

问：《如果末日无期》的五个部分对应五个故事，能否谈谈你在小说结构方面的思考？

王十月：这五个故事其实是一个故事的很多个面。比如“胜利日”那一章，写的就是前面的人物在另一个空间中，他们的性格发展出与之前截然对立的一面。因此这部小说，写的是同一伙人的前世、今生与来世，是一个大的环形结构。看起来好似无迹可循，其实有一条主线，就是机器人小真，她在元世界，上穷碧落下黄泉，终于获得了肉身，她的后代，制造了子世界，然后有了0世界，但0世界又制造了元世界，于是，书中的人物互为祖先，互为后代。故事就在这样的一个时间模型里发展，问的是先有蛋还是先有鸡的问题，也就是，先有因还是先有果的问题，是意识主导行为，还是行为主导意识的问题。但在我这里，因即是果，果即是因，这是小说的哲学空间。有了这个空间，小说就很好理解了。

机器人渴望拥有肉身，而人类渴望摆脱肉身的束缚，也是在这个逻辑内循环。在这个大的逻辑下面，将我们不可言说的现实，不便明说的问题，一一安放在其中，作家因此获得了更多表达的自由。

问：《如果末日无期》是写“未来现实主义”，但实际上也关乎现实生活，宇宙模型背后指向的，仍然是人性的悲观。你在写作中想要表达什么？这部作品的完成度如何？

王十月：这是我在所有的作品中最满意的一部。这部小说符合我对小说所有要追求的东西：奇瑰、开阔、自由、深刻、尖锐、勇敢、反省，面对现实，也面向未来。我的写作设想都很好地完成了。因此写完这个，许多出版社约我写科幻作品，我都谢绝了，因为我在这种写法上的热情，在这部小说中得到了完全释放，我应该再也不会写这类小说了，如果一定要称之为科幻的话。想表达什么不重要，重要的是读者读到了什么。完成这部作品之后，我自信了许多，在同行面前，我有了底气。

《不舍昼夜》仍是王十月一贯的风格。他写得一往情深，写那些像自己一样的平凡人的心灵史，致敬那些明知失败，但还要反复去做同一件事的悲剧英雄。

问：《不舍昼夜》中的王端午不是偶然出现的，在你其他小说中也有，还有如王六一、王中秋……频频重复的人物命名，有何用意？小说中王端午有很多个名字，从王端午、醒宝、李文艳、王端、流浪大师——他的生命历程也很明显地分为四部分。为什么让端午有这样的多重变化？

王十月：我喜欢在不同的小说中使用相同的人物名字，除了您举例的，还有黄德行，马有贵等。这些人除了名字相同，偶尔经历有相似之处，大多数时候，他们是完全不同的人。这当然是我有意而为之的，我想以此来表达人生的无常，另外，也与我对事物现象和本质的认知有关。这世上，叫王十月的不止我一个，而王十月，不仅可以叫王十月，还可以叫王世孝和王士笑。我非我时谁是我？ 我是我时我是谁？ 就是这个意思。王端午在《不舍昼夜》中经历了多次改名，在我的想法里，每一次改名，王端午都经历了一次死亡和重生。为什么要这样设计呢？我不是说过么，我做不了理想主义者，我想让王端午做理想主义者，让他试验不同的活法，但他一次次走到了绝路和死路上，只能重生一次，换一个活法（换一重人格）。当然，我并没有很明确告诉读者这些。问题是，他左冲右突，不舍昼夜，但他和西西弗一样，注定了失败的宿命。

问：王端午的成长和阅读密切相关，在乡村时读到四姐留下的很多名著，身无分文流浪时在旧书摊上读书，并和周围人分享读书，让他暂时放下一切，找回了尊严。此后小说中出现《西西弗神话》《存在与虚无》《荒原狼》等作品，也是王端午反省和解剖自己的主要力量。每次读到有关阅读的部分，总能感觉王十月滔滔不绝，如入无人之境。

王十月：王端午读到的那些书，大多是我在相同的年龄段时读到的，并深刻影响过我的书。如果没有阅读，我不知道这一生会成为怎样的人。可能会浑浑噩噩，痛苦且麻木，不像现在这样，痛苦且清醒。当然，我在少年时，不可能读懂《存在与虚无》，于是，王端午在读书会时，代替他发言的是王中秋，而不是王端午。

问：王端午的一生，从乡村到县城纺织厂，从纺织厂到广州，不断逃离不断回归，他以为书店是最后的理想归宿，然而婚姻带来的一地鸡毛仍然让他最后选择了逃离。小说最后王端午化身网红主播，在直播中忽然“软软地瘫在地上”。为什么设置这样的结尾？意犹未尽中告诉我们什么？

王十月：王端午成为网红之后讲的是“失败学”，这是根本的问题。另外，你上面提到滔滔不绝这个词，是的，王端午有表达欲，他的问题在于，少年时找不到可以说话的人，好不容易有了读书会，但读书会的人很快就风流云散。打工时，有三兄弟，本来可以说话，但很快天各一方。后来，他作了恶，有了不能言说的心事。成为网红之后，他的言说有了倾听者，他讲失败学，但他的失败学有所保留，直到生命的最后，他终于获得了讲真话的勇气，却没有完成这次言说。或者说，是我没有让他完成这次言说。他从少年时就追问意义，而他的死，是对他这一生意义的巨大消解，这就是我的生命观。但世界并不因为他的死而有所改变，所以，在他离开世界的那一刻，盛大的春天如期而至。

问：小说中与当下现实密切相关，涉及网暴、网络直播、Cosplay等等，在新媒体对我们生活介入越来越多的当下，你如何看待新媒体对于当下生活和写作的影响，或换个问法，你如何看待文学创作与时代的关系？

王十月：我前面讲到过，如果写农村生活，必然要写到春种夏长秋收冬藏，写90年代南方的打工生活，必然写到收容遣送，如果要准确书写当下，那构成当下生活的重要形态——新媒体和社交软件——如果回避了这些就很难让人信服。当然，并不是说写下这些就能让人信服，只是这些元素是当下生活不可分割的部分，我们得面对它。至于文学创作和时代的关系，是时代和人的关系决定的，写好了时代和人的关系，就处理好了时代和文学的关系。

如果写作者失去了有话要说的冲动，也就失去了写作的动力。

问：你如何看待创作技巧？在写作中，是否也在不断探索新的途径？

王十月：技巧是很重要的，好的想法最终都是依托好的技巧来表现的。年轻的时候，也就是2004年到2007年那四年里，我特别迷恋华丽的技巧，写了一批不着调的作品。当时很得意，现在回头看，不免脸红。我认为，最高明的技巧，是让你看不到作家的技巧，但是，处处又都是作家的匠心。我现在教学生，是要求他们训练技巧的，技巧这个东西，你只有掌握之后，才有资格说它不重要。

问：在不同的场合，你都坦率地表达自己的写作“无非是我经历过、思索过，有话要说，对生活、对世道、对人心，有发现、想法、感受，想通过文学这个载体来表达”，“有话要说”的这种状态是十分可贵的，你觉得这种状态需要刻意保持吗？

王十月：当然要保持，这个很重要。如果写作者失去了有话要说的冲动，也就失去了写作的动力。无话可说时，写出来的，自然就是无病呻吟。我在这一点上还算是有自觉的，所写的作品，都是因为有话要说。这是作家写作的法理所在。

写作《国家订单》时，底层文学正大热，很多作家以书写底层生存的苦难为主，王十月关注的则是打工者的精神之难。

问：《国家订单》被认为是关于工厂叙事最为成功的作品，被誉为“第一篇以全球化的视野审视珠三角中小企业和工人群体生存状态的小说，也是中国拥抱世界、世界拥抱中国的一个文学注脚”。可否具体谈谈这篇作品是怎么创作出来的？

王十月：这篇小说的创作，灵感源于一次听课，我在省作家班听老师讲课，老师讲到“9·11”后美国人都挂国旗，但美国国内却不生产国旗，我当时脑子里一震，被触动了，于是就查了很多相关的资料，了解美国的国旗法，又通过朋友找到了一个在观澜开厂的，他们接过订单，了解了一些技术上的事，加之我在制衣厂干过，写起生产现场来得心应手。值得一提的是，我本来是想写短篇的，在正要写之前见到了敬泽老师，我就问他，我的中篇小说一直不痛不痒，问题在哪里？他想了想说，你写得太简单了，要写得拧巴一点。我一下子就明白了这个点。于是决定写成中篇，各种因素凑在一起，才有了《国家订单》。

问：《国家订单》的写作顺利吗？有没有进行修改？

王十月：小说写得很顺，周一动笔，周五改定。改完后，我发给了两个人，一个是李敬泽老师，一个是吕雷老师。当时的篇名叫“星条旗飘扬”，敬泽老师收到，很快给我回了短信，说小说读了，他很欣赏我看问题的眼光和方式。吕雷老师也读了，他很激动，说这部小说肯定能拿鲁迅文学奖，但是标题不行，标题要改，因为小说中有国家订单这句话，吕雷老师就建议将篇名改为“国家订单”，我接受了这个建议。

问：获得鲁迅文学奖的前后过程，你知道多少？有无故事？

王十月：《国家订单》是2007年写的，离我正式发表第一部小说已经七年了。评奖期间，有朋友对我说，有认识的老师你就打个招呼吧。我说算了，没必要。也不是我清高，我是这样想的，评委老师要是想投我的票，不打招呼他们也会投，要是不想投，打了招呼也不会投。不打还好，打了反而会让人瞧不起，也许人家本来要投你一票的，结果反而不投了。因为我就是这样的性格。我也没有抱什么希望，觉得这样的好事，没那么容易落到我的头上，我不过是个“打酱油”的。出结果那天，突然就接到一些祝贺的短信，我都不太相信，对谁都没有说。等到网上公布了，我才给吕雷老师打电话告诉了他，他那时已经退休，一直在关注这事。听说我获奖了，他很开心，说这是他退休以来最开心的一件事。他说，你得奖了，从此上了一个台阶，我送你八个字，“面向苍生，背对文坛”。老人家对我很关心，但他连茶都没有喝过我的一杯。

问：可否以《国家订单》为例，谈谈你在中篇小说写作上的成功经验？

王十月：我真正找到中篇小说写作的窍门，就是从《国家订单》这部小说开始的，从这之后，我写了一批中篇，《白斑马》《九连环》《不断说话》《人罪》《寻根团》，每一篇发出来都会有一些动静，获奖啊，入各种选本选刊啊。其实，要说经验，就是敬泽老师对我说的两个字，“拧巴”。我是深刻领会到了这两个字的意思。

问：你认为优秀的中篇小说必须具备哪些元素？

王十月：密度、宽度和深度。

问：能否谈谈你的文学观？

王十月：我没有太大的文学追求，从来没想过进文学史之类的不切实际的问题。对我来说，写作就是表达的需要，是我和这个世界对话的工具。我希望尽量表达得有意思一些。

乔叶：永远保持诚实的写作态度

乔叶，北京老舍文学院一级作家，北京作协副主席。出版小说《最慢的是活着》《认罪书》《藏珠记》《宝水》，散文集《深夜醒来》《走神》等多部。获鲁迅文学奖、人民文学奖、庄重文文学奖、华语文学传媒奖、北京文学奖、郁达夫小说奖、杜甫文学奖、《小说选刊》年度大奖、百花文学奖等多个奖项，多部作品被译介到俄罗斯、西班牙、意大利等国家。2010年，中篇小说《最慢的是活着》获第五届鲁迅文学奖。2023年，长篇小说《宝水》获第十一届茅盾文学奖。

作家档案

出生日期：1972年10月25日

出生地、籍贯：河南省焦作市修武县

毕业院校：第一学历，焦作师范高等专科学校；最高学历，北京师范大学硕士

星座：天蝎座

最喜欢的个人代表作:《最慢的是活着》《宝水》

文学偶像：太多了

文学之外的爱好：旅行，画画

想对20年前或20年后的自己说什么:（二十年前的我刚刚决定要成为一名小说家）此时我想对那时的我说：这个决定真不错。字里有脚印，行间是道路。就这么继续走下去吧

文学观：生活中有大文学

采访手记

“作为小说家，一直有两个乔叶在争辩：那个乖巧的、知道我们是多么需要安慰的小说家，和那个凶悍的、立志发现人性和生活之本相的小说家。”多年前乔叶在鲁迅文学院学习的时候，评论家李敬泽就发现，这个看上去憨厚文静的姑娘，其实在文学上有执着而敏锐的眼光。

其实，这“两个乔叶”打早就存在着。不然，被父亲安排参加师范学校考试时，她怎么会故意在体育考试时掉了鞋子，希望被淘汰掉呢？表面憨实，内心倔强，却没能拗过命运的安排，还是考上了师范学校。也许恰恰因为师范学校毕业后开始了安静甚至有些无聊的乡村教学工作，才让乔叶有足够的时光挥霍自己的才情。

曾经，乔叶以一天两篇的速度写作那些或哲理或青春的美文，细腻清新，隽永智慧，在对生命和人生的思辨和探索中，蕴藏着深刻的内省，受到广大读者的喜爱，成为各大期刊的宠儿，被概括为“《读者》体”。“写着写着，有一天，我问自己：你才不到30岁，打算这么写一辈子吗？我忽然觉得这很可怕。”产生这种困惑的时候，乔叶已出版了100多万字的散文。这时，她有机会被调到了河南省文学院任专业作家，转向小说写作，开始了创作上的突破。

乔叶说，她的心很小很尖，见到什么都想扎一下，“一声叹息，一丝微笑，一句问候，一滴泪水，都是能够让我动容的风景，使我涌起一种对它们进行描绘和透析的渴望”。正因为她的细腻，无论是散文还是小说，语言都一样绵密准确，体现出精微的叙事能力和对当下生活的锐利分析。对于生活的体贴使她下笔即带有一种宽容与怜悯，单纯而不失对复杂经验的探索；热情，同时又保持清醒的反思。2010年，乔叶的《最慢的是活着》获得包括鲁迅文学奖在内的7个文学奖项，她仍然愿意将这部作品归属到“散文化的小说序列”。“就私密的情感脉络而言，这部小说最忠诚地描摹出了我和奶奶之间的精神路径。”她说，“慢”指的是生活里的精神层面，“在我的意识里，精神生活从来就是慢的、低的、软的，慢得像银杏的生长。因这慢，我们得以饱满和从容，我们得以丰饶和深沉，得以柔韧和慈悲。“慢”是人性的本质，是心灵的根系，是情感的样态”。

如果说散文是漫天生长的草，那么小说就是深埋在地层的煤或者岩浆。在获得人民文学奖2011年“非虚构”文学奖的《拆楼记》中，乔叶以真实有力的笔触沉重地拷问着现代人的生存意义。她始终保持最诚实最素白的写作态度，却用小说的利刃插入事件的骨缝。她把自己比喻成“正在爬坡”的作家，虽然不断遇到障碍，虽然时常觉得吃力，但也看到了越来越精彩的风景，体会到了越来越丰富的滋味，这个过程非常享受。

2022年年底，乔叶又出版了新长篇《宝水》。这是乔叶的长篇突围之作。太行山深处的宝水村正在由传统型乡村转变为以文旅为特色的新型乡村，生机和活力重新焕发出来。几年前乔叶就曾说过，写作小说以来最为自我满意的是：从不恐惧去写什么，也从不恐惧写出来的是什么或者不是什么。她只是怕写的文字对不起自己动笔的初心。写完《宝水》，她认为对得起自己动笔的初心。

乔叶的创作可谓顺风顺水。1990年从师范学校毕业，教书之余开始写作，1993年在《中国青年报》的副刊上发表散文《别同情我》，同年开始在《诗刊》上发表诗歌。

问：你的第一部长篇是什么？为什么要转向小说创作？从散文到小说，你在文风的转化上有何困难？因为很多作家创作小说是从短篇入手的。

乔叶：《我是真的热爱你》是我的第一部长篇。我称之为“我和小说的初恋”。到文学院当专业作家之后，院里经常开业务会议，会议的内容主要就是研讨小说，我听得越多，对小说的创作欲望也越强烈，又碰上了合适的契机，就动手写了这部长篇。当初写的时候，时任院长的李佩甫老师委婉地劝我从中短篇小说开始练笔，我没有听。但在创作过程中我就深感到他说得多么有道理，于是在2004年参加了鲁院高研班，开始进行中短篇小说的学习。同学中很多都是具有相当水准的小说家，大家经常在一起交流，从语言到结构到创作意识，每个层面的问题都会进行探讨，导师李敬泽先生还经常给我们开小灶，进行高屋建瓴式的点拨，让我非常受益。从那以后，我好像在小说创作方面有些开窍了。

散文和小说是截然不同的两种文体，从此至彼的转化当然会有障碍和困难。我有一个不太恰当的比喻：如果说散文是漫天生长的草，那么小说就是深埋在地层的煤或者岩浆。正式开始中短篇小说创作时，我确实担心散文的笔法会与小说的情节性相悖，以至于自己写的小说不像小说，就努力向自己心目中像小说的小说靠近，讲究故事啊，悬念啊，小小的机关设置等，等获得了普遍肯定之后，心态放松了许多，对这些倒也不那么刻意了。

问：对于你来说，小说创作和散文创作各是一种怎样不同的状态？

乔叶：我觉得散文和小说是一个事物不同的棱面，如果说散文是阳光照耀着的树，那小说可能就是树背后拖出的长长的阴影，这是一种互补的关系，并不是说散文在撒谎，小说才是真实的。散文和小说都是真实的。只是相对来说，我觉得小说的空间更大一些，给人的尺度更宽一些，小说是有翅膀的，可以任我把现实的面貌进行篡改，进行重组，带它们去飞翔。我觉得这更好玩。

乔叶说，“慢”指的是生活里的精神层面。因这慢，我们得以饱满和从容，我们得以丰饶和深沉，我们得以柔韧和慈悲。“慢”

是人性的本质，是心灵的根系，是情感的样态。

问：我觉得《最慢的是活着》是你的转型之作，之后你的创作真正走向了成熟。对于这部获得鲁迅文学奖的作品，你如何作评？

乔叶：《最慢的是活着》应该是我最有奖项缘和读者缘的小说了。这部小说先后获得了7个文学奖项，在读者中被口口相传的程度也最高，可以说是我最受关注的小说作品。但我不认为这是我的转型之作，而是我散文化小说中最具代表性的、最成熟的作品。这部小说，在我心目中有着非常特别的位置。因为就私密的情感脉络而言，这部小说最忠诚地描摹出了我和奶奶之间的精神路径。

问：这部作品是怎么创作出来的？能否谈谈你的创作过程？

乔叶：这是一篇我等待已久的小说。自我开始写作以来，我一直就想写写祖母，可是我发现自己写不了。她在世时，我写不了。她去世多年之后，我依旧写不了。无数次做梦梦到她，她栩栩如生地站在我的眼前，可我就是写不了。直至现在《最慢的是活着》这篇小说，仍不是我心中最想写出的那个她。对于她，我始终做不到我手写我心。其中的缘故我心如明镜：我的手拙，然而也是因为她是那么广大，那么深阔，远远超出了我短浅的心和狭隘的笔。当然，抛开她对我个人的情感意义不谈，我很清楚她是她那一代女人中最无奇、最平凡的一个。岁月的风霜和历史的沧桑成就了她那一代女人的广大和深阔，但是对这广大和深阔，她们却是无意识的，也是不自知的。她们不可能知道自己以生命为器，酿成了怎样一坛醇酒。也因此我才更心疼，更沉醉，更无法自拔。常常地，我就在她们的酒坛里浸泡着，眩晕着，难以醒来。

我试着用散文去写她。然而不行。一五一十的散文只能让我在她的大地上行走，而她的小径是那么多，走着走着我就会迷路。幸好还有小说，感谢小说，小说显赫的想象特权赋予了我一双翅膀，让我能够在她的上空比较自由地翱翔。小说的空间感、自由感和宽阔感，能让我把这些材料处理得更舒服，照亮对这个小说的思考。我本来仅是局限于怀念自己的祖母，怀念她的情怀。是单线条的。起初我以为她跟我不同，所以想为她立传纪念。后来在思考中我忽然发现，我和她本质上没有什么不同。我以为的不同，其实本质上非常相近。一老一少之间，由异到同，生命长河中血脉传承的深情，家国天下的厚重历史，很多东西都可以容纳其中。这篇小说就这样一下子被照亮，之后就顺畅了起来。

问：得知获奖时你是怎么庆祝的？颁奖时又如何表达自己的心情？

乔叶：记得当时我正在山里采风，消息传来后，和同行的人拥抱了一下。

记得是铁凝主席给获奖的中篇小说作者颁的奖，她也拥抱了我一下。

庆祝的方式好像通常就是拥抱，哈哈。

问：鲁奖给你带来了什么？

乔叶：先是虚荣心的满足，随后就是从零开始的冷静。因为知道获奖不过是锦上添花，如果不继续织锦，花就不能存续。

如果一定要用“才”来形容，乔叶说自己可能算是“地才型”作家——只有与地气亲密相接，想象力才会被更好地激发。

问：无论是《最慢的是活着》还是《拆楼记》，都是以“我”的第一人称叙述，总感觉阅读中还是散文的感觉，而且《拆楼记》被归为“非虚构”作品，涉及一些尖锐的问题，你在写作时是如何把握的？能否举例说一说？

乔叶：《拆楼记》虽然涉及一些尖锐的问题，但我没有刻意把握什么。在写作过程中，我遵循的主要原则只有两个。①将“非虚构”小说化，用小说化的技巧来优化我想传达出的真实感，使其能够以一种更集中、更有趣也更富有细节和温度的方式展现在读者面前；使读者能够看到在这样的事件中——这样很容易把具体的人心和人性遮蔽住的事件中——活生生的人心和人性。总之，就是想把小说这把利刃插进事件的骨缝中，从小角度尽力解剖巨牛的同时，也使得整个叙述效果更为趋真。②尽量保持最诚实、最素白的写作态度。无论是对拆迁者还是被拆迁者，对村民还是官员，我都尽量不带既定的立场，不让自己先入为主地待在某一方的阵营。比如在下部的“他们”一节里，官员们是主场发言者，我给了他们相当的篇幅让他们大吐苦水。发表之后，此节受到了一些“底层代言人”的谴责，说我不应该那么同情他们，不应该那么理解他们。这些谴责都在我的意料之中，但我坚持这么做。因为官员也是人，且是体制中的人，他们绝对有他们的无奈和痛苦。

问：你觉得自己属于天才型的作家吗？你的想象力是否与虚构或非虚构的写作方向有关？

乔叶：想象力是作家尤其是小说家最重要的能力之一，几乎可以用作衡量一个小说家是否属于天才型的最重要的标准之一。当然不是唯一标准。我很清楚，我不是天才型作家，当然也不是蠢才型作家。如果一定要用“才”来形容的话，我可能算是“地才型”作家——只有与地气亲密相接，我的想象力才会被更好地激发。我并非因想象力缺乏才去写非虚构，或因想象力丰沛才去写虚构。决定虚构还是非虚构，要看触动我的是什么。如果是风的气息，云的姿态，那就写虚构。如果是泥的浑浊，石头的质地，那就写非虚构。

乔叶的两篇非虚构小说《盖楼记》和《拆楼记》，以毫不妥协的有力笔触，描绘出利益之下人与人、人与世界之间真实甚至是残酷的角力。她所刻画的人物看似狡黠沉着、精通世故，其实却经历着剧烈的内心起伏与煎熬。

问：愿意评价一下《拆楼记》对于你的意义吗？

乔叶：《拆楼记》结尾部分有一句话，可以很准确地说明《拆楼记》的创作对我的意义："有很多事情，我曾经以为我知道。但是，现在，我必须得承认：我并不知道。而我曾经以为的那些知道，其实使得我反而远离了那种真正的知道。"再通俗一些解释：张庄事件之前的我，经常站着说话，因为站着说话不腰疼；而之后的我，会尽量不让自己站着说话，因为张庄事件让我学会体会腰疼的滋味。

问：你觉得自己的创作，主要面临哪些方面的挑战？

乔叶：所谓的诱惑和冲击，不仅是在多媒体时代，任何时代都是有的。至于挑战，我觉得最根本的挑战永远是在自己内心，有个词叫祸起萧墙，我认为最根本的挑战就是"战起萧墙"，是自己对自己的挑战。我觉得最关键的是要清楚自己到底想要的是什么，最想要的是什么。清楚了这个，所有的诱惑和冲击都不足为惧。如我，我知道自己想要的是：写出忠实于内心的，忠实于文学道德的，并在艺术上有不断可能性的小说，这就够了。

通过《认罪书》的书写，乔叶对于历史题材的把握反倒有些望而生畏了："很多时候做事之前都是无知者无畏，做过之后才有所畏。"

问：看完《藏珠记》，总忍不住和《认罪书》比较。因为我觉得这个故事对你来说相对太容易了。《认罪书》却是你写得"最辛苦"的一次。可否先谈谈，回望你"最辛苦"的写作，是否达到了你期望的影响或评价？

乔叶：事实往往证明，很多极端的表达到后来都要自打耳光，"最辛苦"也是如此。最辛苦只是当时的感觉，殊不知后面还有更辛苦的呢。如今早就不觉得《认罪书》的写作很辛苦了，也许是好了伤疤忘了疼吧。

不仅是《认罪书》，我对所有的小说创作都没有什么影响或者评价上的期待，有的只是最基本的愿望：顺利发表和出版就好。这种心态有一个好处，就是其他随之而来的都是意外收获。批评和质疑的声音也一直都有，这些都很珍贵。

问：你曾经表达过，希望通过《认罪书》的写作，引领读者对普通人"平庸的恶"进行思考，让人们从只看到别人的罪到看到自己的罪，诚实地面对自我、清洗自我。但是在阅读中，我们发现小说中涉及的人物纷纷离世，密集的死亡使人感觉沉重压抑。这种结局是故事走向的必然吗？很想了解你当时的创作心态。

乔叶：当时写的时候，我也反复问自己：必须如此吗？终还是觉得：必须如此。即使像张小英、梁知、梁新和“我”等诸多人等都已经各自认罪，我也不能想象这些人还都活着。最诚恳的认罪，也许恰恰需要死亡来做最后的钦定。这么想可能很偏狭，但我当时就是这么想的。其实，这些被我写死的人，他们只是被我写死了而已。生活中活着的，可多着呢。

问：《认罪书》的主题有两方面，一是原罪与救赎，二是爱恨情仇。如何将二者无缝对接，糅合在一起，对你来说是否也是一种挑战？

乔叶：没错。原本只想写二，结果自己不满足，就扩展到一。两张皮要粘贴到一起，是很大的挑战，也让我深刻认识到自己的局限。但是已经写到这个份儿上，总不能半途而废，无论如何要进行到底。粘贴的质量是水准问题，我能解决的就是态度问题。水准也许惨不忍睹，态度还算差强人意。

问：你是一个特别勤奋也特别用心的作家，无论是《认罪书》还是《藏珠记》，都能感觉到你的努力和进步。这两部作品给我的印象有些相似之处，比如有意植入各种知识，《认罪书》像百科全书，每个人成长的土壤、背景、喜好都兼顾，作品充满丰富的细节；《藏珠记》则相当于一部美食的百科全书。这些内容的存在自有它的妙处，但当资料比较密集地出现时，你会担心读者的耐心不够吗？

乔叶：我也是个比较自私的作家，在写作的时候，基本只照顾自己的兴趣。在写完之后倒是会担心读者的兴趣，可是想到再怎么担心也无济于事，也就不担心了。每部作品都会碰到它的读者，这是它们的命。认命吧。好在它们的命似乎都还不错。

对于爱，为什么爱，怎么爱，小说中的体现是混沌的。乔叶说，对于爱，她只提供探讨，不提供答案。

问：《藏珠记》的构思和个别的细节，比如U盘在作品中的特殊意义——这和《来自星星的你》有些相似。这些相似，是不可避免的吗？

乔叶：你这么一提醒我倒是想起来，刘震云的《我叫刘跃进》也有U盘的梗。我也毫不怀疑，U盘会成为别人小说中的梗。在我的意识里，这只是个合适的道具，没有什么特殊意义。所以我既没想着拿来借用，也没想着刻意避免。

无论是道具还是故事架构或者是叙述角度，在诸多前赴后继的写作者笔下，各种元素必然是重复使用的，这并不新鲜。正如2017年获诺奖的石黑一雄反复使用的第一人称“我”一样，我觉得这都不是问题。很多东西本身并没有生命，让它拥有生命的是具体鲜活的作品。所以，说一千道一万，写出好作品才是最要紧的。

问:《藏珠记》着力描写爱情，腰封上打出“我爱你，爱死了”的宣传语。你的主旨，也是希望拷问当下人们爱的能力。但是，我不知道是自身阅读的感悟问题，还是其他原因，尽管你将“爱”置于生死之境，我却未能读出感动，相反，爱在小说中是一种小儿女的情趣，最终不是爱决定唐珠的生死，而是性——当读者的阅读感受与你的写作主旨偏离，你是否觉得遗憾?

乔叶：我们是大差不差的同龄人，所以你的感悟很正常。我不会觉得遗憾，反而很会心。

我猜想，这种感受也应该是中年读者的普遍感受。对于小说中的爱，我们其实是很难去信的。爱的最理想境界，就是无条件地全身心付出，这在现实中近乎神迹吧?作为写作者，我把自己代入成唐珠时，也说服不了自己去彻底地信，唐珠一直在计较自己对金泽的爱，一直不舍得全身心地付出，所以才会常常陷入自我质疑和自我鄙薄之中，也才会有恶人赵耀来以恶行推她完成这最后一步。

读者的阅读重心很有差别，就我接到的反馈来看，年轻的读者喜欢其中的甜美爱情，世故的读者津津乐道赵耀的“司机哲学”,“吃货”读者喜欢“厨师课”，最冷静最挑剔的专业读者如你，往往一眼就能找到作品的虚弱穴位。我也一直在等待这样的读者，被人按到酸疼处，也自有一种相知的快感。

问：阅读的时候我在想，这部小说的叙事对乔叶而言应该是毫不费力的。是这样吗？除了大量的知识素材，你驾驭起来是否相对容易？

乔叶：这个问题让我有点羞惭，我觉得你似乎是在委婉地对我提出批评——因为这部小说对我来说没有叙事难度，所以对读者来说也没有阅读难度。我走了一条好走的路。

看起来仿佛如此，其实也不尽然。在这样一个小体量的作品里，想容纳尽量多的东西，需要把很多元素都安置合适。即使是知识素材，也得让素材贴着人物走，想要贴得痕迹淡些，也要反复斟酌——阅读者的毫不费力不等于写作者的毫不费力，尤其是我这样平凡的写作者。那些天才作家会写得省力而让读者读得费力？也许吧。

问：在《藏珠记》中，或隐或现都有中国古典文学的文脉，比如《独异志》《广异记》《资治通鉴》等关于波斯人和珠子的那些故事。听说你还找来北宋的《东京梦华录》，沈从文的《中国服饰史》。这些阅读，对你来说是怎样的过程？

乔叶：对我来说是个做功课的必要过程，虽然也未见得用得上，但功课做了，心里就踏实了。当然在这个为写作准备的过程里，我也享受到了一些纯阅读的乐趣。

问：在《认罪书》中，就感觉你的写作稍显用力过度。小说中有太多文字游戏，也有些地方过于雕琢。而在《藏珠记》中，似乎也存在这个问题，唐珠口中冒出的那些典故稍有造作，与她后面与金泽交往的表现，感觉不是一个人——是否要纠正一下我的感受？

乔叶：《认罪书》的问题就是用力过度，《藏珠记》与之还有所区别。唐珠这个人，我是这么想象她的：她的叙述有典故，很自然，因为这是她的千年积累。当她与金泽初识且无意于再见时，她就可以毫无顾忌地泼洒自己这种不同寻常的积累，但是，当她和金泽再度相遇并且交往日深，她就要隐藏这种积累，展现自己的平素日常，也就是很小女人的一面，这才是一个女人面对爱情的样子吧。所以小说中的人物就是你感受到的纠结或者分裂。综上所述，你的感受很准确，无须纠正。

问：你曾在访谈中一再谈到李佩甫对你说过小说要“观照现实”，要有“光亮”，你在自己的创作中带有这些目标吗？无论《认罪书》还是《藏珠记》，都有这些内容，但是似乎都点到为止——也许我的感觉并不准确。

乔叶：佩甫老师的原话是：“用认识照亮生活。”这个“照亮”，以我个人的趣味理解，并非是温暖明亮的意思，而是说写作者对于现实要有很强的透视力和判断力。如果是指温暖明亮的意思，那你的感觉没有问题，《认罪书》和《藏珠记》的体温都偏低——如果把作品比作人的话。

问：唐珠的身份在小说中是一个问题。但是后面她结婚生子后，这些问题都淡而化之。还有，金泽父亲和司机赵耀的交易，应该是一个大包袱，找到存有重要资料的U盘，后续如何也简单化了。尽管在这部爱情小说中，官场腐败只是次要的线索，但是感觉还是太轻描淡写了，逻辑也不够严密。你怎么看？

乔叶：这本书，我的初衷是想写得轻巧些，不要太长，15万字以内。因为你想，活了一千多年的女主角，你要铺开去写，那得写得多浩荡啊，哪里是15万字的事？怎么会是这么个篇幅呢？远超过了我预设的格局，当然我也没有那样的兴致或者说雄心。我就想满足一下自己的初衷，探询一下一个人如果真能长生不老，究竟是什么心态，再就是人活一辈子，无论是活得多么长或者多么短，最重要的东西应该是什么。也就是说，这部小说，最重要的份额或者说是分量就在唐珠这里，我主要是跟着她站队，疼她所疼，惑她所惑。如邱华栋所言，她是“从时间深处引来一泓活水”，这泓活水自然要映照出一部分当下的现实，比如反腐之类，但我很顽固，坚持首先是水本身，最重要的也是水本身。这就决定了人物和故事上比例的失调。鉴于我压根儿没打算遵循常规的写作伦理，把它写成一个审美相对平衡的小说，因此这就是一部任性的小说，所以你的指摘当然有道理，不过我也没后悔。

问：听说当年你对《藏珠记》修改了五稿，直到改不动为止。

你如何看待修改?《认罪书》也修改了多次，为什么会有这么大的定力耐心修改?

乔叶：在小说创作尤其是长篇创作上，我的第一稿往往是非常感性的，自己都看不过眼，非常丑陋。但没办法，我需要这丑陋的第一稿，哪怕我最后要砸碎它，它对我也很重要，因为它意味着此路不通的可能性。然后就是第二稿，第三稿，可能还是此路不通。没关系，总有通的那一天。这种找路的过程，自有风景和乐趣，是写作中的糖果，喂养了我贫瘠的定力和耐心。

问：如何评价《藏珠记》在你创作过程中的独特价值?

乔叶：这部小说对我的最大价值体现在精神上。我一直在用想象力和唐珠同行，努力在心理上无限接近她，试图以她经历的这种沧桑，来理解生活中的人和事儿，等到写完，也真切地感觉到自己比之前成熟了一些，淡然了一些，宽容了一些，也悲悯了一些。写作是一种修行，确实如此。

太行山深处的宝水村正在由传统型乡村转变为以文旅为特色的新型乡村，生机和活力重新焕发出来。

问:《宝水》是命题作文吗? 你如何确定作品的主题和调性?

乔叶:《宝水》中的这些词是新时代、新山乡、美丽乡村、乡村振兴等等。再加上又入选了中国作协首批“新时代文学攀登计划”名单，作为一个从业多年的写作者，我能以职业的经验推测出某些人会想当然地问这部小说是不是主旋律的命题作文。评论家李国平说：“《宝水》不是命题作文，如果说有领命和受命的意思，也是领生活之命，文学之命，寻找文学新资源之命，作者面对文学、面对生活和反映现实、表现生命的理解的自觉之命。”这样理解非常精准。我最初想要写这部小说，肯定是由于个人的自觉性。后来这种个人的自觉性与宏阔时代的文学命题相邂逅，如同山间溪流汇入了江河，某种意义上这就是作品的际遇。对于这种际遇，我从来不追逐。但既已邂逅，我也不回避。回避也是一种矫情。

这部小说从动念到写成用了七八年的时间，事实上用的时间可能要更长。之所以用这么长时间，可能还是因为我太笨，写这一部与老家和乡村有关的小说，对我而言非常难。岂止是一言难尽的难，是两言、三言、千言也难尽的难。但说难其实是没多大意义的。一旦选定了，就只有面对这难。也因为这难，我没办法确定鲜明的主题和调性，或者说，《宝水》的主题和调性不是可以一言以蔽之的。如果可以一言以蔽之，我也就不写它了。

问：写《宝水》，你大概做了哪些准备工作？是否对乡村建设也有一个整体的梳理？跑了多少乡村？

乔叶：准备很多，难以备述。简单地说就是素材准备，但细分下来其实有多个层面。这部小说写的是村庄的一年，是个横切面。怎么截取这个横切面，怎么去下这个刀子——庖丁解牛的刀子——我考虑了很久，翻来覆去地想。只要下了刀子，这个横切面上就必然什么都有。历史的、政治的、经济的、社会学的、人类学的、植物学的等，乡村的复杂性必然携带着这些。因为是切近于当下，所以也要特别关注近些年的相关信息，比如乡建思路的变化，乡村妇女生活状况的变化，等等。尽量去实地看，不过更便捷的途径还是收集资料。比如农村问题田野调查报告，民宿经营笔记，地方志，村庄志，老家政协文史工作委员会关于方言的书，二十世纪六七十年代南太行修路的报道，我都有所收集。贺雪峰、李昌平、温铁军这些学者的书和相关资料买了有好几箱子。还订阅了不少公众号，包括乡建的、乡建工作者的、支教大学生的。

趁着采风的机会，全国各地的村子我跑了不少，一二十个肯定是有的，没细数过。其实走马观花看的都进不到这部小说里，但我觉得确实也很有必要，因为能够养一股底气。看得越多越有底气。这会让我踏实，让我确认宝水村不是一个特殊的个例，而是一个具有普遍意义的乡村。即便和那些发展相对迟滞的诸多乡村相比，它是一个发展得比较快的新乡村，这个新乡村也是具有普遍意义的。跑村是了解基本面，泡村则是持续深入跟踪、关注几个村庄，只要有条件就去住一段，在不能去住的时候，还要和村民们保持长久的、密切的联系，经常了解他们的动态。但尽管如此，我也不能说对乡建有了整体的梳理，只能说对近十年的乡建有了一定程度的了解。

宝水的神经末梢连接着新时代乡村建设的生动图景，连接着当下中国的典型乡村样态，也连接着无数人心里的城乡接合部。

问：结合早年在乡村生活经验的积累和后来对乡村的采风，你如何看待乡村这几十年的变化？如何把这些变化通过《宝水》体现出来？你觉得最重要的是抓住哪些方面？

乔叶：乡村的变化有很多方面。交通、民居、医疗、教育、公共设施等，渗透在衣食住行等诸多领域。这些都是社会层面的，是外在的。看不见的是隐藏于内的，金钱观、情感观、伦理观，等等。外在的有目共睹，也有比较清晰的资料支撑。更重要的也更难的是去挖掘和发现内在的部分。

问：在掌握大量的素材之后，如何取舍，如何定位？

乔叶：乡村正在发生巨变，我能掌握的尺度和原则就是去捕捉细节。正如再高的山也需要一步一步攀行，我觉得对巨变的书写也必得附丽在具体细节中。密切贴合人物的情感和命运的细节，都是让我动心的素材。比如小说第二章第二节“以姓氏笔画排序”，当我第一次听说这件事时，就知道它非常适合写到小说里。这件事讲的是村里的农家乐和民宿都有自己的名号，这些名号都要上到村里立的指示牌上，哪家排上、哪家排下，对于游客而言不过是一眼掠过，但对当事的村民而言非常重要，重要的程度不亚于某些领导在意自己在会议上的座次。所以这事虽然极小，却也一定要有个章程，乡建专家孟胡子给的章程就是“以姓氏笔画排序”，当村民来理论时，他说这是国家立的大规矩。不信你们去好好看看《人民日报》，研究一下上面是不是以姓氏笔画排序。村民们就很服。孟胡子说，农村的事就是这样，该粗就得粗，该细就得细。细起来就得有根儿比羊毛还细的线儿给绷着。你说羊毛轻吧，那也怕搁到秤上称，一称就有斤两。

问:《宝水》这部作品是主旋律题材，但是写得非常好读。你在创作过程中难度最大的是什么?

乔叶：创作难度的类型有多种，写作前的资料准备和住村体察，写作时的感性沉浸和理性自审，初稿完成后的大局调整和细部精修……还有在前辈的乡村叙事传统中如何确立自己的点，这都是难度，各有各的难度。可以说，纵也是难，横也是难，朝里是难，朝外也是难，还真是不好比出一个最大的。或者说，每一个都是最大的。因为克服不了这一个，可能就没办法往下进行。比如说，对这个题材的总体认识就很难。为什么说写当下难?因为这个当下的点正在跃动弹跳，难以捕捉。也因为很少有现成的创作经验可做参考，“灯下黑”就是这样。对于这些难度，除了保持耐心去细细处理，我没有什么更好的办法。我真就是一个笨人，所谓的经验都是笨的经验。

问：作品中塑造了九奶、老原等一批有血有肉、生动多样的人物形象，讲述的故事都非常鲜活、真实、接地气，这些细节是怎么来的？你在采风时了解并记录过吗？

乔叶：走马观花的采风肯定是不行的，必须是长期跟踪观察，获取足够的素材后再去精粹提炼。我获取细节的经验就一条：不预设。比如去村里，就只是去沉浸式地倾听、记录、整理和选择，然后保持诚实的写作态度，遵从内心感受去表达。在这个过程中，脚力、眼力、脑力、笔力，确实缺一不可。我个人的体悟是再加上一点听力——像特工一样潜伏在村庄里，窃听人们藏在深处的微妙心事，才有可能和他们同频共振，一起悲喜。如此写来，时代这个原本很宏阔的词，竟然让我慢慢地觉得很是具体、可亲。

文学是人学。不论是写什么题材，也不论作品以什么为背景，她聚焦的永远是人情人性人心，这永远能让她沉醉。

问：乡村题材的文学宝库太丰富了，是否可用一句“全新的中国乡村”来概括《宝水》？

乔叶：请千万不要用“全新”这样的词来界定《宝水》。它有新风尚和新特质，而这“新”是建立在“旧”的基础上。我在江南看到特别富裕的乡村，发现很有意思的一点：这些富裕乡村的宗祠都修得一家比一家好，宗祠的存在就是典型的“旧”，却能和“新”完美融合，而新旧的彼此映衬也让我觉得格外意味深长。小说里的人物也有新旧之说。评论家李林荣说《宝水》在塑造人物和环境方面最显著的成就不是塑造新人，而是写活了一些熟人和旧人在新的境遇中发生巨大变化的细节和过程。比如地青萍，评论家李林荣说，她就是个旧人，她带病上场，整宿整宿失眠，饱受无处诉说的自我诅咒恶念的纠缠，陷于惶惶不可终日的抑郁状态。住到宝水村后，情况才逐步好转，但这不是因为她本身有了什么质的变化，而是因为她在宝水村这个新的生活场景中，通过结识和理解身边的各色人等而重建了自己和外界的关系，为自己营造了全新的生存气候。

我觉得写乡村一定会写到旧的部分，那才是乡村之所以为乡村的根本所在。正如中国之所以被称为乡土中国，那一定是因为乡土性如根一样。新时代的乡村固然有新，但旧也在，且新和旧是相依相偎，相辅相成的。新有新的可喜，但也有焦虑和浮躁；旧有旧的陈腐，但也有绵长和厚重。我不崇拜新，也不崇拜旧。我在其中不会二元对立地站队。如果一定要站队，我只站其中精华的、美好的部分，无论新旧。

问：离开乡村二十多年再写《宝水》，你觉得这种距离感对创作是有益的吗？你从河南调到北京多久了？能否谈谈你现在的工作和生活状态？

乔叶：我从2020年末来北京，到现在已经快三年啦。我把家安在了通州，通州是城市副中心，因为经常去作协处理工作上的事，所以日常就是坐地铁1号线转2号线，在副中心和中心城区打来回。尽管之前也常来北京出差和学习，但客居和定居的体验感受还是有本质的不同，地理视野的多维度似乎让我原本的乡土性更鲜明了些。我的写作状态也发生了改变，这两年来也在不断调整中，尽力使得写《宝水》时气息充盈、饱满。

我写作长篇时的习惯是：既要沉浸其中，也要不断抽离。在这个意义上，必须要感谢北京。“故乡是离开才能拥有之地”，我忘记了这句话从何处听到，却一直刻在了记忆中。自从因工作调动到了北京，在地理意义上距离故乡越来越远之后，我就更深入地理解了这句话。人的心上如果有眼睛的话，心上的眼睛如果也会变成老花眼的话，也许确实需要偶尔把故乡放到适当远的距离，才能够更清晰地聚焦它，更真切地看到它——在河南写《宝水》时一直在迷雾中，尽管基本东西都有，却不够清晰，在北京这两年里写着写着却突感清晰起来。如果没来北京，这部小说可能不是现在的面貌。现在回头去想，北京和故乡有接近性，同时又有差异感，这个尺度还挺美妙的。

故乡永远在血液中，对于一个写作者来说，没有比这更深远的影响力了。

问：你能谈谈故乡对自己的影响吗？曾经在《青年文摘》担

任编辑，是什么原因让你又回到河南？

乔叶：2000年的时候，我来到北京，在《青年文摘》做了将近一年的编辑。每天朝九晚五，深感京城居大不易。年底的时候，河南省文学院来调我去当专业作家，我就回到了河南。专业作家不用坐班，有充足的时间进行文学创作，没有比这个更吸引我的了。到了文学院以后，我正式开始了小说创作。起初很抗拒河南被贴上地域标签，总觉得被地域一框住就小了，那时候心怀大志，就想当个全国性的作家，想让自己看着高大上。什么高大上？当然是城市生活啊。河南就是大农村嘛。后来写着写着我发现，即使写城市，写的也是河南的城市，有着河南的气息，因为自己骨子里就是个河南作家。尤其是写了长篇以后，这种感觉更强烈。长篇需要动用的文化储备特别多也特别深，所谓文化储备，就是长期以来你的生活，你的环境，你所受的教育，你的命运轨迹，这一切怎么能离得了河南呢？怎么能清洗掉河南印记呢？河南就是我的精神基因，是命里带来的。所以我认命了，心甘情愿。

问：评论界对于“70后”作家的评价，感觉还是没有能够立足文坛的重要作品。你如何评价“70后”的整体创作？

乔叶：对“70后”的整体创作进行评价是评论界的事，不是我的事，哈哈。至于立足文坛的作品，不要急，还有时间。魏微，金仁顺，李浩，张楚，徐则臣，鲁敏，葛亮，田耳，石一枫，他们都很有才华，很值得期待。

问：现在“70后”作家也年过50岁，你觉得自己的创作到了一个怎样的阶段？

乔叶：我一直觉得，写作这行不是吃青春饭，对很多作家来说，40岁才是正上路的时候。我就是这样的作家。2013年，全国青创会上，我作了一个发言，叫“慢慢活，慢慢写”，谈到代际焦虑问题，我说作家要看年龄，但也要看成长性。实际上，越发展年龄越不是问题，大家都处在一个大的代际中。当你的年龄没有转化为文学价值的时候，代际就没有任何意义。对一个写作者而言，青春和年轻只是一种很普通的概念性资源，没有什么了不起。任何人都有，也都会有，如果你以为以此就能建立起自己的世界，那只是一种客气的理论。对一个写作者而言，世界不是你们的，也不是我们的，归根结底，世界是文学的。

问：中国作家在创作力上不甚强大，很多作家到了老年就不再从事小说创作。你如何看待创作生命力的问题？

乔叶：如果创作生命力已经枯竭，恐怕再刻意也难保持，所以我能做的就是：①珍惜目前的创作生命力；②尽量从生活中和前辈的经典作品里多给自己积淀一些营养，让枯竭的那一天来得晚一些，再晚一些。

鲁敏：为创造者的生命之河作传

鲁敏，江苏省作协副主席，现居南京。1998年开始小说写作。已出版《金色河流》《奔月》《六人晚餐》《梦境收割者》《虚构家族》《荷尔蒙夜谈》《墙上的父亲》《取景器》《惹尘埃》《伴宴》《纸醉》《时间望着我》等三十余部作品。

曾获庄重文文学奖、冯牧文学奖、人民文学奖、十月文学奖、汪曾祺文学奖、《中国作家》奖、中国小说双年奖、《作家》"金短篇"小说奖、《上海文学》奖等。有作品译为英、德、法、瑞典、西班牙、意大利、阿拉伯、荷兰等语言。2010年，短篇小说《伴宴》获第五届鲁迅文学奖。

作家档案

出生日期：1973年10月30日

出生地、籍贯：江苏省东台市

毕业院校及专业：江苏省邮电学校通信管理专业，南京师范大学汉语言文学专业（本科自考），北京师范大学现当代文学专业（在职硕士）

血型、星座：A型，天蝎座

最喜欢的个人代表作：《火烧云》《取景器》《金色河流》

文学偶像：我钟爱的作家比较多

文学之外的爱好：看戏

想对20年后的自己说什么：老家伙，不要停，继续写

文学观：以写作之虚妄抵抗生活之虚妄

采访手记

认识鲁敏多年，她几乎没有太多变化。发长及肩，着装得体，言语热情又不失分寸。不论何时见到，她总是一副不知疲倦的样子，朝气蓬勃，令人想到春天的白杨。

表面上，鲁敏质朴随和，内心里，却从不是个“规矩”的人。她曾坦率地表达自己只怕比一般的人还要“愤怒、凶狠、拒绝、悲观”。当然，这些不会表现在待人接物中，也不会表现在日常生活中，却会表现在与自己相处的过程中，与小说相处的过程中。

她是一个认真甚至于对自己有些苛刻的作家。偶尔稍有停顿没有产出，她就像因思虑壅塞而无从下手的农妇，守望着一无所有的荒原，长存怀疑，又坚决不肯苟且。她也时常有一种既沉重又庆幸的紧迫感，触目所见、道听途说，世相浑浊逼人，简直像拿刀在逼着她去写——文学向来就是这么残酷，幸福的土壤颗粒无收，而充满活跃菌团、爬着各种昆虫、埋藏着腐烂物的大地，对收割者来说，或者会有着肥硕的果实。“当然我算不上是一个好的收割者。”鲁敏说，有时候好奇心像是深秋里缩着的脖子，激荡的生活如同狂风中快速翻飞的纸片，令她心悸且叹息，总在提笔之际感到寡然、索然。物质及其所代表的一切，滔天浊水一样勒索并淹没着文学、艺术及其相关的精神，人们快快活活地撒手，听凭自己昏迷不醒、顺流而下。

“——于是更多地陷入了这样的局面，像进入地域深处的泥泞地带：一旦意识到我所写出的是经验之作，而非生涩歪扭的字迹、压抑后迸发的胆汁，这个成品或半成品立刻就自动被判处死刑了。”鲁敏常常会去游泳，有时候，下水之前还小有自得，认为可能刚刚写得还不错。游泳途中，呛咽着不洁的池水，她沮丧地发现，那些小说实际上味同嚼蜡，于是重新一无所有，重新踌躇满志。这种内心的困苦从未间断，她与写作的关系因此而紧张，从来达不到真正的心满意足，每一个与之相关的夜晚都艰难而磕磕绊绊。也许以灵感为生就是这样，难以拥有真正的宁静，时刻经受着对庸常的警惕与惧怕、对才华的自我打击与否定。

有评论说：“鲁敏已经进入了一个比较自觉地把小说当作艺术来经营的时期，说明她是很留心的，在小说的形式感方面她有了非常自觉的一个构造。”鲁敏觉得，这是个好评价。因为写作是有阶段性的，早期更发乎天然、随性而至，如同无心插柳，不会经营也不必经营；但到一定阶段，像对待任何艺术创造一样，必须研究、思考、经营。写小说是感性和激情的，或是常言所谓灵感的、灵性的，但同样必须有理性与智性的充分参与。而且，经营与构造小说，其最终的目的与境界仍然是尊重小说写作本身的规律，使小说仅仅表现为小说，而不是技术表演场或思想试验田。

自2010年起，我们有过几次访谈，每次访谈对鲁敏和她的写作都有新的认知和收获，每次梳理对于鲁敏都会有一种“士别三日”的讶异和惊喜。

“我的所谓青春期，没有对口红的尝试，没有周末舞会，没有亮闪闪的月下初吻，好似一部闷片，说起来都要让人打哈欠。”鲁敏说。大概正是这部“闷片”，才使她痴迷于阅读，在虚构世界里寻找慰藉和温暖。

问：你走上写作之路的缘起，似乎有些命定或天赋的因素：二十五岁，从高楼往窗外俯看的一瞬，写作的灵感突发其来——在这之前，你大概也为走上文学之路做了很多的准备吧？或者有些是不经意的。你从来没想到过有一天写作会成为职业吗？

鲁敏：早先的确从未想过。我至今记得，十八岁时我开始工作，在南京新街口邮局做营业员卖邮票。有一天，窗口有个人慢吞吞地跟我开口，要买一套《古人对弈图》邮票，我抬头一看，是苏童！他当然不认识我，我也没勇气跟他多说半句话，我若无其事地像一个疲惫而冷淡的营业员那样收下他的钱。可我内心里当时一片荒凉的呼啸之声，我悲哀地想着：这大概就是我与文学、与作家所能发生的最亲密接触吧。许多年过去了，2010年，我的新书《此情无法投递》在南京举行首发式，苏童老师已作为我的“亲友团”一员到现场捧场。我跟他提起这件事，他当然一无所知，只露出宽厚无邪的笑——这件小事我无耻地讲过好几次，媒体好像也很爱听这样的故事，因为听来有一种改天换地的励志成分。其实不是。这只是命运的奇特与翻手覆手：你永远不知道，在下一个路口等着你的是什么。

当然话说回来，在那之前，我确乎也存在着朦胧的幻想，并在茫然之中进行着无意识的阅读。小时候家里订了《民间文学》《外国文学》这些杂志。上学后就是去图书馆。记得那时我整本整本地抄泰戈尔和聂鲁达的诗，最傻的是读欧仁·苏的《巴黎的秘密》、大仲马的《基度山伯爵》时，因为里面的人物、事件比较庞杂，我就挨个儿地替人物做年表、故事线、家族谱系等等，把书里所有的伏笔啊，呼应啊，关节点啊等全都标出来，做成表或图，特别较真，像身负重任，在进行一项壮丽宏大的事业……所以，唉，我的所谓青春期，没有对口红的尝试，没有周末舞会，没有亮闪闪的月下初吻，好似一部闷片，说起来都要让人打哈欠。

问：是什么原因促成你的写作？最早发表的作品是什么？

鲁敏：我最初只是写些随笔和书评，在《艺术世界》《书与人》《美文》这些地方发表，我还记得第一回拿稿费，我高高兴兴地买了几两小笼汤包回家"献给"妈妈和妹妹，那似乎是我们母女三人最开心的瞬间。至今，对小笼包，我都还存有一种亲切的略有伤感的情绪。我们母女间一提到小笼包子，也都像是按动了一件往事的按钮。

真正开始写小说，可能跟我家庭里的一些变故有关，也跟我对复杂人性的贪求有关，跟我对虚妄生活的恐慌有关。每一个人，他的身份、语调、笑容并不真像我们所看到的那样，目光所及的外表之后，他们有着另外的感情和身世，每个人都有像一团影子那样黑乎乎的秘密，我渴望寻找一条绳子，把我从虚妄的生活中解脱出来，同时进入人们的秘密中，深入命运的核心。

最初的作品《寻找李麦》寄给了《小说家》(即现在的《小说月报·原创版》)杂志，时任主编的康伟杰老师说我写得不错，很快发表。随后，当时在《十月》杂志工作的周晓枫约了我两个短篇，她再配一个评论，在《十月》杂志推新人的“新干线”栏目发表。就这样，我一步步写到今天。现在看来，我也许算是找对了这条绳子。

整个“东坝系列”如野草生长，浑朴茂盛，与鲁敏，包括读者，对经典乡土叙事的浓厚情感有关，更与童年的回忆有关。

问：2010年，你的短篇小说《伴宴》获得第五届鲁迅文学奖，排名短篇榜首位。这部作品对你来说有什么特别的意义？

鲁敏：对写作而言，时间的考验更为重要。当然，这个奖我十分珍爱，它像是对我前面十二年光阴的一个小小慰藉。从1998年第一篇小说开始，我已经在期刊写了十二年的中短篇小说，跟火热的出版市场相比，在期刊上写作，是一条相对冷清的路，但现在回头看来，这些年的中短篇写作，像是一个不断磨刀的过程，大量中短篇的写作训练，在技巧和耐心上给了我许多的滋养。

《伴宴》之前，我于书写乡土的“东坝系列”着力较多，但我的获奖感言是《下一个路口》:“每当从狭窄至渐宽，荆棘化为花朵，我反倒警觉且严厉了，行了，下一个路口，必须拐弯！要跑到草莽里，要跑到小兽出没处，跑到天地更深处。那才是粗糙、坚硬的万物之核。”

《伴宴》获奖给了我更多的动力，我的东坝故事就此按下了暂停键，这是灵感的自我暴动，我必须信任它的直觉与方向，信马由缰，去往下一个寸草未生的荒芜处，开辟新的疆域。

问：评论界很看重你的“东坝系列”。你如何看待真实的乡村生活？你笔下的乡村生活是在表达乡村真实的生存处境吗？我想其中也融入了你的思考或理想？

鲁敏：我的“东坝系列”所展现的是20世纪八九十年代的乡村，而且带有浓重的乌托邦意味：东坝，日月缓慢，生死持重，人情相亲。这是与真实世界背道而驰的去处，也算是“对照记”，对照我们而今两手抓得满满的这些速度、效率、成功、精明、博弈等等。我所描绘的这个东坝更多是一个审美的存在，是世风道德的无邪期，对步入了肮脏成年期的时代来说，是对逝去美好的悼念与追怀。

整个“东坝系列”如野草生长，浑朴不自知，许多人至今仍然会重提这些作品，评论界甚至认为我发掘和建树了我的“邮票大小的故乡”，但我想这个成功跟读者对古典乡土叙事的浓厚情感有关，这在中国文学里是一个大传统，是一种童年式的审美，有距离，有温度，有一种悠远田园式的自我催眠。这种审美有历史传统，这是它的优点，也是缺点——很难创造出新的审美价值。

问：在创作上，你有过怎样成功或不成功的探索，能否分享一下？

鲁敏：可能从表面上看，我的写作还算顺利，但这个顺利是不可靠的，实际上，我内心的困苦从未间断，我与写作的关系一直很紧张，从来达不到真正的心满意足，每一个与之相关的夜晚都是艰难而磕磕绊绊的。也许以灵感为生就是这样，难以拥有真正的宁静，时刻经受着对庸常的警惕与惧怕、对才华的自我打击与否定。

在转为都市“暗疾”系列写作时，最初，我感到了障碍，因为这一主题五味杂陈，比较复杂、沉重、世故，带有青春末期的荷尔蒙气息，又有点风不知往哪个方向吹的茫然感。我得忘掉原有的技艺，完全像一个生手，小心翼翼地处理，尊重并追随某种明暗规律，以及不可侵犯的歧义性。也许，这正是小说深处的秘密景致之一，我走了很久，好像才依稀看到一角，从光照不足的人性皱褶处，摘取这些从伟大的“现代化”生活中滋生出来的增生品，像包裹沙粒的珍珠。我摘到了《暗疾》《铁血信鸽》《惹尘埃》《死迷藏》《不食》《谢伯茂之死》等，这些作品，虽有建树，但也存有不少破绽。不过，我珍爱这一摇摇晃晃、艰难前行的过程。中国都市小说方兴未艾，有着很大的空间，我想在这个方向上有更多的努力和呈现。

在2012年完成的长篇小说《六人晚餐》中，鲁敏采取了六重视角，通过6个人物的视角打乱了固有的模式，使人在阅读中会感受到一种智力上的愉悦。

问:《六人晚餐》中，为何采取这样的六重视角？我觉得故事中的每个人都是弱者，每个人的命运都很悲凉。你在创作时有怎样的考虑?

鲁敏：现在这个六重视角，被说成“六扇门”“六棱镜”“立体魔方”等，其实初稿在写到五分之三时，都还是传统的全知全能视角，并且是按时间顺序一路写下来。但回头审视时，我感到厌倦与不满意。小说中的每一个人，都是那样孤独、隔阂而又充满热烈的幻想，我的视角不该全知全能，那样太简单也太冷淡了，我必须全心全意地化身为他，从他的身影里出发，成为一个局限的、被蒙蔽的人，我们要一起在暴雨中淋个透。

因此，我决心推翻重来，以表面上的第三人称、以每一个人物的个体视角分为六个篇章，不同的事件、情节、因果由不同的叙述主体去承担推进与展开的任务。

说到底，技术上的舍易求难不仅是对自己能力的挑战，其实也是对长篇这一体裁应有的敬重。很高兴我的努力得到了肯定。我相信，更多的读者会在对《六人晚餐》的阅读中感受到一种智力上的愉悦。

问:《六人晚餐》中有不少的“作家声音”，由一些细节引发的联想、议论，都很精彩。这么安排，你是出于怎样的构思?

鲁敏: 对，在六人视角外，我还随时加入画外音，一个即兴展开议论与感慨的叙述者之声——这是我一直以来的写作特点，以前在中短篇里就有多次尝试，这次继续毫无保留地加以放大。隐匿的零度叙事是一种表现，但主观化的、富有性格的叙事也是一种风格。

我一直认为，写作手法永无定式，需要各种现代性的打破与加入，需要强烈风格化、带有识别度的尝试与发挥。这是“我”的故事，这是“我”在讲述人物与他们的命运。

问: 如果说，你过去的小说缺乏“史”的意识，那么在这部作品中，你尝试了对于时代，对于当下的把握，就你看来，一位作家应该与当下保持怎样的关系? 对他所处时代的社会问题应该有什么程度的关心?

鲁敏: 有一些评论文章中提到,《六人晚餐》对于特定区域、特定年代、特定事件的定位有一种“史”的意识，但又以“个人命运”的形式来呈现。我的想法是,“史”是必需的背景，是环境与基调，但我会以加长的“特写”镜头，把当中的人物，他们的表情、细部的动作拉到最前面，紧贴着人物，听人物的呼吸。我非常重视“史”，但会把“史”设在后台。

关于作家与当下的关系，我可以讲个小插曲。《六人晚餐》从2009年起动笔，中间因故中断。南京2010年“7·28”大爆炸事故那天，我正从外地返宁，路上突然接到若干短信：你怎样？安全吧？家里人都好？回到家打开门：阳台整扇落地窗完全震飞，厨房移门倒地，板凳飞到冰箱上，它的一只断腿砸坏橱柜，处处留下暴力痕迹——如果我在家，这些“暗器”无疑会跟我发生一点儿亲密的瓜葛。毫发无损的我怀着奇怪的心绪打扫起了满地的玻璃屑，耳边似乎听到整个城市都在打扫玻璃屑子，我突然想起了搁置太久的《六人晚餐》，想起了小说里的六个亲人，不知为何，我浑身一凉，深切感知到一股难抑的哀伤，并清晰地知道，我的男主人公，就在这天下午，他和他的玻璃屋，永远地消失在了这场大爆炸里。当天晚上，我到小区附近的广场散步，名声颇恶的露天卡拉OK如同前面任何一天一样扎堆开张，夜色中那些面孔模糊的人在快活地唱歌，而就在两公里之外，大爆炸后的废墟余温尚在。

你看，写作者及其所处的时代，就是这样的，不必过多思虑，现实如疾风扑面，激荡的生活像快速翻飞的纸片。文学向来就是这么残酷，幸福的土壤颗粒无收，而充满活跃菌团、爬着各种昆虫、埋藏着腐烂物的大地，对收割者来说，或许会有着肥硕的果实。

至今，我们仍可不停地听到各种巨大声响，它们从中国大地各个拆迁工地上轰然响起，从被遗弃的化工区响起，从迷宫般的管道深处响起，伴随着黑红色的瑰丽云烟，许多人在一瞬间永远失去了他们的晚餐。

问:《六人晚餐》前后改了六稿?

鲁敏：小说一稿，我发给了三个人看，一个是朋友、批评家张莉，两个是普通读者。他们从第一阅读直觉的角度给了我很多意见，非常谢谢他们；此后，在与《人民文学》杂志及北京十月文艺出版社的沟通过程中，几位编者也有一些反馈，感到我们在作家与编辑之间，有点儿古风，提意见、修改，大家都富有耐心。同时，我自己也在思考，包括对南京这一特定背景，后来我决定把城市虚掉，因为这是一个会发生在中国任何城市的故事，发生在城郊接合部或者厂区的故事。当然，最大量的修改还是放在人称与视角上，这是一个“自我折腾、自找麻烦”的过程，必须反复对时间轴与人物视角进行挪移、取舍和覆盖，又要避免重复，还要注意不同人物的风格。

问：你怎么看《六人晚餐》中这些“失败的大多数”?

鲁敏：没有特别的看法，因为我就是其中的一个。这不是矫情的说法，因为这个时代里大家都一样，都是被亮光闪闪的“成功学”锁住了、击中了。试举一例，我们等飞机时常会看到机场书店，它就散发出我们所处时代最典型的势利之气——触目所见，那些大而华丽的成功学书籍、营销视频、首富传记、职场真经，扉页上晃动着“我知道我是谁，世界没有我就完蛋”的面孔，那些书用一种精明的、必然的语气，以强盗般的推理教诲着所有的人，像对付冷冻食品一般，对拥挤着的人群加以果断的分隔，并放入不同的位置，高级的、中等的、低下的……社会阶层的残酷分化像火焰与海水那样。直至飞机升空之后，悬坐在白色花朵般的天空，我仍会感到一种感慨万千的苦恼，并思念起大地上的你和我：被邪恶“成功学”所勒索、所奴役而昏迷着的人们。不得不出卖一切本不该出卖的一无所有者，被掩埋着的、处境粗鄙的沉默者，我们其实都是失败的大多数。

鲁敏喜欢平静乃至平庸的生活，平静流淌的生活却在《奔月》里释放了内心里的“逆反元素”，她让小说主人公小六飘尘出世，实现了对“本我”的一次逸奔。

问:《奔月》是你写作历程中的一次“奔月”。故事从一次事故展开，主人公小六在事故中消失，丈夫贺西南不愿相信她的死亡，在寻找中揭开了小六隐藏在温顺外表下的多重面目。《奔月》写作过程中修改了六次，你好像特别有耐心修改作品，包括新作《金色河流》，你的修改包括哪些方面？你会征求同行或批评家的意见吗？

鲁敏：各人习惯不同，我的初稿和终稿，差异会很大，中间会改很多次。尤其前期的修改，每一遍都会解决不同的问题。到后面的修改，说好听了是有耐心，也可能是有点修改强迫症，只要出版社不下厂、不付印，我几乎一直会刷稿子，有种沉湎其中不愿上岸的心理，似乎改得越多，作品总会越好一些。像《金色河流》，第一稿是四十多万字，六稿之后，是三十六万字。为配合《收获》的秋季号发表，我做了十几万字的删减。这个删减是损失，但我也发觉，有些章节可以再简洁，于是又改了三个月，删到三十二万字。因封面设计耽误下来之后，我索性利用春节期间又改了一稿，一直改到二月份，这个时候早都出PDF了，编辑都快要崩溃了，我们只能对着校对稿一页一页地过，她手动抄改。我很抱歉，这确实不能说是个很好的习惯。

当然修改总是有道理的，然后有一点点进步。一般情况下，修改是以自己的想法为主。不过像这次的《金色河流》，因为出了试读本，师友们有一些反馈意见，综合分析之后，我也会吸纳部分意见，但最终来说，增删的各种考量，会听从自己的直觉。

问：《奔月》里的小六在某种程度上代表了生活中的一部分女性，小六身上是否寄托了你的精神向往？

鲁敏：某个阶段，我是有这样的精神性寄寓：对另一种未知可能的不甘与探求，对身份局限的不满和努力打破。我觉得这不仅是女性的，也是作为人所共有的。人类有存在、生存、稳定的本能，另一方面，也有隐藏、飘逸、虚无的需求。我们常常讲到放空、独处、休假、关机、旅行，都是最微小程度上的一种代偿行为。

问:《奔月》中有逃离、寻找的主题。你在这样的主题寻找中收获了什么？听说日本有本书专门指导一个人如何完美无痕地消失，你知道吗？

鲁敏：一本书的写作有时像解一个结，写完了就放下了。林中两条小道的悖论、身份局限、逃离与未知探索的主题，现阶段我起码可以搁置下来。但也不排除，到晚年会有不同的理解与新的思考。写作者有一个好处，不会惧怕衰老，因为那也是一种馈赠与经验，同样一棵树，一个人物，一个故事，在二十岁和六十岁时，分别来写，会有不同的创造。

知道日本那本书，为《奔月》做写作准备时，我特意找来电子书看过，关于水电费单子、私人银行账目、消费记录、车票订购等都有很详细的指导，还有公司提供这样的配套服务，帮助你无痕且无破绽地消失。日韩还有这方面的社会学统计，相关数据可谓惊心动魄。从熟悉的环境和亲人中消失，在某一类人的理解中，已经成为一种可以选择的存在方式。包括在国内新闻里，因为我特别留意、集中搜索，这方面的逃逸故事比我们想象中要多得多。许多匪夷所思的细节，很有意思，当时小说出来后，我在采访时讲过不少这样的故事。

问：你会经常回望自己的作品吗？比如《奔月》，对于当时存在一些“漏洞”的评论，如何看待？

鲁敏：不太会有具体阅读上的回望，拿到新书，我都不会读，过多少年也不读。因为在修改中我已经读过太多遍。

当时关于漏洞的评论，我还有点印象，应当是现实主义还是现代主义的不同理解角度。《奔月》是现代主义的核，因此整个故事的面貌，以及与读者的契约，都是现代性的。如果从1+1=2的现实主义角度去考察，比方说，在小县城，能否办到新的证件，并凭此找到工作交上朋友租上房子，这样的推敲就会摇摇晃晃、没有穷尽。在现代小说里，1+1等于多少，实在已不是数学问题。我们可以举个类似的例子，霍桑也曾写过一篇逃离主题的小说，也是现实主义手法但内核是反现实的，里面的男主人公甚至就隐身在家对面、只隔一条马路的一间租屋之后……

问：有评论说：“鲁敏已经进入了一个比较自觉地把小说当作艺术来经营的时期，说明她是很留心的，在小说的形式感方面她有了非常自觉的一个构造。”你真的是这么经营小说的吗？

鲁敏：如果在二十来岁，对这个评介，我会介意并反思，但到了三十几，我觉得这是个好评价。写作是有阶段性的，早期更发乎天然、随性而至，如同无心插柳，不会经营也不必经营；但到一定阶段，像对待任何艺术创造一样，必须研究、思考、经营。写小说是感性和激情的，或是常言所谓灵感的、灵性的，但同样必须有理性与智性的充分参与。而且，经营与构造小说，其最终的目的与境界仍然是尊重小说写作本身的规律，使小说仅仅表现为小说，而不是技术表演场或思想试验田。

2022年，鲁敏出版长篇新作《金色河流》。金色河流，与金有关：商业法则、财产积累与财富观的变迁；与沙有关：恒河沙数、沙漏计时的时光流泻；与水有关：大善若水，而馈而赠。

问:《金色河流》的主题表面上看是关乎资本原始积累，关乎救赎，但读完发现，又不完全如此，在起意写这部作品的时候，你是怎么考虑的，是否已预料到一些可能遇到的难题?

鲁敏：从主人公的故事发展线来说，有早期的商业积累，有晚年老境的糊涂与折腾，有人之将去的财富处置问题，以及从无意识到有意识的某种救赎。这是表面上的故事，内置的镜头，其实我是跟随了一条宽广起伏的物质河流，我们俗称“小老板”的这一代人，他们到底创造了什么，又流传下什么，我们如何理解物质与非物质的不同创造，以及这两种创造的代际接力。

这么多年来，文学书写现场较多侧重于精神层面的表达与伸张，而把金钱与财物视为通往生活的一种物化“途径”(a way to life)，但我总是感到，这种“上层建筑”的情怀视角，似乎是一只单筒望远镜，文学还应当有另一个镜筒，对准物质的进步与壮美。从事实上来说，我们作为个体，包括我们所热爱的文学艺术，也都是经济基础与物质进步的受惠者。所以我这本书想把镜头对准“有总”这样纯粹的物质创造者，对他们来说，金钱和财富不是什么手段与途径，恰恰就是生活的道路和价值本身（a way for life），在他们及其子女的身上，我们可以看到这几十年来，东方式财富观在不同代际的寄寓、冲突与变迁。

难题当然有，比如我在认知深度、创业经验与体验上，肯定是有些欠缺的，包括对于写作技术上的创新等，但正如一句很土的老话，兴趣是最好的老师，因为对这个主人公和主题都太有兴趣，我没急于动笔，时间和耐心最终还是帮助我解决了这些难题。

问：你为此做了哪些准备？

鲁敏：惦记有总这个人实在是有许多年了。最早收集的与他有关的剪报而今都发黄发脆了。那时还没公众号和收藏链接，我是“古法”剪报，有总最早就出现在1995年前后的那些剪报中，当时关于创业者与暴发户的故事太多了，都市晚报上一发就占半个版。后来，他们各自沉浮，调性丰富多样，叫人惊，也叫人叹。再过几年，跑路的、翻船的、崩盘的开始出现，到近些年，做公益、做文化的慈善与情怀故事也慢慢多起来。总之，这些故事，也热闹，也神秘，阶段不同，典型性不同。

到真正想写这本书之前，我又读了好几本小老板的回忆录与口述，这种书通常是自费出版，写得比较“土”，但素材非常丰富，比如“第一次坐飞机、第一次穿西装”等，有的连合同的细节、早年的家书都有，对我而言都很有价值。此外就是近四十年的年代大事记，我看得比较细，比如什么时候开始推行“双休”，什么时候开始放开生育上的“单独”，什么时候能够诊断出“自闭症”，什么时候推行“两岸三通”，什么时候开始建造高速公路，又是什么时候寻呼机退场，等等。许多有价值的“财富信息”都在每一年的大事记里。另外还有些财经方面的专访、学术论文等。再比如昆曲方面，虽然我原来看戏不少，但还是集中读了些研究著作、舞台剧本，连戏校的教材、教学表演录像等都拿来看，包括请专家把关，光是昆曲方面的专家我就请教过四位。自闭症研究方面，我请教了长期专攻自闭症的心理学专家贺荟中教授，她给我寄来许多专著，我也找来自闭症相关的纪录片反复看，以便把握好小说里穆沧这个人物的特点。

小说以红皮笔记本这种富有年代感的文学意象来铺垫结构，以充满意识流的内心独白揭开了现实的多维面相。

问：小说中的谢老师想写一部关于资本原始积累的罪恶的大书，将计就计潜伏在穆有衡的公司，收集相关资料，在小说中以“素材编号”出现。这样的结构，会不会影响读者的阅读？素材在小说中出现的编号有185条，但实际只有三十条左右，素材出现也无次序，小说开头出现的是“眼泪水（素材150）”，和小说的叙事必然有关联，但我阅读的时候，也难免想象，鲁敏该有多大的叙事耐心啊！故事中有故事，素材中有素材，此外还有“思路一二三四”“橡皮之一二三四五六”等。你是故意给自己设置了一定的难度吗？

鲁敏：这种技术上的叙事套嵌，对刚进入文本的读者来说，可能是有点吃力不讨好，我在出书之前，也做了一点柔化处理，但还是坚持了这个貌似障碍的创意，因为这确实是我“玩儿”得特别开心的地方。小说的重点是有总及其儿女们，谢老师这个人物本来没有，但正式构思的前一年，正好进入硕士论文的开题，那一阶段重温了海登·怀特关于“主观化”“修辞想象”“材料的被选择”等方面的诸多观念，这些理论是讨论历史写作的，但如果运用到小说里去，似可创造出拟真材料与伪装文本的某种独特魅力。于是我想，是不是可以给将要开始的小说添加一个执笔人视角，用小说里的写作计划来处理主人公在岁月洪流中的传记式素材。这个执笔人的视角与立场，显然会随着时间推移、随着人物关系亲疏远近、随着文化消费情景变化而不断发生自我转向与覆盖。只要读者跨过这个最初的门槛，就会习惯这样的叙事，感知到其中的趣味。

书中出现的部分素材只是素材冰山的一角，大部分素材是隐藏着的，那是穆有衡急隐忽现的来路，也是他闪闪烁烁跟谢老师的透露，所以小说的开头一节是“红皮本子”，抛出整个素材的建构架势，但最后一节“橡皮”，借守灵夜之机，又对有总的人生素材进行了涂抹与覆盖，从而构成一个相对完整的套环结构。

这不只是为了多角度的互补与投射，也不只是对“材料”与“文本”的戏仿与再现，我更想表达的，是个人生命史的崎岖与蜿蜒，以及时代对人重塑与延展的更多可能性。

问：小说中谢老师从对穆有衡的揭露（报道非法使用童工），到成为他的公关助手、管家、兄弟乃至亲人，这一身份的转变说明了什么？谢老师对穆有衡从好奇、批判到理解或认同，是否也多少暗含一点儿你对于资本原始积累的认识？

鲁敏：谢老师的转变是随着写作过程而产生的，写着写着，他就不再是“工具人”了，他获得了他本身的情感与诉求。他身上体现出人们对于事物的认识，常会有一个曲折的过程，一个自然而然的流动，这里面包括个体的立场、情感的亲疏，对商业规律的认知，时代外部的价值观，家国的进步发展，等等。

你讲得对，对谢老师的这种转变，我其实是感动和感慨的，也正好包含了我或者说我们相当一部分人对资本原始积累的认识。

比如我以前留下的剪报中，总以小道消息的口吻抖搂这些发财致富者的各种江湖恩仇与起伏沉浮，或者在各种饭局上，人们也乐于谈论金钱及其所带来的各种“坏事”与“报应”。这或许本来就是一种传统。比如最富民间趣味的元代话本与相关戏曲，包括后来由文人整理的“三言二拍”等，一多半的故事，必然都有个土财主与老员外，有富贵因果的曲折呼应。更不要讲现当代文学中，向来有重文抑商的顽固传统，有金钱万恶的先天性批判倾向，以及洁癖般的舆论定位与道德推理，无商不奸，为富不仁，冷酷无情的市场规则，金钱对人性的异化与绑架，导致世风的沦丧，等等，一切的不满与愤怒都可以推到金钱、商业上去。这尤其是文学与艺术的母题与强项。

我个人是对这种批判伦理有点保留，艺术固然对金钱有着天然的反骨与批判权利，但与此同时，也是在共享和目睹着一日千里的物质进步与结结实实的财富积累，我总觉得这里面，既是泥沙俱下，有混沌灰色的东西，同时也代表着所有创业者、创造者的尊严与价值观，在人类前赴后继所建造的物质大厦与商业文明里，有一种壮丽之美，是与精神并进的另一种延绵。

问：穆有衡的两个儿子，王桑不愿生育，穆沧患有阿斯伯格综合征，这是否有隐喻？河山和穆沧还是按穆有衡最初的设想走到了一起，其中有无象征意义？

鲁敏：我不是为了隐喻或象征写这些人物的，这些是我的生活经验以及人物关系自然而然的发展。比如穆沧，我自己有两个交往比较深入的家庭，这两个家庭中都有程度不同的阿斯伯格综合征家庭成员。由于认识很多年，我对他们有特殊的情感理解与认知。阿斯伯格综合征患者的特点是：不喜欢变化，喜欢固定，社交与情感上求少，不求多，关注点不及人，而及物，比如气味或声音等。当然，所有的疾病都有隐喻，这种特点放在当代人的贪婪与占有欲里，会显得别有意味。而从现代心理学分析上看，我并不认为它们是病相，而是一种人格呈现，是一种自足自守的特别的“我”。穆沧在书里，对其他的人，多少也有这种无意识的抚慰和参照。

而且在有总这个年纪，只有头胎出现特殊情况才可能生二胎，因此有了王桑。王桑的不愿生育，是由他们的父子关系决定的，是长期压抑与叛逆之下的一个策略，是父一代与子一代在财富上巨大分歧的体现。我也接触过不少所谓的“富二代”，父辈的创业财富或成功对他们的伤害，其实有许多外人不理解的地方，富二代的努力与才华，常常被人们想当然地遮蔽或嘲笑，人们总觉得他们的一切都有金钱在铺路。王桑身上有这种典型的痛苦，所以他会拼命地在一切事情上去跟有总作对，从婚姻到生育，从职业到交友，再到兴趣爱好等。

河山和穆沧的“走到一起”并不是一个通常意义上的圆满结局，从书的结尾可以看出，他们不可能真的“在一起”，他们只是一种依偎与陪伴，一种物极必反的互补。这既不是有总最初的设计，也不是王桑与丁宁认为的一种委屈。对河山而言，正因为穆沧社会属性、性别属性的阙如，使得她更愿意与他在一起，哪怕只是沉默无聊地一起数沙子。

问：爱心驿站的魏妈妈，一方面全力照顾孤儿，一方面又在利用他们，她所做的各种事情，如小说中提到的扮医闹、抢上访户子女甚至跟黑社会合作搞仙人跳等，当然呈现了人性的复杂，但给人的感觉是不是有点能量过大——这个人物有原型吗？

鲁敏：有。北方某省就有这样一个“爱心妈妈”，后因涉黑事发被判刑二十年。这个案子当时还是蛮轰动的，当然这是媒体的一个粗线条的报道，我又围绕这个点找了一些延伸资料，与别的案件有一些嫁接杂糅。魏妈妈虽然是书中的次要人物，但她这种不同维度的极端走向，正体现了人的复杂性，我觉得别有意味。她与河山的身世，与河山早期的性格养成，以及河山对人间的初步认识，是紧密相连的。

中国作协副主席吴义勤称：“《金色河流》题材独特，主题复杂，这是一个好小说应该有的质地。它正面反映改革开放40年我们行走在时代中的历程，具有我们这个时代历史前行的温度，与时代的凉热。”

问：穆有衡无偿资助何吉祥的女儿河山，以及立下遗嘱，很明显有反省和救赎的意味。你觉得自己笔下的救赎有什么特点？

鲁敏：救赎这个说法可能大了一点，对穆有衡来说，起码他本人没有这个明确的意识，但最终恰恰达成了这种结果。其实这也正是我所理解的，真正的救赎，它不是一个智识思考的结果，而跟主人公的经历和性格密切相关，并且应当是在无意识推进中逐渐达成的一种行为。

穆有衡资助河山是出于有总始终难以搁下的一个心结，他辜负了何吉祥的信任并挪用了那笔托孤的钱。但对于河山是否真是何吉祥的女儿，他始终存疑，因为他不信任他人，尤其是河山母亲。因此他的资助，更多是一个心理上的自我安慰，以及误解中的自圆其说。河山越是有点瞎胡闹，他倒越是有种痛快感。这是他的性格决定的。

再看遗嘱。从穆有衡的角度来说，一方面，像所有临终的老人一样，他需要对自己这一生做个交代，他自豪于所创造的财富，他从无到有、从少到多的打拼，但到最终，他的信念、价值、创造，仍然面临着时间长河的冲洗或沉淀，他不愿就此消失，而想“留下”点什么，所以他花了很多的心思，想要“留名”，想要留下“DNA”，留下“故事”等。另一方面，因为四个儿女（包括干女儿河山）的各种反馈与表现，他的遗嘱计划也在不断调整中，河山的爱心驿站，穆沧的“纯粹”无求，王桑的寄寓昆曲，丁宁的生育痛苦，都从各个角度促使他做出了新的补充，里面有一些阴差阳错、指东打西的微妙演变。

问：小说中还有一个特殊的人物木良，他和王桑对昆曲有共同的兴趣。你对于他在昆曲发展中遇到的困境也有书写。这个人物的设置承载了什么？

鲁敏：其实也没有特别想承载什么，我是江苏人，身边的“昆虫”（昆曲迷自称）很多，南京这里兰苑剧场每个周末都有折子戏演出，大家不时去看戏，真的爱得不行，到岁末封箱演出大反串时，台上台下能一起合唱。这个过程中，我也慢慢认识了好些优异的昆曲从业者，听到不少改良与改革的故事，更多了些复杂的感受。昆曲是至为寂寞至为古老的艺术，物极必反之下，似乎也有种异样的反作用力，就跟穆沧的阿斯伯格综合征一样，都是某种去时代化的参照物，而昆曲的落寞与逆反，也正与王桑的寡淡气息合拍。

就我来说，这是一个因地制宜的写法，因为我正好熟悉这一块，也许从读者阅读的角度来看，它与主线里的遗嘱遗产之争，可以看作是非物质遗产流传的一种对照吧。

问：谢老师计划的文本未能如期完成，结尾只暗示了一句“谢老师快要开笔的书”“要这样结尾也不错”。这结尾意味深长，你想要向读者传达什么？

鲁敏：谢谢你留意到这个结尾。如前所说，执笔人谢老师的写作计划，是一个套嵌结构，谢老师计划中的“红皮本子”，从他最初的“思路一”，到文末已经演变到“思路四”了，甚至打算把非虚构改为IP性质的剧本写作……在小说里，虽然不存在这样一个文本，但始终有这样一个结结实实的约定存在，到收尾时，当然也要达成闭环的默契，来与读者进一步确认：《金色河流》虽然停止在这里，但另一本由谢老师执笔的文本正以无限可能的方式写在水上，在无尽头无终点的时间之中流淌。

鲁敏的写作主要有两个领域，一个是敦厚乡土，一个是都市暗疾，后来又拓展到荷尔蒙系列。

问：从中篇到长篇，你觉得是必需的过渡吗？因为在我的印象里多数作家都会以为，非长篇不足以证明自己的实力。而《六人晚餐》的写作，也有评论家注意到，像是中篇的体量。你认同吗？

鲁敏：这个要看不同的作家对不同文体的把握。就我来说，我对中短篇和长篇有不同的理想与寄托，但没有孰重孰轻，五千字的经典短篇牛过五十万字的皇皇长篇，这样的例子很多。

写《六人晚餐》的时候我预料到会有不同的观点，我其实也懂得“周全”“稳妥”的长篇策略，包括从名字开始，出版社多次建议过，换上一个“鸿篇巨制”的名字什么的。

可是，什么样的作品像长篇，什么样的作品像中篇？《邮差总按两遍铃》《我的米海尔》等是否也会因为不够复杂而更像一个中篇？我想一个作品是平庸还是优秀，跟这些并无关系。同时，在我们的长篇样本里，跨度巨大、人物众多、故事复杂的优秀作品，其存量已经足够丰富，也达到了相当的高度，即使从生态种类讲，我也情愿“不走寻常路”。

小说是一门古老的艺术，却也是不断爆发新鲜力量的艺术。

我希望能够成为这样一种力量。同时，每个作家都有自己对小说的理解与理想，并在寻找着最适合自己的路径与样式。沙雕很大，微雕很小，各有其不可替代的美，从来就没有轻重好坏之分。归根结底，还是要独立地看待作品本身。

问：《三人二足》发表后有不同的评论。你如何看这些评论？

鲁敏：挺高兴有不同评论，同期的中篇《不食》也有不少批评意见，对写作者而言，读者与同行或评论家的沉默那才没意思呢。当时已经写东坝背景的小说蛮久了，转到城市场域后，不同角度和风格的摸索与尝试也都有。《三人二足》是转向后比较早写出来的一篇，当时的我对于性别、身体、怪癖、黑色犯罪的写作劲头很大，我自己挺喜欢这一篇的。

问：重读了《荷尔蒙夜谈》《徐记鸭往事》等作品后，我觉得你的一些作品写得很勇敢，也有些"凶猛"。你如何看待这些作品的特异性？

鲁敏：对，这一批作品是有些边界上的探索，后来有评论分析为暗疾、死亡、荷尔蒙等不同的系列。其实我在写之前根本想不到这么细。中短篇的写作，是很愉悦的过程，服从于原始的、简单的写作冲动。特异性的作品往往取决于写作者当时的兴趣和文学观。有一个阶段，我看电影特别多，都有点儿超过阅读了，这可能也影响和塑造了当时的趣味。但我很高兴，在温柔敦厚的东坝故事之外，我来到了更斑驳的人性深处，来到了残酷多元的深水区。

无论怎样理解，鲁敏的小说都可以提供新的视角。学者李银河可以从鲁敏作品中思考社会学的意义，评论家发现了她叙述中的家庭伦理道德，更多的读者则从诸多小人物的故事中窥见自己的命运。

问：你的每一部作品，都用力地突破自我。能说说自己在创作上的追求吗？

鲁敏：处在不同的写作阶段，我会有不同的想法，追求总在不停地修正和提升。总的来说，我拒绝墨守成规，厌恶平庸，我想每一个艺术家，都会有这一最起码的自我期许。在既有的领土和荣耀上安全地重复，那是最可悲的艺术家生涯。我追求意外的、冒险的审美，我们的小说需要更多的异质与尝试。

问：你如何看待评论？评论在某种程度上会左右或干涉你的创作思路吗？

鲁敏：评论自有它的体系与逻辑，有旁观者清的部分，写作者也会觉得很有道理，但所谈论的这部作品已然完成了，而下一部未写的作品，依然首先服从于好奇、灵感与热情等非理性的因素。所以我总感到，写作跟批评的关系，也许像打牌，作家看看家底子，先出一张，接着评论家也看看家底子，出一张，然后作家再出一张——但这张牌，也不大可能完全因为评论家的上一张牌，而有大的改动，因为作家手上大致就这么些牌，这些牌，跟他的知识结构、生命体验、气质趣味、写作进程、野心大小等有关。

问：你对文本与文本中哲学与文学的探索难能可贵。你如何看待创新？

鲁敏：创新应当是写作者以及更广泛意义上的艺术家的本能与内在需求，比如书法家，在他们的不同阶段，同一内容同一种字体的书法，也是求新求变的。更何况小说写作，不论从主题、语言风格、价值观上，天然地含有“变动”的内在血液，甚至可以说，虚构本身，就是以创新为全部特点的。否则，讲过几千年的人间故事，为何要一直讲到今天。如果说读者有时会对文学感到失望的话，我觉得所失望的正是“老生常谈”的那种陈腐感。但需要特别注意的是，为创新而创新，也是另一种误解，也同样会制造出失望。创新也有它内在的节奏和铺垫，走到第一级，会自然到第二级，依此而动。故意变形，步子恐怕也就不对了，不如在原来的台阶上休养或耐心地等待。

问：从开始写作至今，二十多年来你觉得自己经历了怎样的变化？

鲁敏：这说不好。热情还是一样，焦虑也是一样，野心也是一样，都还有。变化和进步有吗？原地打转还是退步了？我在此山中，这得旁观者清。

作为70后作家的领军人物，鲁敏觉得，这一代人的写作，跟前一辈的同行相比较，对城市经验和审美的建构要大过对乡村传统的继承；对“具体个体”的深切关注胜过对“宏大格局”的崇拜……这是符合文学规律与时势推进的一种演变。

问：有一次王安忆接受采访，认为70后是成熟较晚的一代作家。此前，很多作家四十几岁就获茅盾文学奖或通过作品确立了自己在文坛的地位，但是现在整体上70后作家还难以承担这样的重任。你如何评价70后一代作家？

鲁敏：关于70后的话题已经被谈得足够多，成熟较晚是个婉转的说法，也有人说是不幸的一代：写作履历平淡，才华不得张扬，既不如上一辈享受过文学大热的荣光，也不如后来者火速赢得市场碰头彩，像是身处冷水域与暖水域的交汇处——此处，营养最为丰富，命运也最为叵测，搞不好会在中途沮丧至死，也或许会顺流而下远离航道。

但是我从不如此悲观，我坚信，优秀者正可以将势就势、难时受命，回到文学深处，真正做得好了，留下来的，一定是强健有力的。关于这一代写作者的问题，肯定有，可能还不少。但这一点也不可怕，因为每一代、每一个个体都会面临各自的局限性，但艺术尤其是文学就是一个不断与弱点、困境做斗争的过程，重点在于，我们在写作中有没有明确的自觉意识，有没有逆流而上的能力和勇气。

问：相对而言，70后作家的作品，更侧重于写实，而想象力偏弱。而且“非虚构”概念的提出，某种程度上给这一类作品的出现，提供了更广阔的平台和出口。你如何看待想象力？是否认同我对于70后作家的这一判断？能否谈谈自己的看法？

鲁敏：想象力、虚构能力，这些都是写小说者最起码的技术能力，既然是能力，肯定有的强，有的稍弱。70后也一样。但有一点要看到，70后进入写作时，整个中国文学从先锋主义进入了现实主义，这是一个重要的背景，再狂放的想象力，仍会要兼顾到写实的呈现，我想这多多少少对想象力是一种削弱和制约，但是，一个有追求、有辨识力的作家，应当从其中跳出来，要有“逆行”和冒险的勇气，走出固有态势，打破现实主义四平八稳的魔罩，还原小说应有的异样、诡异、神奇。

总的来说，鲁敏拒绝墨守成规，厌恶平庸，这大概是每一个艺术家最起码的自我期许。

问：在我的印象中，你是特别中规中矩的人，无论是人生之路还是写作之路，都是一步一步脚踏实地走过来。如果我的印象准确，这种“规矩”给你带来了怎样的利弊？如果我的判断不够准确，那么，你认为自己是怎样的作家？

鲁敏：哈哈，你被我的假象迷惑了。内心里，我从不是个“规矩”的人，只怕比一般人还要愤怒、凶狠、悲观。但这不会表现在待人接物中，也不会表现在诸如结婚生子，上班工作等这些日常生活中，却会表现在与自己相处、与小说相处的过程中。正如你所说，太“规矩”对作家来说是问题，但总是“激烈”有时也会成为障碍，会被速度和冲动所裹挟。我想我是一个情绪化的作家，我在尽力协调自己的情绪，我不愿意这情绪化为一池死水，可也经不起总是惊涛骇浪。

问：有作家在研究为什么国外的作家像托尔斯泰等年过八旬依然能创作出优秀的作品，希望能保持自己创作的持久力。你怎么看这个问题？你觉得自己能写到多少岁？

鲁敏：哈哈，我一直很注意锻炼，既锻炼肉身，比如慢跑或游泳，以期盼可以活到一百岁；同时也在锻炼大脑，保持一个阅读与看片的基本量，以期盼可以写到九十岁。写作不是一个年纪到了便退休的职业，可也不是因体魄强健就可以写到九十岁。写作寿命与写作质量，这两者的关系很微妙，比如波兰作家布鲁诺·舒尔茨在街头被流弹击中而亡，死在五十岁的年纪。如果能像托氏，既寿且强，甚好。如果短暂耀目如舒尔茨，也不坏。

问：你在创作小说的过程中最享受的是什么？最困难的是什么？

鲁敏：被某个想法所触动，激动难安，但这时离最终的写作，还有很远的距离。在动念和提笔之间，有一个从激动到推敲的自我辩论的过程，想风格，想手法，想开头又想结尾，一张白纸乱画图，可谓是最有意思的阶段，乐趣无穷，也寄寓无穷。有时太享受了，太兴奋了，甚至舍不得写，因为一旦开写，这些天上飘的伟大想法与无穷野心就要落地了，谁会知道，从高空上掉下来，会摔成什么样呢？

困难一般情况下是与能力是否匹配以及完成度相关。比如清醒地意识到自己的某种能力或经验上的匮乏。眼高手低的绝望。有时外界发生一些扰乱心绪的情况也比较痛苦，尤其在写长篇时。我的理想中，最好能有一段比较机械的、刻板的接近于无聊的外部环境，这最利于写作者在虚构空间里充分地去想象与膨胀。

阅读和所有的事情一样，是有选择的。鲁敏觉得，好的阅读对于增加人生的维度、感受世界的丰富有非常了不起的作用。

问：咱们聊聊读书吧，你有怎样的枕边书？

鲁敏：枕边书有两个极端：一个是享受型的，觉得特好看，“省下来”留到睡前看的。另一个是带点自苦意味的难读型的，因为睡前比较安静，可以集中注意力阅读，同时也是为了顺利地向睡眠过渡。

问：你喜欢在什么时间、什么地点读书？

鲁敏：我挺喜欢几本书同时开始看，这样便于利用零头的时间。单位会有在读的书，家里的餐桌上堆一些，床头、沙发上各有几本，卫生间一般放着新到的杂志。当然这也暴露出我挑挑拣拣、不够专心的态度。但这样几条跑道并行的方式，确乎也会有效地甄选出最中意的“那本书”或“那个人”。在这样类似“淘汰制”的环境中，会有些书闪闪发亮、超前领跑的。

问：你最喜欢哪一类文学作品？

鲁敏：我最喜欢具有专业背景人士的非专业著作，面向大众的带点串门、跨界的作品。比如人类学家写他的田野调查史，验尸医师所写的死亡故事，画家艺术家写的生活故事，昆曲演员写的表演生涯。比如奈吉尔·巴利的《天真的人类学家》、画家朱新建的《打回原形》、艺术家徐冰的《我的真文字》、导演伯格曼的自传《魔灯》、理查德·谢泼德的《非自然死亡》等。

我可能是有一点阅读上的占有欲，所以比较喜欢快读。但碰到喜欢的书，会回过头去认认真真写文章，分析，推荐，品味。这个复盘的过程很有收获，对我而言更是一种乐趣，因为我还喜欢搜集作家的身世背景，脾气，写作习惯，写作生涯中的周边故事等。2019年我出过一本《虚构家族》，就是这样的读书随笔。

问：哪一本书对你的影响最大？哪一本书曾激发你的写作欲望？

鲁敏：这个其实是没有答案的，但是在问答中总是反复被问起。从时间上讲，在我还没有形成任何文学与写作观之前，《艺术哲学》对我的影响比较大。记得大约是1995年吧，我把书带到邮局的营业柜台去看，不免有同事问起，我总不好意思亮出封面，后来索性用报纸包起来，因为这书名在当时那个场所显得有点森严："艺术"倒罢了，还"哲学"！其实丹纳是很有体恤心的，很平和地向读者构建他的实证主义艺术观，调子起得很低，只要稍有些文史底子，并对艺术有基本的常识，便会一头看进去，进入他为你架构的体系：用自然科学的方法来剖析各艺术门类的历史起因、风格形成、流派分别……记得我当时是做了不少笔记的，带着激动而叹服的心情，十几年过去了，那笔记当然已遍寻不见，但那得遇良师、拨雾见光的心境一直记忆犹新，我朦胧地感知到：我中意什么，我对什么敏感，我应当如何喜爱那些美好的东西……这跟我后来的写作，并没有直接关系。但我当时起码知道了一点，在这个世界上，我最愿意与之发生亲密联系的，是美与艺术。其余，皆可忽略或次之。

问：你最理想的阅读体验是怎样的？

鲁敏：外部环境来讲，我喜欢极端天气，暴雨，大雪，但自己所在的小空间很舒适、宜人，这种强烈的反差，会像放大器一般，放大阅读本身的愉悦与幸福感。当然，更重要的是读物本身，希望是一本没读过的新书，并且是绝对佼佼者的好书，每读几页，心里就妒忌得要骂脏话的那种，并由此获得更强烈的文学力量与信心，因为你知道，世界上有人可以写得这样漂亮而智性！什么小说死了、虚构死了、大师死了、读书死了、批评死了的鬼话就统统扔到脑后了。

问：你的书架上最终留下来的是什么书？你会怎么处理自己看过的书？扔掉，卖掉，出借还是捐赠？

鲁敏：读过的书我一般竖着放，待读的我会横在前面。等有机会读完了，想收藏的就归到后面竖起，按文体归类之后，按国别归。也有些书读完了觉得不太有收藏价值，就上闲鱼网站去换“鱼”，“我之砒霜，彼之良药”，也许有更合适的读者正好在找它，而我也可以再从网上换来自己想要的书。以前换办公室时也捐赠过一批给公共阅读机构，主要是文学类的期刊。还有一些师长朋友间互赠的书，可能没有全读，但也保留着，除了情感因素外，也是觉得同时代的写作面貌自有其生态和样本意义。

黄咏梅：我对世界葆有好奇之心

黄咏梅，小说家。1974年出生于广西梧州市，现居杭州。少时写诗，2002年开始由诗歌转向小说创作。在《人民文学》《收获》《十月》《花城》《钟山》等杂志发表小说，多篇被《小说月报》《小说选刊》《新华文摘》等转载，并收入多种权威选本。出版小说《把梦想喂肥》《一本正经》《给猫留门》《少爷威威》《走甜》《后视镜》等。小说曾获人民文学新人奖，十月文学奖，钟山文学奖，林斤澜优秀短篇小说作家奖，汪曾祺文学奖，第十八届百花文学奖等，多次进入中国小说学会年度排行榜。2019年，被浙江省政府授予“浙江省有突出贡献中青年专家”称号。2018年，短篇小说《父亲的后视镜》获第七届鲁迅文学奖。

作家档案

出生日期：1974年4月29日

出生地：广西壮族自治区梧州市

籍贯：广东省潮州市潮安区

毕业院校及专业：广西师范大学，现当代文学专业

血型：B型

最喜欢的个人代表作:《小姨》

文学偶像：艾丽丝·门罗

文学之外的爱好：音乐

想对20年前或20年后的自己说什么：愿你能保持求知的动力，平静聆听并理解生活的噪声

文学观：文学是人生的反射弧

采访手记

短发，圆脸，细长的眼睛，一笑，右颊上深深的酒窝就溢出了欢乐。2011年11月，我和黄咏梅一起参加中国·宁夏首届“黄河金岸”诗歌节峰会，一见如故。其实，我对咏梅的熟知，源于当年流行一时的“小女人”散文。我关注这位活跃的同行，她当时是南方一家媒体的记者，文字清新隽永，深得我心。

十多年后黄咏梅再次进入我的视野，是因为频频在刊物上发表小说，而且屡次获奖。她已不是停留在记忆里的“小女人”咏梅，尽管她还是那么温柔，小鸟依人，她的作品已显示出静水深澜的力量，开辟出一番广阔的新天地。

地域的变化似乎可以看作黄咏梅创作的分水岭。她读书时在广西，多写诗和散文；在广州做媒体工作时，写的小说主要以岭南生活为题材，而且会大量运用粤语方言。比如《负一层》《草暖》《勾肩搭背》《多宝路的风》等等。2012年，黄咏梅移居到杭州生活，小说风格再次发生了质的变化。咏梅曾在散文《在梧州看水》中称鸳鸯江是她的母亲河，熟悉她的读者会感受到作品中流淌着温和却柔韧的气质，以及随意而从容的岭南文化特质。我所认识的咏梅单纯、善良，对她笔下的人物充满体贴之情，她极其敏感地捕捉被我们熟视无睹的日常生活，无论是都市白领《多宝路的风》中的陈乐宜，还是只能出入豪华饭店《负一层》的女工阿甘，都保持着自己的尊严。而收入小说集《小姐妹》中的《睡莲失眠》《跑风》《小姨》等作品，更是把笔触延伸至社会，试图呈现人性深处共通的情感与命运。这些鲜活的人物让我们觉得触手可及，这是咏梅带给我们的共同的“小姨”。

这就是咏梅写作的特点，烟火气十足。但她绝不仅仅是单纯的观察者和写作者，而是和笔下的人物发生内在的生命关联；她不止于贴着人物写作，而是与人物贴心贴肺地写作。

咏梅喜欢猫，自称为“资深猫奴”，猫的安静、孤傲，像极了作家的气息。猫给咏梅提供了素材，她写下《跑风》《给猫留门》等关于猫的散文和小说。她觉得小动物跟人的关系，更多体现的是一种宿命。进入到你生活中的是这一只猫而不是那一只猫，它以一种非亲缘的身份加入日常伦理，成为家庭中的一分子，它和你的关系成为你需要认真对待和处理的一种关系，这本身就很像我们的小说写作，在一个虚构的时空里，恰如其分地处理、建构人与自我、人与命运、人与世界的关系。

在热爱文学的父亲影响下，黄咏梅从识字开始就诵读唐诗宋词。在她的家庭里，读文学作品就好像是一种“家教”，之后自然而然地就开始写作了。

问：处女作发表于哪年？是在哪里刊发的？

黄咏梅：1984年，我十岁的时候，诗歌《月亮妈妈》发表在《梧州日报》“鸳鸯江”副刊。这是我创作的变成铅字的第一篇作品。

问：十七岁就出版第一本诗集《少女的憧憬》，这在当时也引起轰动吧？是不是从小被称为“才女”？

黄咏梅：“轰动”谈不上。不过那是二十世纪九十年代初，人们对文学的关注度比现在高。我记忆中，诗集出来以后，我在梧州市的中学生文学社里做了好几次演讲（那时候还没有什么新书分享会的说法）。当时有一个分管文化的副市长李培鑫，对文化很重视，个人请我喝了一次早茶，又发文号召全市的学生来读我这本诗集。当时年纪小，不觉得有什么，很多年以后，我想到这件事情，才理解到，遇到一个真正爱文化、爱才的官员，还是挺幸运的。慢慢地，诗集在国内的校园文学社团里也有了一些影响，那个年代，学校的文学社比现在热闹多了，满校园都充斥着文学理想、作家梦。那时通信不发达，全靠写信联系，谈文学，谈人生。在读书时代，我收到很多很多全国各地笔友的来信。

小时候听到别人称自己为“才女”，多数是遇到父母的熟人、朋友，寒暄、客套时顺便夸夸身边的小孩，就像现在“靓女”成为一种普遍客套的称呼一样，不过，可能因为这本诗集名叫《少女的憧憬》，我倒是经常会被称为“少女诗人”，直到最近我回老家开研讨会，当地的文友、媒体还会这么称呼，尽管我已不再是少女，甚至现在很多人都不知道我曾经写过诗，但过去的经历就像胎记一样。我的诗和故乡总是联系在一起的，是我写作的一种精神和情感的养成。

问：创作时间这么久，能谈谈你的创作都经历了哪些变化吗？

黄咏梅：如果从体裁上分，还是比较明晰的。读书时代写诗和散文，工作以后开始写小说。单就小说创作而言，如果非要用阶段来分，我认为可以用地域的变化作为契机吧。在广州做媒体工作时，我写的小说主要以岭南生活为题材，而且会大量运用粤语方言。比如《负一层》《草暖》《勾肩搭背》《多宝路的风》等等。我记得第一次给《人民文学》杂志投稿是2004年，当时李敬泽老师在那里当编辑，投了《草暖》和《负一层》两份文稿，敬泽老师给我回邮件表示喜欢，但是《负一层》里的粤语方言实在用得太多了，他一个北方人，阅读起来觉得拧巴、有障碍，后来就换《草暖》和《勾肩搭背》发表了，我一直记得他写在邮件里的意见，希望我对方言的运用要有度，因为作品最终面对的是全中国的读者，不仅仅是粤语读者。后来，我开始注意这个问题，在写《契爷》《达人》《少爷威威》等岭南故事的时候，方言就控制得比较节制和成熟了。2012年，我移居到杭州生活，虽然还是在写南方的日常生活，但粤语方言会随着身边环境的改变而淡化，这种淡化是不自觉的，回过头来看，在杭州写的《父亲的后视镜》《小姨》《给猫留门》《病鱼》等小说里，粤语的运用少了很多，有的几乎找不到了。有时我会想，我在杭州写作，无意识地藏起了粤语方言，是因为我完全是在用普通话去交流和思考，我现在还不会讲杭州话，除了跟家里人通电话，在杭州完全没有讲粤语的机会。但是，正如一些评论家所提到的，我的小说总体还是一种南方的风格和腔调。南方的水和土从我的字和词里流露出来，我想，这是隐藏在方言背后的思维方式和精神气质，是一个写作者的根脉，这是无论哪个阶段都没有变的。

黄咏梅认为，作家要保持长久的写作热情，最重要的就是喜欢写，有表达的欲望。

问：你是从哪年离开媒体的？当记者的经历有几年？这段经历带给你怎样的影响？

黄咏梅：我是2012年离开报社的。刚工作时干过半年民生线的记者，后来就转到副刊当编辑了。再后来，副刊开设了一些文化热点话题的版面，主要是对名家的访谈，采编合一，我既当记者又当编辑。做了大概有七八年吧，陆续采访了一些文化名家。虽然不像很多跑社会新闻的记者那样，可以积累很多创作的素材，但是跟这些文化名家接触、访谈，就得到了关于创作上的启迪，更为重要的是，他们的人文精神和对理想的捍卫，坚定了我选择创作这条道路的信念。

问：你好像很少写关于青春和成长的故事。这和很多作家的起点不同。为什么？

黄咏梅：我倒没有想过这个问题，不过你这么说，好像真是这样的。是不是因为我少时写诗，关于青春和成长的情绪和梦都留在诗里了？等到写小说的时候，已经开始用一种社会人的目光了，更愿意关注他者心灵的成长和困境。当然，也不能这样截然分开，小说中的人物与自我是重叠的，他们在我笔下共生共长。

问：你已经写了多久？最初写作时想过会当专业作家吗？你觉得保持写作长久的重要条件是什么？

黄咏梅：如果从发表处女作那年开始，我已经写了三十七年了。我从小就有一个当作家的梦想。至于专业作家，我一天都没有当过。我之前的工作是在浙江文学院，不是你所认为的那种作协专业作家制度里的作家，除了写作之外，我还承担一些青年作家的扶持项目。当然，因为我别无他长，只会写东西，写作的确是我的“专业”。我认为作家要保持长久的写作热情，最重要的就是喜欢写，有表达的欲望。我一直认为作家是个内心沉重的人，他的心里总是有一块巨大的石头要背负，即使他不在写作，即使他看起来是在闲逛和发呆，但我敢说，他的内心一定比很多人要累，总有一些或浓或淡的唏嘘感慨，总有一些隐忧甚至道不明的思绪，如阴影一样笼罩在他的心里，驱散不掉的。无此，他不会去写作。

作为一个深爱人间烟火的作家，与其挖空心思去猎寻古灵精怪的题材，不如处心积虑去琢磨如何处理好手中的题材。只有讲

好了故事，才能使故事成为真正意义上的小说。

问：很多人认为小说就是讲故事，身处全媒体时代，作家要虚构出一个吸引人或者令人惊奇的故事，你是否感觉难度在增加？

黄咏梅：作为一个以短篇小说创作为主的作家，我最怕在读书分享会上听到读者问："你这个故事是讲什么的？"如何用三言两语复述自己写的小说，我至今依旧觉得困难，生怕讲出来就会令人丧失阅读的兴趣。所以，我认为短篇小说最好是让读者去读，而不是去讲。这不意味着短篇小说不需要讲故事，只是相比长篇小说而言，短篇小说更重要的是看作家如何去讲一个故事，其次才是故事本身。我深知，故事要带给人惊奇，需要作家去猎奇，而世间奇事，在网络世界上应有尽有，作家即使终日刷屏恐怕也难以胜任一个合格的猎奇者，此外，个体的独特经历终究是可遇不可求。作家写出一个令人想象不到的故事，可能会带给读者拍案惊奇的效果，而作家写出一些令人感受到却不知如何说出口的东西，那可能会使得读者拍案叫好。对于一个深爱着日常人间烟火的作家来说，与其挖空心思去猎寻古灵精怪的题材，不如处心积虑去琢磨如何处理好手中仅有的故事。只有讲好了故事，才能使故事成为真正意义上的小说。

我写小说二十多年了。相比最初希望获得一个好故事、好题材的兴致勃勃，我变得冷静了些。我更专注于去抓住并理解人的某些感受，这些感受的内涵远远超出了故事的本身，也不是几句话就能简单概括的。我尤其珍惜那些难以名状的感受，它们被生活的毛线团缠绕得日益粗大。我希望在自己的作品中能准确地将这些感受附着在某个载体之上，传达给读者。这一过程就像在完成一幅生活的拼图。

问：你最看重小说家在创作中表现出来的哪种能力？

黄咏梅：这个问题如果是面对一个已经具备小说创作能力的作家来说，在确立主题、组织素材、结构小说等能力中，我最看重的应该是处理细节的能力。作家捕捉、呈现细节的能力，决定了作品的生命力。你看，我们读过那些经典作品，时间久远，我们可能记不住里边具体的故事情节，但对一些“名场面”总是能津津乐道。比如曹雪芹《红楼梦》中的“黛玉葬花”、施耐庵《水浒传》中，“鲁提辖拳打镇关西”等等类似的“名场面”，一提及便能浮出场景。细节不仅创造了“名场面”，还创造了独特人物。“多乎哉？不多也”的孔乙己，“硬硬的，还在”的华老栓，“圆规”一样站立的豆腐西施，大战风车的堂吉诃德，耗尽人生最后一口气都要抓住镀金十字架的守财奴葛朗台……细节使这些人物隽永。余华的《第七天》里，当几个农村老人得知杨飞父亲患了绝症，“可能是他们的手指手掌太粗糙，他们五个都用手背擦眼泪”。这类精准的小细节，看似无关紧要，但令人会心，给读者留下深刻印象。大多的细节不见得对推动故事走向起到多少作用，甚至有的微不足道，被视为小说中的庞杂，但正是那些精彩而有效的庞杂，延展了小说的意味，显示了作家独特的创造力，如同镶嵌在情节链条上的一粒粒钻石，在读者记忆中闪光、流传。纳博科夫认为，作家需要有“为琐物而疑虑”的才能：“对冲进大火救出邻居孩子的英雄，我脱帽致敬；而如果他还冒险花五秒钟找寻并连同孩子一起救出他心爱的玩具，我就要握握他的手了。”这多花掉的寻找“琐物”的五秒钟，彰显了人性之美，将英雄直接拉至人们身边，握手，乃至拥抱。事实上，小说家为了创造出一个又一个这样的“五秒钟”细节，在生活中不断观察、积累，在阅读中不停汲取、领悟。小说家深知，当那些看起来庸常又庞杂的“琐物”在读者的心里明亮起来时，他们才算讲好了一个故事。

问：你如何看待想象力？你觉得自己属于天才型的作家吗？

黄咏梅：想象力是一个作家必须具备的素质。想象力不仅仅指作家的脑洞大开，即便是一个紧贴地面去写的现实主义作家，缺乏想象力也无法精准地还原现实。但作家的想象力不是胡思乱想、天马行空，只有牢牢扎根于现实逻辑和情感逻辑上的想象，创作出来的作品才能使人信服，使人感同身受。

我肯定不是一个天才型的作家，我只是一个喜欢并专注于写作的作家。

黄咏梅的小说极少是自传体，基本上是他者写作，带着生活过往的各种小人物，在她笔下都是主人公。

问：你的小说中有很多大龄女性，如《小姨》里的小姨，《负一层》里的阿甘，《跑风》里的玛丽等，她们都有一点“理想主义”。在你更多的作品中，女性形象是丰富且多层次的，作为女性作家，你如何看待笔下的女性形象？

黄咏梅：在我的写作里，女性只是一个写作的角度或者视角。当我开始写一个女性的时候，我会按照“一个人”来写她，只不过她跟他的生活形态有所不一样，她包包里有镜子和口红，有卫生巾，她没有足够的力气搬运重物，她容易掉眼泪，但这些并不意味着她生来就应该被照顾，被降低要求，被轻视，甚至被牺牲。写作对于一个作家来说应该像伍尔夫所说的那样——是雌雄同体的。我并不是一个女权主义者，相比“女权”，我更关注“人权”。作家应该挖掘人性的丰富和复杂性，无论这个人物是男性还是女性，相比“女性”，我更关注“人性”。只有当我看到一些男性作家，用他们的笔简单臆造地、轻慢地为女性贴标签、归类甚至为女性代言、编史时，我才意识到，女性作家努力去写出女性真实的困惑和想法是很有必要的，克服傲慢与偏见，去书写笔下的人物，这是对人的一种尊重。

问：在《一本正经》《路过春天》《把梦想喂肥》等作品中，主人公都是从小地方到大城市，你笔下的人物又多是底层人物，关注的也多是日常生活，但是你的文笔变化多端，每一篇打开都有新的发现和不一样的价值。能谈谈你的选材来源吗？当很多人感慨同质化写作太多的时候，你总能给读者创造惊喜。

黄咏梅：刚开始写小说的很长一段时间，我恨不得自己身上长出一只雷达，从生活中搜索有价值的素材，得到一些令我兴奋的故事、细节便激动得心跳不已。后来，随着媒介的发达，任何见闻都可以随着拇指一点分享给大众，“所见”在这个时代如此轻易获得，却让讲故事的作家几乎动弹不得。既难以在纷繁的“所见”中独辟出一条通往小说的蹊径，也难以在虚构的“所见”中获得读者新鲜的目光。写作者在生活中到底还能看到什么？

最近读彼得·汉德克的小说《短信长别》，小说借由主人公“我”这个年轻作家表达了关于写作中“看见”的思考：“当我要描述什么时，我从来都不知道它是什么样子，最多莫过回想起怪异的特征……只有不同寻常的特征和不良的习惯动作会吸引我多看一眼，别的看一眼就不会再去看了；如果我要讲述的话，那只有去想象了；如果想象不出来的话，那我就编造出一些特征，像通缉令一样。于是这些特征取代了整个场景、关联和命运。”这段关于作家“看见”之惯性的思考，令我心里一颤。没有特征的东西是我们习见的，习见往往导致作家的“不见”，这是一种麻木。在“习见”的日常里获得意外的感受，需要作家保持好奇心，孤独地去看和想。我写到现在，还没有题材枯竭的困惑，我对世界依旧葆有好奇心，我总是感到对现实知道得太少了，遇到的很多事都会使我萌生想要了解某个领域的愿望。

黄咏梅的小说散发着浓郁的岭南文化和生活气息，她以细腻的笔触描述人性的幽微，又在小人物的日常中折射出时代的变迁。

问：在《骑楼》《路过春天》等作品中，你也关注到诗人。你还写诗吗？诗歌、散文和小说在你的创作中各占多大比例？你更愿意写什么？

黄咏梅：从写小说之后就没再写诗了。散文偶尔会写写，主要还是写小说。我一直都喜欢读诗歌，至今认为好的诗歌是宝石，散发着文学的光芒。但我现在已经写不出诗了，只能努力、尽力在小说中保持一抹诗意。这说起来令人有点黯然。

问：我很喜欢《非典型爱情》《多宝路的风》《带你飞》《骑楼》。你的爱情描写很有特点，你如何看待爱情？

黄咏梅：写作那么久，很少有人问我这个问题。大概因为爱情这个话题太个体化，也太古老。我那天还在朋友圈里开玩笑说，明明听到一些流行情歌，很容易被里边又纯真又美好的爱情所打动，但我却不会或者说写不出那样的爱情。我的阅读经验里，同行在小说里写的爱情，往往都是“有问题”的爱情，难道小说不负责反映美好的那部分爱情吗？有一个朋友说，只是你不写这类小说。他认为严肃文学作家去写美好的爱情会变得不“严肃”，会显得轻浅和老派。我想了一下，这显然是一种偏见。爱总是带着美好和伤害的，我们只是对表现后者更为拿手，如同擅长写悲剧胜于喜剧一样。但随着年纪的增长，我觉得要很好地写出爱情的美好、深情的那一部分，真的很不容易，要求身处这个时代的作家，承认并相信爱情，视爱情为一件庄严的事情，坚持这样的想法本身就不容易。我还是相信爱情的，我也希望未来能写出美好而庄严的爱情。

问：你的小说里有一些涉及了城乡题材，比如《瓜子》《档案》《旧账》《跑风》等等，主要立足于一群在都市生活的人对农村家乡的回望。你的写作有“乡愁”吗？

黄咏梅：这类小说大多立足于体现城与乡之间的联系与割裂，我对乡村生活、乡土伦理遭遇城市文明、城市伦理所产生的错位比较感兴趣，对于那些根深蒂固的东西被消解的过程感受更强烈。我不会像老一辈作家那样，因为对过去乡村生活的留恋，时常在作品里描写过去的乡村，事实上，他们笔下的乡村已经跟现在的乡村很不一样了，中国的乡村已经发生了很大的改变。但是，他们依然很执拗地在记忆中打捞那个带着深深情感的乡村。我想，这种传统的乡愁，在我们这一代人乃至后几代人身上将很少存在。如果说，我们这一代人有“乡愁”，大概更多地指向我们身处现代社会中，处于现代性冲击所导致的社会急剧变化之中，生命个体的焦虑情绪和怅惘体验。这些情绪体验，在我心中形成了感伤的诗性，体现在作品中，往往带有一种“挽歌”的味道。比如，我的作品中鲜见高大上的主流人物，我更喜欢凝视那些徜徉在都市中的闲逛者、观察者、溃败者、流浪者，他们在城市回望故乡时哼出的是一首首挽歌，而在城市仰望星空，心里每每在酝酿一个个乌托邦式的“逃跑计划”。这些边缘人群成为我笔下最重要的主角，他们以边缘的姿态和心态，代表了我们身处这个转型时期的惶惑感。这种“乡愁”成为一种典型的时代病症，我们这一代作家借由这种乡愁不断追问自己的来时之路和未来之路。

鲁迅文学奖的授奖词评价《父亲的后视镜》：“其中贯彻的深长祝福，体现着宽厚有情的小说精神和人间情怀。”黄咏梅的岭南叙事以其独特的美学样貌、鲜明的文学辨识度成为中国70后作家中的翘楚。

问：近年来的小说中，你的作品中多了老年和死亡的题材。如《金石》《父亲的后视镜》，小说主人公都是古稀之年的老人。你选择此类题材是否也是因为自己深有体会？

黄咏梅：我的确写了不少老年人题材的作品。我经常取笑自己有一个老灵魂。不过，仔细想想，每一个作家似乎都是有老灵魂的。我想，我写老年人的精神状态，或许是潜意识里处理衰老意识的一种方式？是不是也隐含着一种对自我成长的反省？或是对衰老的隐忧？大概都有吧。不过能确定的一点是，写老人、死亡这样的主题，必然跟时间有着密不可分的关系。这些老人几乎都逐渐脱离了时代运行轨道、徘徊在社会的边缘地带，跟他们相比照的是转型的社会、变迁的城市、更迭的代际，他们已经“搞不定”这个时代了。写他们身处其中的困顿和挣扎，实际上是在写人跟时间，跟欲望的对抗。无论身处哪一个时代的人，都必然会做这样的对抗。我对“时间”尤其敏感。时间是常态，也是变化，是物理的，也是精神的，它包裹着世间万象，这会是我反复书写的主题。

问：可否谈谈获得第七届鲁迅文学奖的《父亲的后视镜》？这个短篇是在什么背景下创作出来的？发表后有哪些反响？你觉得是自己最满意的作品吗？

黄咏梅：这个短篇小说是2014年发表在《钟山》杂志的。是我从广州迁居杭州后写的一个小说。那段时间住在运河边，每天，我喜欢沿着武林门往拱宸桥方向散步。我居住地附近的这段运河在市区中心，河道不宽，时常能看到一些运货的船在行驶。岸上车辆密集、来去匆匆，运河上货船稀疏、缓慢，如同两段时间在一个城市里，这种对比，也照应着我那时的生活状态——从一个生活节奏相对快的广州来到相对慢的杭州生活，这些感受是我打算创作这个小说的初衷。小说里的老人当然是虚构的，但人物的形象来自我的一次偶遇。一个夏天的中午，我看到河里有一个老人在游泳，是那种仰泳，看起来特别放松，他惬意地享受着水，我觉得挺有意思的，就在岸上一路跟着他。当他快游到一个桥洞附近时，前方一条沉重的货船正在渐渐逼近，但他却好像看不见，自顾自地在河中央慢游。正如我小说后面写的一样，货船发出巨大的鸣笛声，他也完全不理会。我和其他岸上的人心都揪起来了，朝他喊，以为他是聋子，又给他做手势，他还是没反应，直到船离他不到一百米的样子，他才侧身游到岸边，给船让路，仿佛是在做一个恶作剧。这次偶遇让我印象深刻，老人乐观有趣的形象深植我心。这个小说就借这个老人的形象去写的。

这个短篇发表之后，获得了首届《钟山》文学奖，并进入了中国小说学会当年的短篇排行榜，以及《羊城晚报》的“花地文学榜”年度短篇排行榜，还被收入了一些专家选本。

跟很多获奖作家一样，获奖的小说不见得是他们最满意的小说。这个小说也不是我自己最满意的，只能说它符合获奖的种种标准。作家不是为了获奖而写小说，但是获奖会使作家收拾起常年写作累积起来的懈怠、沮丧等情绪，重新调整自己，更好地挑战本应完成的突破。我觉得最满意的作品还在路上。

黄咏梅认为，任何一个写作者都没有办法逃脱时代的光照，即使选择迂回包抄的方式来呈现，甚至刻意隐去时代背景，我们也能从作品中读到他的时代观。

问：你是否也关注同时代作家？你觉得自己在70后作家中有何独特性？

黄咏梅：我喜欢读同时代甚至是比我年轻一代作家的作品。70后作家的作品当然读得相对多一些。说实话，对“独特性”这个问题我想得不多。我们70后这一代作家存在一个写作共性，就是爱写日常生活，从小切口进入，书写出现实的广阔和人性的复杂。我也不例外。写了那么多年，成熟的作家都会形成自己的风格，我也找到了自己的腔调。我不太擅长讲惊心动魄的故事，小说里的情节冲突也并不剧烈，我在构思一个小说的时候，在对人物设置和故事结构之外，会花更多心思去捕捉细节，也会努力为小说所表达的东西寻找一些意象，从这些意象中获得某类隐喻。可能因为写过诗的缘故吧，我很喜欢隐喻，隐喻会丰富小说的层次，增强小说的不确定性，延展小说的意蕴。另外，我的小说里抒情比重会稍微多一些，我不愿意在小说里掩饰对人物的情感，我以能写出一种为他人而不单单是为自己流下的眼泪为最终目的。

问：作为70后作家，你认为自己的写作跟前辈作家相比有什么变化?

黄咏梅：中国当代的写作的确发生了很大的改变。正如有学者认为，如果设问：你是谁?传统回答是：我是父亲的儿子。现代回答是：我就是我自己。在中国这样一个传统国家，在我们的潜意识里，个体更多地属于我们的家族，个体总是会把自己放于某一种难以割裂的血缘关系里。从这个巨大的传统来看，我们当下的写作最大的变化是，我们正走在这样一条道路上：认识自我，终至确定自我与时代、自我与世界的关系。作为较早感知现代化进程的一代人，同时又深受时代种种变革的影响，我们这一代人对于自我的书写和探寻，显得尤为复杂，也更为决绝。在写作中，我们侧重通过书写日常生活来展示个体。我认为，个体是装载日常生活的最大容器。写日常生活就是写个体在这个时代的生存感、生命感，这种写作要求作家认识到，怎样从日常生活的蛛丝马迹中看见、认识并且呈现出难以言说的时代和历史意义，而不是对现代化生活景观进行审美化呈现。

我写过一篇《暖死亡》，主人公是个患暴食症的胖子，他总是在一点点慢慢地咀嚼、吞食食物，他夸张地展示着现代都市人矛盾的心理状态——既求安，又怕安，既需要俗世，又想要挣脱俗世。正如马歇尔·伯曼在《一切坚固的东西都烟消云散了》这本书里说到的："他们全都被一种变化的意愿——改变他们自身和他们所处世界的意愿——和一种对迷失方向与分崩离析的恐惧、对生活崩溃的恐惧所驱动。"就是这种矛盾、焦虑导致了他的暴食症。小说里这个胖子所探寻的现代社会中个体存在感的问题，最终仅仅转化为一个莫名其妙的困惑——死后火化的炉道能否装下自己硕大的身体？这当然是一种写作上的夸张，是以暴食症的形态呈现现代人精神慵懒的病态。现代化、高科技，说不定我们将来只须插上电源就无事可干了，我们日渐感到满足直至平庸，正是这些平庸让我们失去了感受力，患上精神慵懒症，这种慵懒感会一点点地导致精神在温暖中死去。这仅仅是呈现一个胖子的内心世界吗？在我们改变世界的同时世界也改变了我们。因此，我总是在小说中不断追问：我为什么会成为这样的我？我们为什么会成为这样的我们？

我想，任何一个写作者都没有办法逃脱时代的光照，即使选择迂回包抄的方式来呈现，甚至刻意隐去时代背景，我们也能从作品中读到他的时代观。写日常生活并不等同于只关注自我而避开时代、国家、民族等问题。在我看来，作品里的“我”应该是集体和个人的复合体。既要有集体的宏阔格局，又要有个体的细腻与诚挚，既为民族、时代、真理发声，也为个体、生命、体验动情。通过自我更多地去反映现实与时代，反映现实背后那种形而上的内质。写出这样的作品，是我们这一代作家的使命所在。

问：如评论家所言，你的小说中少有大起大落、撕心裂肺的情节，而多是微尘般的烦恼，琐屑的小情小事。你的笔触也是清明的，饱含着温情的凝视。从你的作品能够看出，你对这个世界充满善意。你如何看待“文如其人”的说法？你觉得自己是怎样的作家？

黄咏梅：作家的个性、气质肯定都会在作品中流露出来，这是隐藏不住的。我自认为我的作品气质还是跟我个人蛮接近的，情感大于理智。我是一个感受型的作家。我越来越觉得“善解人意”这个词是对一个作家的要求。过于强调自我，甚至只认同自我，将自己的意愿和想法咄咄逼人地强加于他人身上，这有碍于作家对他人的理解，而只有同情和理解自己笔下的人物，才能使作品拥有宽阔和深厚的品质。

问：你现在的写作和生活状态如何？

黄咏梅：我一直都不是个多产作家。我的写作和生活都很慢。所以，我感觉杭州这个城市无论生活还是写作都挺适合我的。相比动手写，我目前更享受读书，读各种闲书，甚至一年当中，大半时间是在读而不是在写。

问：写作是否如鱼得水？还有什么瓶颈或困惑吗？

黄咏梅：写作从来就没有过如鱼得水，我每写一个作品都觉得有需要努力克服的问题，有的做得好一点，有的差强人意。我目前在写一个长篇，最大的困惑就是长篇的结构问题。我的小说都以中短篇为主，写惯那种由片段缀合、戛然而止的结构，写长篇肯定不能那样，所以，我一边写，一边读优秀的长篇，向同行学习、借鉴。我写得比计划中的要慢很多。另外，长篇能比较完整地体现一个作家的世界观，有的东西可能自己没想明白，写着写着，忽然发现自己过去的一些执念会被人物动摇。这个感受挺微妙的，人物会有自己的声音和看法，写作里面的确有一个隐藏的作者。

2022年8月，黄咏梅被从浙江文学院调到了浙江财经大学人文传播学院，人生中的角色再次发生变化。

问：从浙江省作协到大学教授，角色发生变化后，你的心态是不是也有不同？

黄咏梅：作协的主要工作是针对青年作家的创作提供服务，面对的是已经开始写作的青年人，现在成为一名教授，虽然主要还是讲写作课，跟自己一直从事的文学事业并不隔膜，但形式不一样了。最重要的是，我将面对的学生不一定喜欢写作，你知道的，大学中文系的学生其实也并没有多少人在写作。但是，我之所以愿意去高校当老师，内心里其实有一种愿望。

问：什么愿望？能具体说说吗？

黄咏梅：我觉得现在的年轻人在文学教育这一块是匮乏的，有很多种原因让我觉得年轻人阅读经典文学的习惯难以形成。我希望学生通过我的课能提高审美能力，多读一些优秀的作品，从作品中获得精神的滋养、情怀的陶冶，并逐渐去理解作品为什么好，好在哪里，当然，要是能激发他们写作的热情则最好不过了。

现在我们提倡的“培根铸魂”，我认为美育既是基础教育的一部分，也是人处于哪个年纪都必修的。文学很重要的一部分使命就是为人提供审美教育，但前提是要有人静下心来去认真读文学、感受文学的力量，所以，我是抱着将好的文学传递、摆渡给年轻一代人的愿望而转行当老师的。我相信，当下有不少作家选择到校园里当老师，也是抱着与我同样的愿望吧。

问：在具体工作中，你是怎么做的？对自己写作的要求发生变化了吗？

黄咏梅：在工作上，我希望能将自己从文学上感受到的种种“好处”都传递给我的学生们。在写作上，我还是希望自己能耐得住寂寞，尽可能专注地去琢磨小说。无论写短篇还是长篇，我都希望尽力去写得更好，去写出更多人在生活中感受得到却没有办法或者没有能力讲出来的东西，如同我读很多优秀作品时的那种感受，要知道，这种“知己感”是多么珍贵，而创造出这种“知己感”，是我写作最大的动力。

张楚：杰出的小说家总会不断地开疆扩土

张楚，曾在《收获》《人民文学》《十月》等杂志发表过小说，出版小说集《樱桃记》《七根孔雀羽毛》《夜是怎样黑下来的》《野象小姐》《中年妇女恋爱史》《过香河》，长篇小说《云落》等。现为天津市作家协会副主席，文学院院长。曾获鲁迅文学奖、郁达夫小说奖、孙犁文学奖、林斤澜短篇小说奖、高晓声文学奖、华语青年作家奖、人民文学短篇小说奖、中国作家“大红鹰文学奖”、北京文学奖、十月文学奖、小说月报百花奖、《作家》金短篇小说奖、小说选刊奖等。有作品被翻译成英文、德文、西班牙文等。2014年，短篇小说《良宵》获第六届鲁迅文学奖。

作家档案

出生日期：1974年4月

出生地、籍贯：河北省唐山市滦南县

毕业院校及专业：辽宁税务高等专科学校，财务会计专业

血型：A型

最喜欢的个人代表作:《云落》

文学偶像：太多了

文学之外的爱好：电影，音乐，篮球，小酌

想对20年前或20年后的自己说什么：未来的风景更美

文学观：文学是一种信仰

采访手记

初见张楚是在鲁迅文学院，头发有些蓬乱，远远看去，张楚不苟言笑，一脸严肃的样子。之所以时过多年依然记得，无非是因为他和歌手张楚重名，至于作家本人，我还不甚了解，当时的文坛活跃着另外一拨70后作家。

但是张楚的名字从此开始频繁跃入眼帘，各种文学期刊上时不时有他的作品，且放在显要位置刊发。而当我集中阅读了他的作品之后，不免相识恨晚。张楚的作品很有劲道，读他的小说，很容易让我想象，张楚就坐在对面，一边喝着小酒一边给你不慌不忙地讲故事。他的声音低沉又有磁性，由不得你分神。他应该还会抽烟，淡淡的烟雾和故事里的悬念缠绕着，听完了让你一声长叹，悲伤、无望，但又莫名地被小人物身上那种倔强的执念感动。

当然，这些只是一念而已。我和张楚很少有交集，偶尔见面也是在会场，我们更多的相遇是在他的文字世界。倒是听北京十月文艺出版社总编辑韩敬群多次提及张楚和他的新长篇《云落》。如果赶一赶时间，张楚完全可以参评某大奖，他却选择沉下心来反复打磨。在被出版人追着一路小跑的作家中，张楚的定力和对文学的敬畏值得尊重。

其实从一开始，张楚就是一个特别有耐心的人。从投稿到发表的过程，他等了七年；写短篇小说《良宵》时，他遇到最大的障碍是对程派的生疏，光听程派就用了有大半年时间，其间搜索了很多与之相关的往事、逸事和绯闻，写完后因为与主题无关又删掉；他对每一部作品都是这样修改的，一点儿一点儿，无所谓快慢。

张楚早期的作品，如《U型公路》《蜂房》《献给安达的吻》等，都有着鲜明的先锋小说的意味。他很庆幸在青年时代遇到了苏童、余华、格非等先锋作家，这使他对小说的认识没有拘泥于传统的认知。如今，那种叙述的方式、节奏、密度和语言，在张楚的小说里已经绝迹。他略有些感伤，因为那些过往的作品写于他最美好的年代。

在那个安静又喧哗、新鲜又陈旧的县城生活多年，张楚习惯凝神打量、揣摩身边那些心怀秘密的人，写下他们生活的不易以及各类复杂的情感，他既体恤并深爱着笔下的人物，同时又不断向往逃离，就像在《云落》里的苏恪以，从年轻时就幻想离开，而《樱桃记》里酷爱地图的罗小军，也一样对远方满怀向往。

读《云落》，很难不去想张楚的短篇《樱桃记》（2004年）和中篇《刹那记》（2008年）里的命运多舛的女孩樱桃。只是樱桃的故事延伸了，变身为万樱，从青春期到成年，从“清水镇”和“桃源镇”来到了如今的“云落镇”，不变的是，她仍是卑微、木讷甚至丑陋的小人物，走在人群里也许瞬间会被淹没，内心世界却浪潮奔涌，阳光下闪着粼粼的光芒。

促使一个人写作的原因，在张楚看来，无外乎两种：一是热爱，一是孤独。

问：你是从什么时候爱上文学的？是受谁的影响？

张楚：有的孩子从小力气大，长大后可能会成为举重运动员；有的孩子从小对颜色敏感，长大后可能会成为画家；有的孩子从小喜欢读书写作文，那么，他长大后可能会成为作家。天赋和热爱，会引导着一个人走上独属于他的道路。

问：听说你大二时开始写作，当时写的是什么题材？投给谁了？当时与编辑的交往是什么情况？

张楚：1994年高中毕业后，我写了一篇没有完成的小说，叫《野猫的春天》，那可能是我真正意义上的写作开端。1995年秋天，大二，我给《收获》杂志投了短篇小说《小多的春天》，编辑给我回了封手写退稿信，没有署名。从某种意义上讲，在正式发表作品之前，这封退稿信一直激励着我。

问：2001年，你在贵州的《山花》杂志发表处女作《火车的掌纹》。这篇小说是什么题材的？也是自然投稿吗？

张楚：《火车的掌纹》写的是一个大学生公务员考试结束后，在回学校的火车上发生的故事。它没有什么戏剧性，侧重的是日常生活中微妙的情感波动与成人秘密。记得那几年，每个月我都会给《山花》投一篇小说，然后认识了编辑邓憬，她刚上班，我们经常在电话里交流跟小说相关的一切。

问：是什么原因促使你坚持写作的？你如何选择对口的刊物和编辑？你的文学创作之路上有引路人吗？

张楚：促使一个人写作的原因，我觉得都差不多，一是热爱，一是孤独。我那时订阅了很多文学杂志，然后揣摩杂志的风格，再根据风格投稿。在初始写作的时候，通过投稿和网络，我认识了很多师友，李修文，黄梵，王继军，李敬泽，宁小龄，吴玄，喻向午，李双丽……他们让我觉得写作不再是一件孤独虚妄的事。

问：2003年，刚走上文学道路没两年，你就能在《收获》《人民文学》等大刊上发表作品，你的创作道路还算顺利吧？是不是几乎没有经历过退稿？

张楚：我从1994年写作到2001年发表第一篇小说，经历了七年的时光。这七年里，我收到最多的就是打印的退稿信，当然，更多的时候是杳无音信。

问：这七年，你是靠什么支撑着一路写下来的？每次收到退稿信，你不觉得气馁吗？

张楚：我觉得写作者要有自信。能一路坚持下来，自信心非常重要。

一个人的阅读趣味和审美标准跟味蕾相似，一旦形成就很难改变。

问：能否谈谈你的童年阅读？

张楚：关于阅读的最早记忆，是小学二年级的夏天，我坐绿皮火车从北京回老家时，看了三本《森林大帝》。书是对面小男孩的。因为只有三本，之后的很长一段时间，我都在猜测那只小狮子的命运。三年级时在大同生病住院，病友有一套《排球女将》的小人书。我当时很好奇为什么女主人公的名字是四个字。后来护士阿姨告诉我，小鹿纯子是日本人，我记得当时特别震惊。出院的时候已经是夏天了，部队大院的花儿都开了，每天除了去一个解放军阿姨家抄写她女儿的学习笔记，就是翻阅家里的三本书。一本是《白话聊斋》，一本是《唐诗三百首》，一本是1980年第6期的《世界文学》。《白话聊斋》里印象最深的是《席方平》和《婴宁》，《席方平》恐怖绝望，《婴宁》则异常甜美；《世界文学》开篇是《了不起的盖茨比》的下半部分，看不懂；《唐诗三百首》是竖版繁体，只是翻着玩，里面有股墨香。到了五年级，回了县城老家，特别痴迷《儿童文学》和《作文通讯》，其次是小人书。电影院前有个出租小人书的老头，我在他那里陆续看完了《七剑下天山》、《萍踪侠影录》和《飞狐外传》。我小时候极其渴望当一名行走江湖的大侠，老缠着父亲送我去武术学校。

问：你的阅读是受谁的影响？

张楚：小时候家里没有电视，也没有网络，除了跟同学淘气，就是安静地看书了。那个时代的人，只要识字，都很喜欢读书。因为那是获得外面世界信息和知识的不多的途径之一。

问：你是自然而然选择阅读的？都看什么书？你会经常和同行交流阅读心得吗？

张楚：我觉得还是受时代的影响。上初中的时候，订阅了《读者文摘》和《少年文艺》。我在《读者文摘》上经常读到席慕蓉的诗和张晓风的散文。那时候，琼瑶和三毛已经在初中校园里流行了，另外就是金庸、卧龙生、陈青云他们的武侠小说。高中的时候，我很喜欢三毛和古龙。有段时间厌学，老叔从外地给我邮寄了很多三毛的书，包括《滚滚红尘》的剧本。她的文字治愈了一个老想逃离县城的青春期少年的焦虑症。当时有位同学家里有很多本《收获》杂志，我常借来读，自己也偶尔从邮政局和书报亭买《花城》杂志。这些文学杂志让我知道了小说原来是这个样子，跟我印象中的不太一样（那时已经读过了《罪与罚》《飘》《忏悔录》《红牡丹》《围城》《你别无选择》）。现在回想，那是先锋文学即将落幕的时期。1994年高考前，我读到了王小波的《革命时期的爱情》和林白的《一个人的战争》，感觉很震撼。上大学后，只要有时间，我就去图书馆读文学杂志，当时长江文艺出版社出版了一套“跨世纪文丛”，我基本买全了，这套书算是让一个学财务会计的大学生对当代文学史有了一个基本的概念。当时文学杂志上会提到很多外国作家，比如博尔赫斯、卡尔维诺、纳博科夫、普鲁斯特、福克纳、罗伯-格里耶、西蒙、杜拉斯，我就去图书馆找来看。可以说，我受文学杂志的影响特别大。

2000年之前，没有人跟我聊文学。那时在国税局工作，天天都跟纳税人打交道，慢慢学会了喝酒、抽烟、交际，跟同事关系也好，却时不时感到孤单。有一回去一家制衣厂进行一般纳税人审核，发现老板的办公桌上有本诗歌杂志。秘书说，老板写诗。当时挺想跟他谈谈文学，可又觉得不好意思。那次之后，我知道县城里有很多秘密写作的人。

后来，我认识了县城里的一些小说家和诗人。我们亲如家人，经常交流阅读心得，彼此给对方推荐喜欢的经典作品。之后网络BBS兴起，2001年，我在橡皮、他们、诗江湖等论坛都潜过水，后来被李修文叫到“新小说论坛”去玩。在那里，我认识了来自五湖四海的文友。我曾专门写过一篇关于“新小说论坛”的随笔。那是特别美好的一段时光。我恍然发觉，这个世界上原来有那么多跟自己一样在黑夜里行走的人。

我现在会在微信朋友圈或者在豆瓣上看朋友们在读什么书，推荐了什么书。一个人的阅读趣味和审美标准其实跟味蕾很相似，一旦形成就很难改变。

问：你的阅读兴趣会常常发生变化吗？

张楚：其实我的阅读趣味很单一，对喜欢的作品会经常阅读。不喜欢的，读过一次后就再也不碰了。我是那种语言审美比较杂的小说家，能接受不同的语言风格。我不喜欢那种自以为是，其实又没什么才华的作家，当然，还有那些糟糕的世界观。

年轻时候的写作对于张楚是一件很爽的事情，如今写作更多的是一种自律。

问：在写作过程中，你是否要不断从相关图书中寻求帮助？

张楚：我觉得用“帮助”这个词不太准确。在写中篇和短篇时我一般心无旁骛，通常一气呵成，外界最好不要有任何干扰。长篇不一样，长篇涉及的知识太庞杂、太专业了，而世界上从来就没有一个全知全能的写作者，对于一些情节和细节，为了保证其准确性，我必须大量查阅相关资料、走访专业人士。这个过程是一个自我拓展的过程。

问：你认为最理想的阅读体验是怎样的？

张楚：是被打动的，这种打动包括两层含义：一是被书的内容打动；二是被作者的才华打动。

问：你有所谓的“枕边书”吗？

张楚：我的“枕边书”都是流动的，没有固定的。往往是一本书读完了就束之高阁，然后开始在下一本书里旅行。

问：你会重温读过的书吗？反复读的书有哪些？

张楚：我读书时很认真，会在书上做笔记，勾勾画画的，所以不喜欢往外借书。反复读的书其实挺多，《八月之光》《复活》《豹》《北方档案》《盲刺客》……

问：你在创作过程中最享受的是什么？

张楚：说不清楚。年轻的时候感觉写作是一件很爽的事情。现在的写作，更多的是一种自律，快感减少了，但是那种绵长的愉悦感和焦虑感，跟年轻时没有太大的区别。

与所受的文学影响有关，张楚开始写的都是先锋小说。除了在语言上的试验，小说几乎没有什么完整的故事性。

问：你早期的创作受谁的影响比较大？ 70后作家好像或多或少都会受到先锋作家的影响？

张楚：早期喜欢的作家很多，卡夫卡，米兰·昆德拉，苏童，格非，余华，孙甘露，铁凝，林白，王小波，毕飞宇……的确，一开始写的都是先锋小说。除了在语言上的试验，小说几乎没有什么完整的故事性。

问:《曲别针》《草莓冰山》《旅行》《蜂房》《穿睡衣跑步的女人》等等，包括后来获鲁奖的《良宵》，都是你在滦南县国税局工作期间完成的吗？那时你的创作状态是怎样的？

张楚：我在国税局工作了十八年，前期的重要作品都是在那个时段完成的。从国税所到税政征管科，办公室，党委，日常工作都很繁重，我都是在周末或节假日的时候写作。

问：你的笔下都是小人物，你跟笔下的人物是怎样的关系？

张楚：互为镜像，他们是“我”，“我”也是他们。

问：小镇是你的创作场域，“倴城”是你很多小说的底色，也常常以“桃源镇”的名字出现，比如《冰碎片》《夏朗的望远镜》中的小说场景，《因恶之名》中有桃源县清水镇，《樱桃记》《献给安达的吻》中有桃源县清水街，《关于雪的部分说法》《夜游记》的故事发生在蓝城……你如何看待自己笔下的小镇？

张楚：县城作为一个特殊的符号，代表了中国现代化进程里最具有典型性的一环。在县城里，人们的精神世界可能会很保守，但他们内心也有着波澜壮阔的秘密。

曾经有一度，张楚感觉到写作的无意义，那些伟大的情感与故事都被写尽了。这样想固然绝望，却是一段自省与回望的时光。

问:《中年妇女恋爱史》小说集中收入的作品，有的我看了不止一遍。你的小说对人物心理的刻画非常准确生动，尤其是女性。能否重点谈谈《中年妇女恋爱史》的创作过程？你是如何把握女性心理的？

张楚：我觉得自己不是一个了解女性的作家。事实上，那些富有戏剧性的故事大多发生在女性身上，相对于男性而言，女性更温和，柔软，善良，对抗世界的方式更简单纯粹，正因为如此，她们受到的伤害可能更多，也更深。我在小说里很少涉及女性心理描写，行动和事件可能是诠释她们的内心世界、描摹她们精神图谱的最佳方法。

问:《中年妇女恋爱史》以每五年（或六年）作为一个时间单元，以“编年体”叙述了主人公茉莉从少女到中年的“恋爱史”，每段故事的间隔插入融合真实和幻想的“大事记”。你为什么采取这样的叙事结构？

张楚：我们日常生活中的蝇营狗苟或爱情中的甜蜜与伤感，在人类文明进程中可能没有任何意义，但是对当下的我们而言，却是最重要的人生历程。地球文明在更高级的地外文明眼里，就像我们眼里的灰尘和蜉蝣。我始终相信，宇宙里有许多双眼睛在凝视、观察着我们。《中年妇女恋爱史》中，在大事记里写到外星球的一些逸事，就是想拓展小说的精神内核。

问:《中年妇女恋爱史》和《直到宇宙尽头》，包括《朝阳公园》，都涉及了你对宇宙的迷恋。青年作家林培源甚至将这三篇概括为“宇宙学”系列。你怎么看?

张楚：我很赞同他的观点。不过《朝阳公园》应该是一个例外。它其实是对我的一段童年往事的杜撰和篡改。

问：那你如何看待评论?你会和评论家们交流吗?你觉得评论会影响自己的创作吗?

张楚：有机会的话会跟评论家进行深度交流。这种交流在某种程度上会印证自己对小说的认知。

问:《中年妇女恋爱史》的创作时间跨度为2015—2017年，能否谈谈你这一段时期的创作风格有怎样的变化?

张楚：现在回想起来，这段时期其实遇到了写作瓶颈。以前是东一榔头西一棒槌地写，随心所欲，无规无矩。后来感觉自己的小说都是垃圾，写作并无意义，那些伟大的情感与故事都被写尽了。这样想会很绝望，却是一段自省与回望的时光，也许，每位小说家都会经历这样一段必要的虚无主义时期。后来我尝试着进行主题性创作，于是写了一组关于女性的小说，包括《直到宇宙尽头》《金风玉露》《中年妇女恋爱史》，又写了一组关于河流的小说，包括《水仙》《盛夏夜，或盛夏夜忆旧》《听他说》。

问:《风中事》中关鹏莫名收到的短信“你会后悔的”，以及《因恶之名》中小琴为什么会自杀，看到最后也没有答案。你心里有答案吗？还是有意留白？

张楚：这是刻意的留白。中篇小说如果血肉过于饱满，反而不真实。

问:《盛夏夜，或盛夏夜忆旧》、《水仙》、《听他说》、《金风玉露》与《伊丽莎白的礼帽》，都和一条名为“涑河”的河流有关。《盛夏夜，或盛夏夜忆旧》中有关于“水的死亡”的思考。关于河流，在你的小说中有何寓意？

张楚:我的家乡滦南有一条叫北河的河流。它的名字很普通，却流淌了上千年。曾经一段时间我最焦虑的事情，就是害怕北河干涸。多年前的夏天，我每晚都会跟朋友绕着大桥东侧跑步。那是饱受折磨之时：眼看着水位一点点下降，眼看着岸边嬉戏的鱼虾死在淤泥里，眼看着成片成片的荷花渐渐枯萎，一把火都能点着。等到7月，台湾淡江大学的朋友来访，带他们坐船游河，游船竟然在河心搁浅……那是怎样的一种焦虑？夏天的傍晚，我都会站在河边的星空下暗自祈祷，希望上苍保佑北河度过这干涸之季。那个冬天也几乎没有下雪，夜晚的北河在星光下似乎仍在挣扎。到了2016年夏天的某天，我正在美国，朋友在微信里迫不及待地通知我，政府往北河里引滦河水了，快回家看看吧！

北河被救了。我内心的喜悦难以言表。虽然北河越来越瘦，跟我儿时的北河判若两“河”，但是因为有了这一条河，整个倴城都灵动妩媚起来。它流淌了千年，在风云变化中默默守护着一方儿女。一条河的消失对地球没有任何影响，但是对滦南人来说，那是最不能忍受的事情。

流动是河的宿命，无论怎样，它活了下来。普劳图斯说，不知哪条路通向大海的人应该找一条河流作他的旅伴。我不想寻找自己的大海，但是我愿意在风尘仆仆的旅程中，心中永远流淌着这条有着最平朴名字的河流。我也希望，它会时不时地、不经意地出现在我的小说中。

张楚的很多作品，描写现实的残酷、生存中压抑的情绪和生存境遇。他不喜欢平铺直叙地讲述普通的事件，总希望能够在密林中发现一条少有人迹的小路。

问:《樱桃记》讲述了一个小镇少女的成长史。《中年妇女恋爱史》在某种程度上也是在写茉莉的成长，描写笔下人物的成长史，你是怀着怎样的心情？怀念？悲悯？

张楚：我们一直习惯往前走，并且叮嘱自己不要回头。世界总是不经意地伤害我们，勇敢前行是最好的选择，但是回望过往，可能会让我们的步伐更加坚毅。无论是樱桃还是茉莉，在我的少年时期和青春期，她们都是最真实的存在。回望故人曾经的脚步，可能也会让我步履不停。

问：《关于雪的部分说法》描写了城镇居民的空虚、无奈甚至无聊，《蜂房》描写蜂乱事件、精神病症和出轨乱性，荒诞离奇且无序，却反衬了小城的波澜不惊。在描写现实的残酷，生存中压抑的情绪和生存境遇时，你好像总能独辟蹊径，四两拨千斤？

张楚：其实我的小说，无论是故事还是人物，一般都有原型。但是小说家不能懒惰地照搬现实生活，他必须在原型的基础上重新构建和阐发。另外，小说的视角，或者说角度很重要。我不喜欢平铺直叙地讲述普通的事件，我总是希望能够在密林中发现一条少有人迹的小路。

问：《金风玉露》中的美兰相亲多次，与潘姓男子两次见面，但男人却认为与她只是初识。我看完之后觉得很悲凉，女人和男人对感情的认识和信赖有着天壤之别。我很想了解你在这篇作品中想表达什么，是现代人情感的困境和虚无吗？

张楚：小说的故事内核，是十几年前我的朋友李修文跟我聊天时讲述的一段生活。多年过去，这个内核一直在我心里膨胀。膨胀到爆破时，便成了我对这个虚无世界的一个微小注解。

问：《略知她一二》收录了你不同时期的作品，对于过去的作品，你会经常回头看吗？回顾二十多年的创作，你觉得自己经历了怎样的变化？

张楚：我很少回头看自己的小说。有时候只记得小说的内容，名字却忘记了。写作二十多年来，我的语言和关注点可能发生了一些变化。这些变化也不是刻意求来的，而是我被时光熬炼的结果。

问：在《多米诺男孩》中，冀东平原上一座小城的青春与怅惘清晰可见。这个城镇，有时候名为“云落”，有时候叫作“桃源”，而那些小城青年仿佛是我们的邻居。你如何看待小城青年在小说中的群像？

张楚：我也曾经是一名小镇青年，他们的苦恼、追求、失落和渴望逃离桎梏的冲动，我深有体验。书写他们的内心世界，不是我自己的选择。我感觉是县城选择了我。

2014年，《良宵》荣获第六届鲁迅文学奖短篇小说奖。授奖词中提到：在一个短篇的有限尺度内，张楚在白昼与夜晚、喧哗与静谧之间戏剧性地呈现当下的复杂经验，确立起令人向往的精神高度。

问：可否谈谈《良宵》是在什么情况下创作出来的？

张楚：《良宵》的创作灵感来自多年前从网上看到的一则故事。一个小男孩，在外打工的父母，因卖血得了艾滋病。男孩一生下来就是携带者。后来父母双亡，村里人把他驱赶到一座小山上居住，院墙用篱笆圈起来。奶奶每天去给他送饭，小伙伴们也经常背着大人去找他玩耍。当时他才8岁。我看了网上的报道和图片，很震惊。艾滋病人也是病人，理当获得更多的关爱。这是一篇小说的好素材——当时脑子闪过这个念头，却没往深里想。后来，我的一位戏迷朋友常常给我讲戏剧名伶的故事，听了很是感慨。就想，如果让她遇到小男孩，命运会发生怎样的化学反应？也许，这就是《良宵》的种子吧。种子总会有破土而出的那天。

问：《良宵》的创作过程顺利吗？

张楚：不是很顺利。我对戏曲根本不了解，有大半年时间我都在研究程派。这部作品在我的创作中是个意外，跟以往整体风格似乎有些游离。

问：《良宵》中设置的开放式结尾，让老人与男孩的未来变得模糊，也赋予了故事温暖的元素。你一向特别重视故事的结尾，能否谈谈你对于小说结尾的思考？

张楚：小说的结尾的确重要。它直接影响到小说精神架构的表达与延拓。

问：即便是短篇，你也特别有叙事耐心。比如《良宵》中就有很多细节的描写，比如对村庄夜晚的描写，对于做饭的描写——对于短篇来说，似乎这种铺排有些奢侈，但是又觉得是必需的，这样描写才有意境的提升。这种分寸大概是创作中很难把握的吧？

张楚：短篇小说就是写细节，它不同于中篇小说，需要一个完整的、棱角分明的骨架来支撑。短篇只要有一两个闪光的细节就足够了，其他都是为细节做铺垫、做准备。在这个过程中，氛围的渲染、看似没有必要的景物描写或者出场不超过两次的人物，其实都是必需的，它们都有自己的使命。短篇小说必须沉得住气（中篇有时候倒可以轻浮些，毕竟它的体量在那里），煞有介事，才能让细节在最后膨胀起来，当然，如果膨胀到爆炸是最好的。在这一点上，我觉得美国现当代作家做得最好，比如罗恩·拉什、理查德·福特、雷蒙德·卡佛、海明威。另外，一些爱尔兰作家也是短篇高手，譬如特雷弗、托宾、吉根。在他们的短篇小说里，你总能找到最能触动你情感的触须。

问：你如何看待短篇小说创作？短篇小说不但创作上不易藏拙，而且在出版市场上也不如长篇叫座儿。

张楚：关于短篇小说的论断，我觉得李敬泽先生的那篇《格格不入，或短篇小说》做了最准确的解释。他说，短篇小说是喧闹中一个意外的沉默，它的继续存在仅仅系于这样一种希望：在人群中——少数的、小众的读者中，依然存在一个信念：那就是，世界能够穿过针眼，在微小尺度内，在全神贯注的一刻，我们依然能够领悟和把握某种整全，或者说，它击破围困着我们的浩大的凌乱，让我们意识到那一切就是“凌乱”。这是沉寂、猛烈的一刻，这一刻在我们的生活中如此珍稀、奢侈，令人心慌。李敬泽先生在另外一篇文章里也曾经谈到：短篇小说与数量无关，与版税无关。我觉得关于短篇小说的秘密，他全都直言不讳地说出来了。

问：在获得鲁奖前，你了解鲁奖吗？获得鲁奖对你的创作状态有影响吗？

张楚：我知道鲁奖是中国最重要的文学奖项之一，可从来没奢望过自己能获得这个荣誉。感谢那一届评委们对我的信任与厚爱。

我那时候在国税局每天忙着做党务工作，获奖对创作状态没有什么影响。

问：知道获奖后你是怎么庆祝的？

张楚：除了跟朋友喝酒，好像也没有更好的庆祝方式。

作为小说家，张楚“时常沉溺于生活本身，并且不能自拔。淹没在芸芸众生中的我，最重要的创作源泉就是身边那些最普通的人”。

问：在如何书写中国故事上，能否谈谈自己的经验？

张楚：作为一名小说家，他的本职工作首先是写，可如何去写，写什么，如何在纯文学式微的大背景下满怀信心地构建自己的城邦和疆土，如何把具有中国特色的故事讲好，在讲好的同时保持文本的独特性并体现出人文关怀，确实是一个值得认真思考并谨慎实践的问题。

作为一名多年生活在县城的小说家，我其实很少考虑这些形而上学的问题，我时常沉溺于生活本身，并且不能自拔。淹没在芸芸众生中的我，最重要的创作源泉就是身边那些最普通的人。在大多数情况下，他们沉默，只有在特定时刻，他们身上才散发出耀眼的光芒。作为小镇居民，他们多保留着“复制人”的美德——你无法在他们身上刻意挖掘出更多的情感类型和不安分因子，你只能依赖自己的想象和粗糙技法，将降临到你身上的灵感战战兢兢地转化为人们称之为“小说”的东西。所以我想，对我这样一个慢性子的小说家而言，身边这些没有个性的男人或女人（如穆齐尔所言），他们身上显露或隐藏的秘密，以及这些秘密背后不为人所知的缘由，可能才是最真实的中国人的故事，才是有个性的、独立的，甚至是永恒的故事。他们貌似波澜不惊，真相与镜像早融为一体，你无法用更多的技法和力量去做更多的阐释与勾芡。

关于如何艺术地、技术地去构建和表达他们，我只能简单地说点自己的浅薄认知。文学普泛审美价值的存在，赋予了文学标准一定的世界共性。但是由于民族心理差异、习俗差异、艺术表达方式的差异这些标准的介入，国外的故事和中国的故事，讲述的重点和意义肯定有所不同。我们这代人，甚至是后面几代人，其实在写作姿态上都有些保守和自足，大多数情况下，我们更愿意以故事为核心，不自觉地遵循着某种机械的、有套路的写作条规。生活在我们笔下烟火气十足，对人性却缺乏更深层次的挖掘打捞，对文本也没有创新意识。我们在小说创作上呈现出某种只可意会，不可言传的沉默，这使小说的同质性和模糊性日益明显，也让我们的小说显得呆板、木讷、拘谨。

贺仲明先生在《重建我们的文学信仰》中，曾经这样说过："首先作家们不能满足于书写生活的表面和外在形式，而是要揭示出表层生活背后的独特文化底蕴，激发出独特民族审美精神的活力，呈现出真正的民族个性；其次，它需要更清晰地辨析和扬弃自己的民族文化传统。"我赞同他的观点。

问：你的小说特别好读，有悬念，具备畅销书的元素，同时又不失纯文学的水准。你如何看待小说技巧的运用?

张楚：刚开始写作的时候，肯定都是自发性写作。自发性写作有一个特点，就是拥有澎湃的、荷尔蒙性质的写作冲动，这种冲动是力比多天然分泌的必然结果，它懵懂、无知无畏，充斥着张扬的气息，当然，因为天然无雕琢，作品可能会显得粗糙，可是元气充沛的文字和青春气息弥补了它的缺憾。在这个过程中，很多天才作家写出了自己毕生的代表作。当然，大部分写作者虽然有才华，但并不是天才，即便如此，他还没有遇到创作中真正的困难。

等短暂的自发性写作结束，作者就进入了自觉性写作阶段。从自发性写作到自觉性写作，符合创作的逻辑性。在这个阶段，写作者褪去了创作的冲动和无畏，变得缩手缩脚，变得不那么自信，他会遇到很多写作上的困难和困惑。比如说，什么样的语言才是好的语言？一个作家在创作时，不同的文体是不是要使用不同风格的语言？结构如何构建？短篇小说的结构是否越简朴越具有力量？人物关系如何在叙事推进中迸发出内部力量？诸如此类的疑问会越来越多。而解决这些困扰的最好方式，可能就是小说技巧了。大部分创作者会在写作实践中摸索出属于自己的小说技巧，在慢慢解决上述困惑的同时，逐渐形成自己的风格。

对于小说的庸俗性，张楚有一种本能的警觉。他认为，人类的情感类型很单一，可情感的纹络却如雪花一样，没有一条是完全一样的。

问：你对生活的这片土地抱有一种怎样的情感？你的几篇小说中都有“火车”“公路”“旅行”等字眼，是表达一种有意的逃离吗？

张楚：作为一个天生热爱自由的人，以前在县城工作时，我常常有一种窒息感。用外部的眼光来看，那时的我很年轻，生活也没有什么缺憾，工作稳定，家庭幸福，有帮狐朋狗友。可我老觉得不满足。现在回想，可能是因为精神交流匮乏的缘故吧？简单来讲，就是写作的孤独感：你不敢让别人知道你在写小说，会被人说不务正业；没有人和你坦诚地谈一谈关于小说的一切，更别提精神上的同频共振了；投稿也是屡投不中，不知道哪一天自己的文字才能变成铅字……这所有的一切叠加在一起，让我觉得抑郁，并且幻想着某日逃离此处。正是在这种心态下，那段时期的小说里总会出现“火车”“公路”“旅行”这样的字眼或意象。

问：有评论认为，“张楚的抱负在其小说的复杂呈现中体现得淋漓尽致，一方面警惕模式化，积极寻求探索；另一方面变革本身也还是循序渐进，不急不躁。作家本人与其作品正是这样互映互证”，你怎么看？

张楚：我不知道这句话是谁说的，可觉得他说得挺准确。无论是在生活中，还是在创作中，我都不是个急性子的人。即便是短篇小说，酝酿期最少也要一年半载。

问：你对笔下的人物非常熟悉，同时也充满理解和同情。听说小说中有很多真人真事？你的素材一般怎么获得？

张楚：没错，我的很多小说人物都有原型，当然，所谓原型可能只是为我提供了一种原始的叙事冲动。在创作过程中，事件和人物的合拢、变形、延展是每一位小说家都会考虑的问题，只是真实和虚构杂糅的比例会有不同的选择。我的素材来源很简单，一是现实生活，二是网络新闻。现实生活中我有很多朋友，他们年龄、性别、职业、性情各异，看起来都是很普通的人，可是我知道，他们都有着波澜壮阔的内心世界。觥筹交错时，他们会为我讲述县城里最劲爆的新闻和小道消息，我时常在他们的讲述中察觉到属于小说的美妙元素。至于网络新闻，更多时候像咀嚼过的甘蔗。

问：你的每一篇小说都不落俗套，我很想了解你在小说创新上的思考。

张楚：说实话，我自己没有想过小说创新的问题，不过在选择题材时，我尽量不去考虑别人已写过的故事。人类的情感类型很单一，可情感的纹络却如雪花一样，没有一条是完全一样的。对于小说的庸俗性，我有一种本能的警觉。

问：你的叙事非常饱满，很有力量，语言简洁朴实却直击人心。能否谈谈你对语言的追求？

张楚：刚开始写作的时候，我喜欢复句，喜欢形容词，喜欢新奇的比喻句。这可能和旺盛分泌的荷尔蒙有很大关系。从《草莓冰山》开始，我喜欢简洁、朴素、有力的短句。一名小说家语言风格的变化，可能跟他与这个世界隐秘关系的变化有关系吧？

问：你的创作一直在关注周围小人物的孤独。你的创作也是孤独的吗？是否可以说，你很享受这种孤独？

张楚：每一个小说家在创作的时候都是孤独的，也都是幸福的，当然，肯定也伴随着焦虑不安。享受孤独是每一个人的必修课。幸运的是，小说家的孤独并不狭隘。

据说，关于《樱桃记》与《刹那记》，张楚一直想象在合适的时候将它们放在一起“拍个小成本的文艺片”。文艺片没拍，却汇集为近四十万字的《云落》。

问：你喜欢给笔下的城镇起名“云落”，而樱桃和罗小军直接就是《樱桃记》里的主人公。有种说法认为，作家一生都是在写同一部作品。你怎么看？你是怎么想到要以“云落”为名写一部长篇小说？和此前的中短篇是否有某种延续？

张楚：所谓一生在写同一部作品，估计是说作家一辈子的精神内核变化不大，比如他关注的人群，作品表达的世界观，小说惯用的结构及语言，从某种意义上来讲，都是在克隆他以前的作品。这样的作家其实不多，更多的写作者随着时光的变迁会发生藕断丝连的嬗变。杰出的小说家更是会在文本和语言上开疆拓土。

《云落》这个名字是无奈之举。我想不出更恰当的了。这部小说是一个全新的构建，如果说和之前的中短篇有某种延续，可能是我对县城精神的理解并没有发生太大改变。

问：《云落》的故事好看，充满悬念，每个人都带有一种神秘感：明的暗的，真实又荒诞，新鲜又陈旧。天青的身份、常云泽的身份，来素芸的小女人的身份……这些故事都有来处吗？你写小说是先确定书名吗？

张楚：这些故事多多少少都有来处。即便是最极端的后现代主义写作，无非也是现实生活折射出的镜像，我们可以在变形和扭曲中探究事物的本真面目。

很多短篇小说可能来自某个瞬间或某个意象，这时可能会先有小说的名字。中篇基本上是在创作过程中，名字就自己冒出来了。

《云落》通过日常普通的细节推动整部小说的节奏，生机勃勃的县城生活反射出大时代的光彩以及褶皱里的尘埃。

问：不同阶层、不同职业的人物纷纷登场，企业老板、参加灵修的各色人等、底层讨生计的芸芸众生……你在驾驭的过程中，感觉有哪些难度？

张楚：这是我的第一部长篇，所以写起来不像写中短篇那样得心应手。难度是有的，主要是小说结构和人物关系的构建。长篇的结构定下来，类似于房子打好了地基，剩下的按部就班运行就行。这部小说的结构是复调，基本上是四个主要人物的声音在讲述。即便是复调，他们说话的节奏、频率、音调、音量也是不同的，如何安排“合唱”中每个人的声音，特别考验我。另外，小说是限制性视角叙事，人物众多，稍不留神就变成了全知视角，读者可能察觉不出，可自己心里最清楚，会尽量统一视角去除杂视。另外就是人物关系的构建。怎么将这些人的关系尽量复杂化又要符合小说逻辑和生活逻辑，是件棘手的事。总之在创作过程中，我的收获远比我的思考多。这是我没想到的。

问：万樱和罗小军之间，从小时候到成年再次相逢，朦胧复杂的情愫，写得非常动人。在细节描写上，你谈到曾经受电影的影响。但是不是也与天赋有关？这种技能需要培养或保持吗？

张楚：说实话，这种感觉其实还挺难拿捏。主要是时间问题。这部小说十分之九的事件都发生在二十天之内，怎么在这么短的时间内呈现两个人的情感发展层次，并将回忆的内容不显累赘地无痕嵌入，真的是个技术活。我的小说创作确实受电影影响。电影对细节、光影、节奏的把控，跟小说对细节、风物、戏剧性推进的把控很相似。除非是《追忆似水年华》那样的意识流小说，否则小说家肯定要对小说技术有一定程度的研究和实践。如果长时间不写作，他肯定需要更为悠长的时间来恢复这项技能。

问：婚姻的乏味、背叛在你的小说中常有出现（比如《关于雪的部分说法》等）。《云落》中的几个主要人物，很少有对感情专一的，你对感情的处理是否也在某种程度上体现了你的婚姻观或价值观？

张楚：小说要有戏剧性，尤其是长篇小说，过于日常的生活场景很难推动情节的有效发展。小说里的情感线也是如此，它不可能是一条直线，它必须是一条曲线。万樱和罗小军不是爱情，用通俗的话来讲，我认为是友人之上、恋人未满，这样的一种状态我觉得更真实。其实《云落》里的女性对感情其实都很专一执着：来素芸一直在寻找她想象中的真命天子；蒋明芳也深爱着她猝死的男朋友；睁眼瞎对常献凯更是如影随形；即便是万樱，虽然她跟常云泽的爱跨越了年龄和伦理，却是最朴素真实的男女之爱，没有任何杂质。

问：你的很多小说中，十之八九都有性的描写。你如何看待性描写在小说中的作用？

张楚：食色性也。性欲虽是一种官能性体验，却为我们带来大而无限的经验。性是我们健康生活的一部分，是人类因繁衍而具备的一种本能。劳伦斯说，性和美是一回事，就像火焰和火是一回事一样，如果你憎恨性，你就憎恨美。我的个人观点是，小说中不能为了性而性，无论是真实的性描写，还是夸张滑稽的性描写，都是为塑造人物性格、营造小说氛围服务的。

问：尽管你过去的中短篇有些性描写，但是集中到长篇里时会觉得有些太直白了，你觉得呢？你觉得性描写在《云落》中对于刻画人物或故事推进都是必要的吗？

张楚：我的小说家朋友们都在赞美这部小说里的性描写，认为拿捏、把控的分寸恰到好处，符合人物的精神状态。我觉得他们说得没错。

问：社会急速发展，背后牵扯到种种暗疾，如非法集资等，反映了时代变迁中的问题和世间冷暖，但你在小说中似乎没有深入展开，在写作的时候，你的分寸是如何把握的？

张楚：小说里关于非法集资的来龙去脉已经交代得很清楚了，我并不认为还有展开的必要。这个案件是我身边的真实案件。在类似的我并不精通的领域中，我会尽可能地尊重事实。

问：小说没有渲染樱桃处境的绝望，而是在写她照顾丈夫的奔波劳碌，这个成为植物人的丈夫，在车祸之前因为出轨要和樱桃离婚，樱桃辛苦照顾他多年，苏醒的第一反应仍是离婚。樱桃的心里该有多苦，但她仍然尽可能地帮助身边的朋友，这个善良、勤劳、忍耐的女性，让人心疼。在描写人物所面临的生存困境和精神焦虑方面，你的冷静、内敛却充满力量的描写让人佩服。能谈谈你在塑造人物方面的经验吗？

张楚：万樱沉默、安静，对人世间的磨难始终报以宽容、体谅和仁爱，正是因为宽容、体谅和仁爱，她比他者更自由，内心也更强悍——一无所有的人，从来都是笑着走路、吃饭和睡觉。

在生活中我也遇到过像来素芸这样的女性，她们以刁钻的方式爱着世界，尽管有时爱得狰狞踉跄。在写作过程中，来素芸总是不屑地嘲笑我，怨我捆住了她的手脚。她可能不晓得，我对她抱有足够的热情和尊重，她敢作敢为的个性和貌似窝囊的万樱形成了一种美学意义和人性风貌上的反差。而蒋明芳的理性、勇毅和自爱，也结合了我身边诸多女性的特点。我爱她们。我爱在夜路中奔走的她们。当然，更多人物是在叙述过程中自行蹦出来的，他们事先跟我没有任何交流，就穿戴齐整地从昏暗的角落闪身而出，让我不得不上下打量着他们。我知道他们和樱桃、罗小军一样重要。他们和暗物质一样，是这个宇宙真正的主角。

问：小说完成后，听说你改了多次，主要是修改哪些方面？

张楚：主要是在叙事速度和人物关系上进行了修改。

问：你如何评价这部作品的完成度？《云落》对你而言有怎样的特殊意义？

张楚：这是我的第一部长篇小说，虽然我一向是个谦虚谨慎的人，可我还是想很认真地说，这是一部完成度还不错的小说，希望它会赢得更多的理想读者。它对我的意义，打个比方，就是老来得子。

李修文：作家应成为写作的主人

李修文，1975年生，湖北钟祥人。现为湖北省作协主席、武汉市文联主席、武汉大学文学院教授。著有长篇小说《滴泪痣》《捆绑上天堂》《猛虎下山》和散文集《山河袈裟》《诗来见我》等作品，曾获《小说选刊》年度优秀作品奖、百花文学奖等多种文学奖项。2018年，散文集《山河袈裟》获第七届鲁迅文学奖。

作家档案

出生日期：1975年8月22日

出生地、籍贯：湖北省钟祥市

毕业院校及专业：湖北大学中文系

血型：A型

最喜欢的个人代表作：《致江东父老》

文学偶像：蒲松龄

文学之外的爱好：旅行，园林，电影

想对20年前或20年后的自己说什么：继续写下去吧

文学观：修辞立其诚

采访手记

童年时期的李修文就喜欢戏曲里的唱词，大概从他执迷于听戏的时候起，就爱上了古典诗词。李修文从未仅仅将它们当作学问，在许多境遇之中，那些句子都会扑面而来，来见证他和更多人的生活。于李修文而言，它们从来都是活的，是和他的生活齐头并进的，“我要去写它们的时候，并没有仅仅去叩拜它们，而是在召唤和亲近一个个的故人”。

戏曲抑或诗词带给他的文学熏陶，使他少年成名，13岁就发表作品，免试进入大学。在《收获》刊发的两部长篇小说《滴泪痣》和《捆绑上天堂》均被改编成影视剧，他也成为70后的代表作家。

此后，李修文陷入长时间的沉默，甚至陷入巨大的迷茫——他几乎没写出让自己满意的东西。李修文开始了走南闯北的编剧生涯，经过各种山林和小镇、寺院和片场、小旅馆和火车站，遇到各种各样的人。他心里一直想写，越是写不出越是想写，写作成了自我拯救的方式。

他对自己的写作最大的不满足是，“我的笔下几乎没有出现过我在生活里遇见的人，而我的一个阅读经验是，在文学中，无论哪一个时代，但凡被我们感知，终究是那个时代内部涌动的人格力量来到了我们的体验之中”。李修文放下影响他至深的先锋文学，转而去读许多年都没拿起过的巴尔扎克、狄更斯和托尔斯泰，甚至找来了不少戏曲剧本，心里暗下决心：一定要去写更多在生活里认识过、感知过的人。

2017年以后，李修文推出一系列非虚构作品：散文集《山河袈裟》拿下第七届鲁迅文学奖散文杂文奖，其中的文字就写于李修文奔忙的途中，他以饱满的情感讲述门卫、小贩、快递员等普通人的情感和尊严；因散文集《致江东父老》获得2020南方文学盛典的“年度散文家”称号。2021年出版的《诗来见我》则是通过古典诗词叙写人生际遇，以独有的风格与角度解读中国古典诗词，既保留了《山河袈裟》里对身边人与事的关切与悲悯，又对古人命运生出入心彻骨的体悟与理解，使文章兼具坚硬和饱满、悠远和贴己、苍凉和热烈的情感力度。而《在人间赶路》中，有虚构，有非虚构，有小说，也有戏剧，李修文用笔墨写下普通人、失败者、奋斗者、愁苦者的故事，让他清醒地意识到：“我不是他们，但我从来就是他们，同样是一个在人间赶路的人。”他说，我以为我们非得要做一条鲸鱼不可：既要尽可能地在这世上潜伏和游弋，也要有一种吞纳泥沙之力。一句话：作家应成为写作的主人。

童年对作家的情感影响如此巨大，直到年过半百李修文才有深刻的体会。2024年，长篇小说《猛虎下山》出版，他才猛然发觉，幼年时看到的戏台上的人物再一次来到了自己眼前。

我知道李修文喜欢诗歌，擅长散文，写过畅销小说，当过编

剧，但不知道他竟是侦探小说迷，且偏爱日本的社会推理派小说。

问：你是从什么时候开始发表作品的？最早的文学熏陶来自哪里？

李修文：十三岁那年，我发表了第一篇小说，起因是前一年的暑假，我回了老家，正好汉江发大水，我和弟弟被安置在了村外的一座山上的林场里，说是山，其实就是丘陵，每天都有各村的小孩子走向林场以躲避可能到来的水患，我终日在林场里走来走去，眺望着远处正在靠近林场的孩子们，不知怎么，脑子里就出现了一个在水灾里掉队的孩子，后来，我把这个孩子写了下来，我也不知道算不算小说，又在学校的图书室里看见一本杂志，叫作《当代作家》，现在这本杂志已经没有了，于是，我把这个只有几千字的作品寄给了它，半年以后，这部作品竟然发表了，它应该算是我的处女作了。但我并没有想过自己真的就要成为一个作家，父母对我的期待，以及我个人对未来生活的展望，都是去当兵，所以，当我眼睛近视的时候，父母特别失望，他们都生怕我因为近视当不了兵。

我最早的文学熏陶，毫无疑问来自戏曲。我的老家，每逢农闲，会有很多外地的戏班来演出，虽说大多都是草台班子，但是好歹带来了不同于我们所在的这个世界的气息，我也不得不告诉自己，确实有两个世界在我的眼前展开了，一个是戏台上的世界，一个是我们正在活命的世界。那些戏实在是太好看了，《卷席筒》让人伤感;《探阴山》里，包拯的魂魄居然可以来到阴曹地府，并且还能在鬼门关前回头眺望那个正在阳间熟睡的自己;《站花墙》里的一招一式都那么暧昧而莫可名状。我陷入了深深的迷醉，看戏，就是我最大的狂欢，只要有戏班来，我就什么也不管不顾，他们演到哪个村子，我就追到哪个村子，渐渐地，我便对戏文开始好奇，想尽办法去找那些戏文来看。

问:《诗来见我》以自己的方式解读中国古典诗词，走进杜甫、白居易的世界，也记录当下普通人的故事，用古诗词诠释古往今来的生命个体。诗词是你最喜欢的文学类型吗？还有什么其他的阅读趣味？

李修文：所有的文学作品中，我最喜欢的是诗歌，几乎每天都读一点，最根本的缘由，大概是对自己的补偿——我一直遗憾自己成不了一个诗人。读诗的时候，我的枕边书变成了枕边手机：很多诗歌公众号都非常好，我关注了好几十个，随便点开一个，都能读到好诗，一旦读到了好诗，就要赶紧截图保存，好让自己下次还能读到：仅仅点收藏功能还不保险，因为好多公众号突然就没了。读诗于我而言，一句话，就是让我活在语言的创造之中。别的文体当然也在创造语言，但是，对即时发生的生活之记录，以及对其中莫可名状部分的翻译和揭示，越是身处在“当代”之中，就越是能够体察到诗歌优于其他文体的力量。

必须承认，我是一个侦探小说迷，且偏爱日本的社会推理派小说，所以，松本清张、宫部美幸这些人的作品我基本都通读过，我们经常说，要正面强攻时代，实际上，社会推理派的代表作品无不在正面强攻这些作家们所置身的时代。

问：为什么这么说？

李修文：跟生活贴得紧，时代问题和情绪往往成为真正的凶手。

问：在不同的时期，你的阅读各有什么样的特点？

李修文：实际上，除了对诗歌的阅读一以贯之，这些年，我阅读的兴趣确实每隔一段时间就会发生一次转向，既跟写作相关，也是生活的必然：当编剧的时候，我读了大量的电影剧本，《世界电影》杂志上刊载的那些剧本，有好多关键场景和关键对话我都能背下来，只因为，一个写小说的人转而去做编剧，往往会遭遇极大的叙述难度，剧本所要求的那些显性的冲突，在小说里几乎可以视为败笔，所以，既然要做一个编剧，我便尽可能地要求自己，完成一个编剧必须完成的剧本阅读量。在几乎停下小说创作的那些年里，严重的自我怀疑曾经令我在相当长时间里沉浸在禅学典籍之中，我甚至还想过，像写《诗来见我》那样，去写一本我个人跟佛经与禅学遭逢周旋之际遇的书，终因笔力不逮没能写下去，但是，这段时间的阅读却促使我的生活发生了改变——顺应着这些书的指引，我拜访过不少僧人，这些僧人也未见得是多么重要的高僧大德，但是，他们让我见识到了活的禅，甚至是未得解脱的禅，就此意义来说，对禅学的阅读，其实让我更深入地投身在了世界之中。说清楚各个时期的阅读特点是困难的，我更愿意将这些特点视作命运的召唤，这么说其实并不夸张，就像当编剧的那些年里，在阅读大量电影剧本的同时，我读过的经典文学作品比任何时候都要更多，无非是因为，我还是想重新成为一个作家。

2024年，李修文调入武汉大学文学院任教，开课“故事的讲法”。但他知道，讨论的很多故事，其实不过是经典文学作品在各个领域的外延与附体。

问：那么，在这些际遇中，有哪些是曾经打动过你的生命之书？有某本书曾激发你的写作欲望吗？

李修文：《里尔克诗选》《聊斋志异》《浮生六记》，这三本是我面对这个问题一下子就会想起来的书名。其中，《聊斋志异》常常激发我的写作欲望，蒲松龄的世界里始终流动着一种非常动人的情绪，就是对生活的困惑之感。另外，因为蒲松龄科举的受挫，《聊斋志异》里也弥漫着一股感世伤生的气息——因为困惑，蒲松龄从来不去下什么断言，他之所以写下那么多明丽的、刚健的、有生命力的妖狐鬼怪，从根本上，可能就是想要让这些形象去冲破他对时代、处境的重重困惑；另外，因为感世伤生，蒲松龄缔造出了一种奇异的叙述效果：那些妖狐鬼怪，不仅是我们生活和世界的参与者，也是我们生活和世界的观看者，它们的存在，又赋予了我们新的视角，也就是说，我们一边在创造着自己的生活，一边又在凭吊着自己的生活。所以你看，蒲松龄多么“现代”啊，但这个“现代”并非空穴来风，他的很多小说素材，前人都使用过，但只有到了他笔下，属于他那个时代的作者性才真正诞生了。

问：你现在成为大学教授了？教学过程中会经常和学生有阅读方面的互动吗？

李修文：对，我不久前调到了武汉大学文学院任教，这学期，我开了一门课，叫“故事的讲法”，之所以以“故事”为题，主要是和别的作家相比，无论是作为编剧，还是监制和总策划，我参与了十几部电视剧创作和总票房近百亿的电影创作，我希望在“故事”的层面上将传统文学和影视剧、舞台剧乃至游戏综艺打通，在今天这个时代相对完整地理解“故事的讲法”，暂时，我并没有和同学集中就某部作品展开讨论，是因为，我在这些年担任监制和总策划的经历里发现，有很多人其实写不好一个故事大纲或故事梗概，所以，我决心从最根本的地方和同学们展开交流，但是无论如何，经典文学作品是其中最敏感的一条神经，我们讨论的很多故事，其实不过是经典文学作品在各个领域的外延与附体。

问：有过坎坷的经历和创作实践，相信这样的交流一定是有效的。能否再谈谈你在创作过程中最享受的或最感困难的是什么？

李修文：大概有十多年，作为小说家的我消失了，从没完整地发表过一篇小说，而那时的我，没有一天不渴望自己重新变作一个小说家，大概从两年前开始，我重新开始写小说，首先完成的就是《猛虎下山》，之后，就像被激活了一般，我几乎每天都在写小说，往往是一篇还没写完，另外一篇就已经紧紧攫住了我，我决心，做回当初的青年作家，不问什么结果，只是每天都在写即可，要知道，重新写小说这件事，已经让我感受到了莫大的幸福。实话说，目前，除了写作本身的困难，我并没受到什么别的干扰，写作时间虽说碎片化得厉害，但是，它反倒对我是一种激发：即使是出差途中，我也可以在手机上写下去。另外，之前一直纠缠着我的自我怀疑似乎也消失不见了，当然，我常常感到忧惧，担心着严重的自我怀疑哪一天又会找到我，但是，只要它们还没来，我就决心先将过去十多年里想象过的那些小说一一写出来。

问：对你来说，写作最大的魅力是什么？

李修文：对我来说，写作最大的魅力就是可以一个人完成这项工作，考虑到我失败的编剧生涯，写作就更加让人觉得幸福和振奋了——我写过很多剧本，能够拍出来的其实寥寥无几，有的是因为出品公司垮了，有的是版权上产生了纠纷，一个剧本的完成，离一部完成拍摄和播放的影视作品，实在是还有遥远的距离，唯有写作这件事，几近于一个人为自己创立的宗教，单凭这一点，我就有逃离生天之感。

文学背景曾使作为编剧的李修文感到痛苦。他忍不住要给故事增添意义，但许多故事不需要意义。他常常落荒而逃，却一直没有放弃在剧本中倾注文学之力。

问：2002年，你在《收获》杂志连发两部长篇小说——《滴泪痣》和《捆绑上天堂》，这两部作品还被改编成影视剧。能否谈谈这两部作品的创作背景？

李修文：在这两部作品发表之前，我其实已经在《收获》《钟山》杂志发表了一批中短篇小说，多以对古典题材的戏仿和解构为创作对象，还出版了一本小说集，但是，我逐渐便对自己的写作觉得不满足，最大的不满足是，我的笔下几乎没有出现过我在生活里遇见的人，而我的一个阅读经验是，在文学中，无论哪一个时代，但凡被我们感知，终究是那个时代内部涌动的人格力量来到了我们的体验之中。所以，我置影响我至深的先锋文学于不顾，转而再去读许多年都没拿起过的巴尔扎克、狄更斯和托尔斯泰，甚至像当年一样，找来了不少戏曲剧本来读，心底里倒是暗暗下了一个决心：一定要去写更多我在生活里认识过、感知过的人。以《捆绑上天堂》为例，这个故事的原型，就是我父亲住院期间我在医院里见到的一对小夫妻——他们从农村来到城市打工，没过多久，丈夫生病，常年住在医院里求活命，妻子不管打什么工都付不起医疗费，只好在城市里做起了小偷。隔三岔五，我就能看见警察去医院带走那个年轻的妻子，但她和我的表妹们一样，腼腆，吃丈夫的剩饭，一个人偷偷唱歌，给医生塞红包的时候，医生嫌弃地把红包扔在地上，她呆愣着，捡起来也不是，不捡起来也不是。是眼前所见激发我写了这部小说，而不是靠想象力使我写出了它，其后，我有很长时间再也没能写出小说来，但是，这两部小说的写作使我重新建立了生活与写作之间的通道，一直到今天，我仍然行进在这条道路上。

问：记得你当时有个计划，创作“爱与死亡”三部曲，《滴泪痣》和《捆绑上天堂》之后，是哪一部作品？

李修文：所谓“爱与死亡”，其实就是生命力的两端，中国文学的源头之一，司马迁所开创的那个为“异人异事”做证的传统，深深影响了我，以至于在生活中，我也近乎本能地容易被那些生命力格外旺盛的人所吸引，无论这个人是个曾经逃港的小店主，抑或是酒店的领班、刑满释放的风水师，只要遇见这样的人，我总是要不计代价地靠近他们，有时候，为了听他们说自己的故事，我会给他们开好宾馆的房间，给他们买酒，每天请吃饭，即便到今天也同样如此。“爱与死亡”三部曲尽管终成泡影，

第三部再也没有写出来，但是我遭逢过的那些人事至今仍然在影响着我的写作。当然，我也想过自己为什么没能写出第三部，最根本的原因，还是面向外部世界的无所适从——那时候，我们都身处在一个空前欲望化的社会进程中，每个人都在忙着挣钱，挣到了钱的人兴高采烈，没挣到钱的人也兴高采烈，似乎衡量人有没有生命力的唯一标准就是挣没挣到钱，此种情形之下，我也不太相信我还能写下那个时代的刘关张和白娘子，或者说，我写下的面孔仍然不是我在日常生活里遭逢的面孔，久而久之，就陷入了漫长的失语。

问：是在这种状态下开始了编剧生涯？小说家当编剧，有的如鱼得水，有的痛苦不堪，你是怎样的情况？

李修文：我的编剧生涯可以说是非常失败——作家出身的编剧，多半都有一个“文学性”在创作中作祟，这便要得逢其时和得逢其人，但世界上哪有那么好的事？好多时候，我跟导演们刚刚谈了几句托尔斯泰，一转眼，就被导演们扫地出门了。我做编剧的头几年，到处都是草台班子，好多项目看起来花团锦簇，你投入了半年一年，才发现不过都是梦幻泡影，你跟一个投资人正坐在一张饭桌上吃饭，饭还没吃完，警察突然进门，竟然把投资人给抓了。后来，我也给人当过枪手，就是不署名的那种，挣钱吃饭而已，再后来，做无用功的时候多了，你就总能遇见几个愿意跟你谈谈托尔斯泰的导演了，你写的剧本，才慢慢有了被拍摄的可能。所以，我经常对人说：一个作家，最好还是不要轻易去涉足影视，许多时候，影视是一个无底洞，你在其中感受到的诸多摧残，很有可能使你再也回不到你所渴望的那条写作之路上去。再加上，影视行业，本就是一个诸多工种联合作战的行业，那种从文学写作中诞生的作者感，你是注定无法从影视写作中获得的。

收录于《山河袈裟》中的文字，写于李修文十年间奔忙的途中，山林与小镇，寺院与片场，小旅馆与长途火车站……他以平民视角观察社会，突破了传统的散文范式。

问:《山河袈裟》写了十年的遇见。每个小人物都是你的兄弟，也是我的兄弟，每个故事那么质朴，却击中我的内心。我们生而平等，无论他们是清洁工、装卸工、泥瓦匠、小裁缝、厨师、快递员等等，那些生存在社会底层的劳动人民，无论他们的生活多么贫贱，可是在你的笔下，他们以自己的方式生活，温暖彼此的灵魂。这部作品是你边走边写的吗?

李修文：尽管我并没那么喜欢影视创作，但是，它却从另外一个维度上挽救了我的写作——如果我的编剧生涯顺风顺水，写一部拍一部，也许就没有《山河袈裟》这本书了，所以,《山河袈裟》这本书其实不过是一个失败编剧的个人见证，如你所说，它的确是边走边写的，那时候，我并没想过自己还能重新成为一个作家，可是，一个个活生生的人自山河人间的深处浮现，又来到了我的生活里，在小旅馆里，他们是住在我隔壁房间里那个终日寻找丢失孩子的父亲；在黄河边的小城里，他们是将我送出险境的异姓兄弟，不管在哪里，我其实都没有能够从他们中间离开，就像我在这本书的自序里写过的那样：我以为我不是他们，然而事实上，我从来就是他们。到了这个地步，写下这些人，实际上就是认下一门一门的亲戚，有时候，我会把自己写的东西拿给他们看，甚至念给他们听，对我来说，这些时光真是无比美好，且已经足够，所以,《山河袈裟》里的好多篇文章都没发表过，写下来，我便完全安慰了自己。后来，有些文章流传到了网上，被我的责编陈新文看见了，他给我打电话，说是想要把这些文字集成一本书出版，一开始，我也有点难以置信，因为我好多年没出书了，也不觉得它们有出版的必要，但是新文一直劝说，并且宽厚地等待，最终，这些文字还是以一本散文集的形式出版了。

问:《山河袈裟》的写作，和此前的文风大不一样。从“小我”到“大我”。

李修文：就我的生活际遇而言，变化是必然的：一个南方人，因为参与一个个似是而非的影视项目，数年中一直在西北大地上跑来跑去，竹林，石板路，梅雨季，江河湖泊，这些我在南方司空见惯能感受到的词汇，渐渐就变成了窑洞、敦煌、青纱帐和喇嘛、盐湖、戈壁滩这样的词汇，很显然，这些词汇就是我的生活本身，在这些地方，我赶过路，喝过酒，既有过无路可走的窘境，也在窘境里认下过至今想起都让人眼热的兄弟，如果我的写作要找到一个忠诚的对象，那么，除了他们，我不知道还有什么比他们更需要我的忠诚。在我的理解里，“小我”是相对专注于一己之感的“我”，而“大我”里一定站立聚集着更多的“我们”，但是，那个作为个体的“我”也是非常重要的，他必须以身作器，以行作舟，才有可能通向更多的“我们”，须知“我们”常常并不在天高地远之处，却正在“我”之面朝他们奔跑的决心和意志当中。

问:《山河袈裟》于2018年获第七届鲁迅文学奖散文杂文奖。你还记得当时的感受吗?

李修文：获奖当然很喜悦，毕竟得鲁迅文学奖是极高的行业认可。以我对鲁迅文学奖的了解，鲁迅文学奖近年来奖励了中国文学界的很多优秀作家和作品，我能跻身其中感到很骄傲。一个作家写作不是为了获奖，写作目的是进行与作家气质更匹配的表达，奖励毕竟是个意外，不能当日子过，我想还是要老老实实、勤勤恳恳地写作。

《山河袈裟》这本书的名字和鲁迅有关。我以前是写小说的，有很多年写不出东西来，就以写剧本谋生，跟着剧组走南闯北，这本书就是在这种状况下像自救一样下意识地写出来的，走到哪里，遇到什么人，碰到什么事，一开始是凭直觉写，写着写着就萌发了一种自觉：一定要写现在，一定要写此刻，写身边遭遇到的人和事。鲁迅有句名言“无穷的远方，无数的人们，都和我有关”，这句话后来成了我写作的一个准则，鲁迅先生的作品是我写这本书过程中无穷的力量来源，这和获得鲁迅文学奖冥冥中有一种神秘的联系。在我作为作家感到自身创造力匮乏的时候，这本书像奇迹一样出现，让我调整写作方向，恢复写作的热情和信心，让我重新成为作家。在看得见的现在和未来我还要写两三本散文，和更多的人民在一起。我很喜欢“人民”这个词，“人民”就是我的同路人，同是天涯沦落人，相逢何必曾相识。其实就是写我看见的这些人，搞清楚我到底是谁，为什么而写作，站在哪里写作，认清我到底需要什么样的美学。获奖让我更坚定地认为此前的写作道路是正确的，我将继续抱着这样的信仰和纪律写作。对作家来说，纪律是非常重要的，越大、越严苛的纪律才能换来更大的写作自由。

问：有评论认为你的散文汇集了思辨、情感、民间、戏剧与古典，对底层生活的焦虑和对世界的独思……你如何评价自己散文风格的形成？

李修文：我愿意把这评价当作一种个人生活前进的方向，而非仅仅是一种写作上的策略，即使一片看起来寸草不生的戈壁滩，当你深入进去，你也会看见其中仍然生长着骆驼刺，每一块戈壁石也都截然不同，还有各种各样的风，运气好的话，你甚至能看见海市蜃楼，所以，说到底，我们要将自己的身体变成什么样的连接器才是最重要的，先连接，而后才有可能对你连接的所在进行处理，用苏东坡的话来说就是：“吾上可陪玉皇大帝，下可陪卑田院乞儿，眼前见天下无一个不好人。”而今，我们每一天接收的信息太多了，每一个信息似乎都构成了自己的主体性，它们在吸引和裹挟着我们奔向它们，此种情形之下，我以为我们非得要做一条鲸鱼不可：既要尽可能地在这世上潜伏和游弋，也要有一种吞纳泥沙之力，如此，我们才能重新成为一个时代问题的提出者和处理者。一句话：作家得成为写作的主人。以散文写作为例，当我们的生活边界越来越被打破，仍然墨守着那些关于散文的成规还有意义吗？散文是否能够去抢夺、去侵占其他文体的特征来重建自己在这个时代的主体性？

如果要从古代诗人那里寻找什么教义，就是拿身体丈量河山，和大地、他人、一草一木都建立了深刻联系。

问：《诗来见我》通过古典诗词叙写人生际遇，通过古今对话见证自我完成。以自己的方式解读中国古典诗词，写作之初你会有顾虑吗？

李修文：这本书的写作，实在是一个意外，尽管我一直想写这么一本探讨古诗词的书，为此做了不少功课，但也对自己充满了疑虑，我知道自己就算写出来，大概也不是一本专注于学问的书，但它究竟是何样貌，我也无法道明——古诗词当然是一门学问，但我觉得，它们首先是生命的学问，于我而言，人生越是困厄，它们便越是能破空而来，让我得以安定，得以对照和检视，所以，我接受古诗词的课堂，不在他处，往往就在山河草木之间，在夜路上，在小旅馆里，而这些地方，恰恰正是那些伟大的诗人写下它们的地方，那么，课堂在哪里，我就在哪里展开自己的学问之路吧。

毫无疑问，写这本书和那场疫情有关，疫情初来之时，我很长时间都在读杜甫，一边读，一边跟自己说，眼前所见，其实也没什么大不了，杜甫见证过瘟疫，更早的陶渊明和曹操也见证过瘟疫，我们眼见的处境，不过是灾难更换了面目再一次来到了我们身边，而我们终将如何得以自处？我强烈地感受到，越是在困厄中，文章越是千古事，诗词越是千古事。那些我在古诗词中得到的安慰，我想将它们传递给更多的人，就算是自取其辱，我也将在和它们的重新相遇中尽可能变得心平气和，所以，哪怕在当时的环境下找不到更多的资料，我也凭记忆，凭着对古诗词的巨大相信，写下了这本书，这本书不是我的文体冲动，而是我的生命冲动。

问：在一次分享会上，你提到《诗来见我》这本书来自于疫情中的某个生活片段，我想此前你也有很多的积淀吧？包括阅读、生活经验的累积，然后才是某一刻的生活触动了你？

李修文：写作这本书，最主要的动因，还是在疫情之中被激发的，就像杜甫的诗，我读过那么多遍，但是，我从来没想到，有一天，他的诗句会化作真实的遭遇来到我的生活里——疫情之中，我一直在社区抗疫，有一天，我路过了一个朋友生活的小区，隔着小区的院墙，朋友扔给了我两捆青菜，让我带回家，这个时候，我就想起了杜甫的“焉知二十载，重上君子堂”，也想起了他的“夜雨剪春韭，新炊间黄粱”，到了这个时候，那些诗句对于我来说就不是别的什么了，而是一种武器，这件武器能够帮助我渡过巨大的困厄，事实上，各种各样的意外和灾祸并不新鲜，我们过去遇见过，将来可能还会遇见，但我们得知道，这些意外和灾难，李白、杜甫、苏东坡全都遇见过——我们越是想知道他们是如何跟灾祸周旋，又是如何跟自己相处的，就越是能够理解“文章千古事”这句话。

问：《诗来见我》的腰封上有一句话，是评论家李敬泽写的“他把命放在诗里”，我认为他是懂你的。你觉得呢？

李修文：当然，我特别喜欢这句话，是啊，谁会不喜欢敬泽老师的推荐语呢？他总是能够目光如炬地看清楚一个人写作的本质。但是，“把命放在诗里”，依我看来，并不是一个崭新的要求，实际上，李白、杜甫、苏东坡都是这么做的——我常常觉得，中国古代诗人们构建的，其实是一个个的超级文本，除了具体的作品，这些超级文本里最重要的部分，往往是他们各自的生命行状，它们组合在一起，才成为直到今天还能给我们带来巨大安慰的存在，在我看来，敬泽老师也是在强调一个常识：把命放在诗里，其实就是把生活放在自己的创作之中，然后，让我们看看，我们有没有在这个时代构建出一种超级文本的可能性。

问：走进杜甫、白居易、刘禹锡、元稹等人的世界，写出他们人在江湖的无奈、挣扎，我想这不仅需要对诗的理解，更需要写作者融入他们的生命之中。你在写作中收获了什么？

李修文：我最大的收获，是重新认识了平等——名句与无名句子之间的平等，大诗人和小诗人之间的平等，乃至生命与生命之间的平等，时间的洪流浩浩荡荡，仅有几座矗立的纪念碑是不够的，所有的诗歌其实都在指向同一件事情，即杨庆祥所言的“寄予着生的渴望，抵抗着生的腐朽”，也正是在此意义上，平等得以诞生，一切诗歌背后所隐含的指望与悲怆都值得怜惜和尊重。

问：你如何评价《诗来见我》在创作中的独特价值？

李修文：我其实根本不觉得它有什么独特价值，它不过是在特殊的日子里将我变回了一个镇定的写作者而已，但它的确激发了我此前从未去思考过的一个写作领域——中国古典文化传统的许多组成部分，在今日生活里仍然还有被激活的可能，所以，写完这本书，我也一直在想，我们的戏曲，我们的古文字等等，似乎可以再次被言说，但是，在言说它们之前，我还是要乖乖地、认真地去读书，去生活，等待机缘的降临，是的，更加笃定地去等待，这就是这本书给我的生命带来的独特价值。

长篇小说《猛虎下山》中，李修文回到历史和记忆的深处，打捞那些有名有姓的普通人，精细的田野调查通过象征、变形的艺术手法，转化成一部浓缩时代精神、显影人性幽微的人间戏剧。

问：你曾提到受戏曲影响比较大，在《猛虎下山》中，索性出现了“武松打虎”。这个故事的来源是什么？是什么原因触动你写《猛虎下山》？

李修文：我生活在湖北，这里有很多当年的三线工厂，这些深山里的工厂，几乎都是自成一个社会，各自稳定地运行着，但是，突然有一天，社会变革来了，这些工厂不得不沦落和倾塌，在相当长的时间里，它们变成了一座座的废墟。我去过很多家废墟一般的工厂，野狗狂吠，留守的人形似孤魂野鬼，但是，当他们聚在一起，我仍然能够感受到他们当初作为工人阶级的纯粹骄傲，就是那种作为好工人的骄傲，而这种骄傲在我们的身边早就已经消失了，当他们像白头宫女一般诉说着当年的旧事，我得承认，我被触动了，那个写废了无数次的故事又似乎有了复活的迹象——《猛虎下山》这个故事的雏形，最早是剧组里的一个场工兄弟讲给我听的，他当年也是个下岗工人，在下岗之前，上级单位给他的工厂里派来了一个改制小组，这个小组几乎相当于厂里的太上皇，掌握着各种生杀大权，为了讨好他们，厂里的各个车间都派出了人去工厂背后的山上猎杀野味，后来，改制小组听说山上有老虎，且要吃虎肉，如此一来，我的这个场工兄弟，还有更多的工人，就不得不每天上山去打老虎，最长的一次，他一个人在山上待了十几天，这就是《猛虎下山》的起源。

在过去的几年里，《猛虎下山》我来来回回写了好几遍，都没有能完成，直到有一天，为了给一部电影采景，我跟宁浩去了贵州的水城钢铁厂，这也是一家当年的三线工厂，但是迄今都还在生产，厂区阔大，当年的一号高炉早已锈迹斑斑，老厂区里还长着荒草，不时有野狗在荒草丛中发出狂吠之声，也就是在这个时候，宁浩突然指着一号高炉背后的一座独崖问我："在那趴着一只你要写的老虎怎么样？"宁浩是导演，对画面和镜头有着天然的敏感，这种敏感也刺激了我，几乎在刹那间，我便对他说，这部小说，我似乎可以完成它了。

问：《猛虎下山》中你多次转换叙述视角，这一创作方式在此前你的《猿与鹤》《我亦逢场作戏人》等小说中都采用过。视角的变化会给创作带来一定难度吧？

李修文：这些年，我参与了不少影视项目，对这些项目的参与也在不断促使我对今天的小说叙事进行重新认知：散文也好，小说也好，在各种艺术形式不断发生冲撞和汇集的今天，也需要重新体认它们各自的主体性，这种主体性的重新建立，首先就需要某种拿来主义——从电影里拿来东西，从戏剧和游戏综艺里拿来东西。你所说的视角变化，其实让我想起电影里的多线叙事，为什么要多线叙事呢？原因之一，恐怕在于作者故意要取消所谓的全知视角，他对他要讲述的故事和情境抱有疑虑，他甚至不能确定他讲述的就是事情的真相，一如我们的时代：我们的时代当然是波澜壮阔的，但这种波澜壮阔并不像从前一样，自上而下地线性发展着，而是不断地碎裂：时间在碎裂，处境也在碎裂，如此，我们的小说叙事也要随之发生碎裂，再在碎裂中去链接散文和诗歌，去链接戏剧和电影，等等，以更加有效地去建设小说在今天的主体性。

问：面对后山流窜下来的老虎，炼钢厂下岗工人刘丰收为了避免下岗，主动请缨上山打虎，与虎斗，与人斗，与扮演老虎的“人”斗，在极其荒诞的故事中充分体现了人性的复杂。你觉得这种叙述方式是否与近几年的文学思考和田野调查式的写作有关？

李修文：如前所说，所谓的田野调查，不过是为写作所倾注的体力劳动的一部分，但对于具体要完成一部小说来说，还要历经各种艰险的部分，我在写作《猛虎下山》的时候，脑子里一直有一座戏台，小说里的主人公们，被我视作了戏台上那些上上下下的角色，你知道，在戏剧里，武生有武生的上场下场，老旦有老旦的上场下场，每个人的动作各不相同，其实，写这部小说时最困扰我的，就是人物的动作。这是一个打老虎的故事，那么，老虎怎么打？一个人打和一堆人打有什么区别？打不到老虎的时候，主人公和他的伙伴们又该如何度日？说到底，还是得借助于你说的田野调查，我的田野调查，就是跟老工人们喝酒，在水城钢铁厂，我跟他们喝酒的时候，说到过去，他们无不神采飞扬，作为工人阶级之一员的骄傲与尊严溢于言表，可是，当他们一谈起下岗，个个都变得闪烁其词，追问得紧了，他们也只好报以一声长叹："路都走不动了。"我决定，我就写这个"路都走不动了"，小说里的那些人物，之所以走不动路，有时候是因为被可能存在的老虎吓破了胆子，有时候纯粹是因为跌下了山崖，更多的时候，却是因为对权力的恐惧而走不动路：主人公即使在化虎之后，当厂长头戴的那顶红色安全帽出现，他仍然龟缩在水塔边，龟缩在黄草丛里，半步也不敢动弹。是的，我其实是在对动作的想象中逐渐靠近了这部小说的主题，然而，假如我没有和那些老工人把酒言欢，说不定，我还要走很长的弯路才能找到它的主题。

作家需要重新思考今天的故事，讲述人和这个世界的联结。天下可爱的人，都是可怜人。李修文在写作中和他们相遇，借他们的耳朵去倾听世界。

问：这些年，你越来越多地专注于记录生活，《山河袈裟》《致江东父老》都是把镜头对准了生活中的小人物，写《猛虎下山》之前你也去实地走访，这些准备对你的创作有哪些帮助？你在写作中如何处理文学与时代的关系？

李修文：其实，与其说我在用写作记录生活，莫如说我的写作需要生活的挽救，除了审美能力，除了想象力，唯有生活，能够将一个写作者塑造成一个分得清五谷的、生活意义上的人，所谓的实地采访，我也将其看作为写作做准备的体力劳动的部分，与一个农民在收割之前所付出的种种体力劳动并无什么不同，付出了体力劳动，我们才有可能获得将写作完成的心力，至于如何处理文学与时代的关系，我的看法是，唯有真正发现了一个时代内部涌动的人格力量，我们才算真正触及了时代。说到底，我最感兴趣的，还是人的生命力——我们到底是依靠什么活下来的？以《猛虎下山》为例，我为什么去写一个炉前工呢？因为炉前工在那个时代其实是一种大哥的形象，他们收入高，身体强健，他们到厂里的浴池去洗澡，别人都要起身让位，但他们也要面对权力循环，车间主任和厂长们来洗澡的时候，他们也得乖乖起身，再让位给他们；下岗时代到来之后，电工钳工锻工换个地方还能打工，但是炉前工则往往无处可去，尊严也好，骄傲也罢，只能随着时代的向前一点点被磨损，所以生命力越强的人，往往在面临时代转折时，身上的伤口也最深。所以我总是提醒自己：也许，写好一个人就写好了一个时代，写出一个我们认识的人就能帮我们真正地感知到他所置身的时代。

问：回顾你的写作历程，小说、散文、剧本等都有涉及，你觉得自己更擅长什么？你好像有多年不写长篇小说，对于你的新作，读者阅读时不免也有“猛虎下山”的感受。这次创作《猛虎下山》，是怎样的状态？

李修文：小说、散文和剧本我都还想继续写，事实上，在写作《猛虎下山》的过程中，我还写了不少散文，怎么说呢？写散文于我而言，更像是一种功课，兴致所来，或者若有所悟，我都会立即记下一些感受，过段时间再看的时候，如果这些只言片语还能打动我，那么，我多半就会将这些感受写成散文，但是，一个剧本的完成，需要太多助力，不管我有多喜欢写剧本，如果没有遇见特别会心的导演和团队，写剧本实在是太消耗自己的心力了。

必须承认，在写作《猛虎下山》的日子里，犹如神启一般，我也似乎异变为了小说里的那只老虎，听觉异常灵敏，就连鸟雀们啄食草籽的声音，狐狸们出洞的声音，积雪压断树枝的声音，全都被我一一听得分明，但是，最令我难以忘怀的，还是写作时不停在我耳边莫名响起的一阵阵急促的鼓点声，这鼓点声，是被我在多年的辗转与浮沉中所遭遇的那些无名氏们敲响的，其实，我在《山河袈裟》和《致江东父老》这两本书里反复书写过他们，如前所说，在鼓点声中，世界重新变作了一座戏台，由此，我一边写，一边看见一代代的人，可爱的人，可怜的人，纷纷被催促，撩起了戏袍，再登上戏台，投入到无尽的热情与徒劳之中，由此，我也在不停地对自己说：不要怕，你已经重新回到了小说家。

问：近些年，你从中国传统文化汲取了很多营养，《猛虎下山》最后出现了《楞严经》，结尾颇值得回味。这样的收尾，你是如何考虑的？

李修文：这段结尾，我是在出差途中写的，车过江汉平原，窗外一片萧瑟，前一天，我在小说里写到刘丰收在心底里对他久别的妻子说出了最后的临别赠言，第二天的出差途中，当我目睹那些收割后荒凉的农田，农田里零零星星还在继续劳作的人，猛然产生了一种世界万物皆为“堕泪碑”的感受——所谓堕泪碑，是襄阳岘山上的一块碑，它纪念的是人的渺小与软弱：面对我们永远无法战胜的山峦、河流乃至世界，我们唯有对世界的浩大和我们自身的无能而堕泪，然而，你我也好，小说里的主人公也好，总归都要有个去处，就像农田尽管已经被收割殆尽，田埂上仍然行走着劳作的人，彼时彼刻，我不由得想起来《楞严经》里的那些句子，它们也让我觉得：也许，我们写下的小说，不过是一块块的堕泪碑。

当不确定的命运来临之时，人应该如何面对？李修文认为，

每个人都有必须面对的命运。为了命运的遭际，猛兽与“我”，肝胆相照，共同抵达人生的辽阔之地。

问：在《猛虎下山》之前，我重读了《滴泪痣》和《捆绑上天堂》。如果隐去作者名字，相信不会有几个读者能猜得出这些作品竟是同一位作家所写。你如何看待自己二十年间的巨大变化？你觉得自己有哪些改变？

李修文：所谓的变化，其实都是命运的变化，我要特别感谢我写《山河袈裟》的那段日子，这本书的写作，改变甚至改造了我：从前的我，是一个书斋里的写作者，后来，为了拍戏，也是为了生活，我一直转悠在西北五省，我身边的河流从长江变成了黄河，我踏足的土地从江汉平原变成了漫无边际的戈壁滩和黄土高原，所以，我的字词，我的审美，都在不知不觉中发生了根本性的变化。仅以字词为例——在西北，我经常在小饭馆里头听到有人对服务员喊，说给我来一杯牡丹花的水。我一开始觉得非常的诧异，什么叫牡丹花的水？后面才发现，它其实就是开水，水在铁锅里头烧开之后，涌起来的每一朵水花，长得都像牡丹花。还有，一个妻子怀念她去世的丈夫，坐在坟头上唱：山在水在石头在，人家都在你不在。特别简单，但是你听完百感交集，所以，在旷野和戈壁上，在祁连山下，我总感觉自己回到了语言的源头，我不得不一次次去重新认识自己的语言：如果我们冲不透我们的生活，我们也不要指望能够发现什么新的语言，更不可能重新建立自己新的美学。

问：你能否回忆一下早期的创作状态？

李修文：最早的时候，我不喜欢好好讲一个故事，所以写下了一批所谓的戏仿作品，而后，我又觉得故事至关重要，写了《滴泪痣》和《捆绑上天堂》这两部专心讲故事的作品，但它们仍然难以令我满足，并且陷入了漫长的沉默期，如你所说，写这两部作品的时候的我，怎么会想到有一天我还会去写《猛虎下山》这样的作品呢？所以，与其说我写作上经历的变化，还莫如来梳理一下，在我自己的写作中，到底有什么东西是没有发生变化的，我确实仔细想过这个问题，也有一个答案，那便是，我一直在处理着传统资源和我的关系——就像《滴泪痣》和《捆绑上天堂》，它们在当时卖得很好，也被改编为影视剧，所以很多人以为我是有目的地在写畅销书，其实根本不是，我不过还是受了古典传统里那些戏曲故事的影响，那些故事里，充满了爱恨情仇，却并未多么深入地指向我们的处境和精神生活，它们往往从故事开始，又到故事为止，从闲言碎语开始，又到闲言碎语为止，说到底，不过是一些人世间的飞短流长，但是，那些舞台上的人物，我们认得他们的际遇和嘴脸，那些更古老的形象和情感，也通过他们被“借尸还魂”了，这些对于当时的我来说，具有巨大的吸引力，所以，我就写下了这两部作品，但是，我心里知道，于我而言，“古典”仍然是“古典”，我也还是我，我并未能够在古典传统的当代演进中写出什么新意来，一直要到十几年后，当我写作《猛虎下山》的时候，我才觉得，那些戏台上的人再一次来到了我眼前，但是，传统也有可能通过我的写作展现出新的面目来，此中甘苦，真正是一言难尽。

问：你对现在的状态满意吗？

李修文：实话说，我就是拿写《诗来见我》这本书来帮助我度过最困难的时刻，仔细想起来，其实还没有哪本书的写作像这本书一样，跟我的生命血肉之间产生了如此深切的联系，就说那些最普通的词汇吧，像“花”“雪”“故乡”，以我过去的写作经验，是不太可能触及这些词汇的，但是，在《诗来见我》这本书里，我不光写了它们，还一篇篇去梳理了古典诗词里跟它们相关的篇章，不过是因为：在当时的情境下，它们变成了信使一般的存在，只要偶露端倪，就在证明着世界的生机，就在证明着我与世界的连接——比如说我每天晚上开视频和朋友们喝酒，就写了《酒悲突起总无名》这一篇；比如我的楼下有一片花，那个时期是要频繁消毒的，它们刚刚生长出来可能也就死掉了，我想，我就为它们写下一篇祭文吧，到了这时候，“感时花溅泪”这一句，难道不是已经变成了我命运的一部分了吗？所以，我在写这本书的时候，写作于我，就像是在服药，那些诗人，那些作品，在帮助我坚固心意，在让我与意外和灾祸周旋，写着写着，我甚至觉得，我走在一条正道上，这条正道，就是让“文章”继续变成“千古事”：通过阅读和写作那些诗词，我找到了对付难关的办法，这个办法，也许对别人、对可能的读者也是有效的，这种“有效性”，是我写作时最大的动力。

问：你曾多次坦率地表达自己常有“写不出来”的苦恼。这种情况下，你是怎么做的？

李修文：首先是泥牛入海，将自己的肉身投入到广大的人世里去；其次，尽可能地和遇到的每一个人将心比心，甚至“滴血认亲”，剩下的，只能交给命运。

李骏虎：现实主义才是最先锋的

李骏虎，现任山西省作家协会主席、民盟山西省委会副主委。出版有《李骏虎作品集》（八卷本）及长篇小说《奋斗期的爱情》《公司春秋》《婚姻之痒》《母系氏家》《中国战场之共赴国难》等，中短篇小说集《李骏虎小说选》（上、下卷）《前面就是麦季》等，随笔集《比南方更南》，散文集《纸上阳光》《文明叶脉——中华文化版图中的山西》等。曾获第四届山西新世纪文学奖、第十二届庄重文文学奖、2007—2009年度赵树理文学奖及赵树理文学奖荣誉奖等。2010年，中篇小说《前面就是麦季》获第五届鲁迅文学奖。

作家档案

出生日期：1975年10月3日

出生地、籍贯：山西省洪洞县

毕业院校及专业：山西广播电视学校，广播电视技术专业；中共中央党校，经济管理专业

血型：B型

最喜欢的个人代表作:《母系氏家》

文学偶像：雨果

文学之外的爱好：旅游，养花，三国游戏

想对20年前或20年后的自己说什么：前行不忘初心，追求道法自然，修为没有止境

文学观：呈现众生喧哗，叙事泥沙俱下，作品有爱有温度

采访手记

马烽成为知名作家后，经常有人问他：你几十年从事文学创作最深的体会是什么？或者有什么经验、诀窍？他毫不犹豫地回答：实实在在深入生活，到生活中获取素材。

对于山西省作协主席李骏虎而言同样如此：深入生活从来都是创作的不二法则。三十年的创作经历中，李骏虎两次挂职，为当地百姓做了不少实事，也收获了重量级作品。连李骏虎自己都觉得，从政的才华似乎并不亚于创作。

中规中矩的深蓝夹克，鼻梁上架副眼镜，总爱背着手，笑眯眯的李骏虎怎么看都更像是官员。

但是这并不妨碍他的创作脚步。早在1994年，李骏虎完成短篇小说处女作《清早的阳光》。作品以清新的面貌呈现，引起了《山西文学》编辑祝大同的注意。

初登文坛，李骏虎的写作更多地依赖个人体验。从县城调到省城工作，环境的变换所带来的刺激，对于爱情、人性、社会的感知融汇在他的短篇小说及长篇小说创作中。然而，经验写作似乎不能够支撑作家走得长远，李骏虎转身回归自己最熟悉的农村，以故乡的风土人情和人物为切入点，书写他们的精神状态和生存方式，中篇小说《前面就是麦季》获得鲁迅文学奖，长篇小说《母系氏家》获得赵树理文学奖。

他一直在下意识地寻找和自己最有缘的题材。偶然的机会，他注意到山西省在抗战中对华北战场的贡献以及在全国抗战中的地位，还有随着抗战形势不断变化的政治和军事博弈，而此前他还没有读到全面和正面表现山西抗战的大作品。了解了这段历史后，李骏虎一下子陷进去了，他很感谢能和这段历史结缘，让自己有机会去表述一个宏大的历史背景和诸多人物。写好历史巨人，不单单需要对他们的相关传记和在历史事件中的表现下功夫，还需要作家有一定的英雄情怀，一个心胸狭窄、蝇营狗苟之辈是无法洞察伟人的精神世界的。

挂职中的李骏虎参与建设洪洞县文化活动中心，重修了飞虹影剧院，把洪洞县失去的全国文化模范县的称号又夺了回来，并且一年内成功申报了三项国家级非物质文化遗产项目，这的确值得自豪。挂职使李骏虎得以近距离地直面社会现实，亲身体验到老百姓的生存环境，也形成了新的文学观念，从各种探索主义和先锋流派渐渐回归到现实主义的创作道路上来。他发现，现实主义才是最先锋的，走现实主义道路的作家，是最具有探索精神的。他们直面现实，记录时代。

“我们一直生活在一个大乡村，中国人的思维和精神都还源于乡村社会的传统思想，所以只需写好乡村，就足以把人的精神走向和政治生活表现出来。”李骏虎通过从过去到现在对乡村的书写，完成了从关注个人生命体验到观照更广大世界的过渡，回到了精神的原乡。

李骏虎曾经说，希望能写出一本书，让它风靡全国，对人们的社会生活产生重要影响，同时对当下时代发展有反观、借鉴和推动作用。这个理想现在也没有变。只是随着年龄的增长、阅历的加深，他对这个方向越来越坚定了。

短篇小说《清早的阳光》以清新的面貌出现，引起了《山西文学》编辑祝大同的注意，他激动地写了编稿手记，同时不无直率地道出自己的忧虑。

问：你的写作顺利吗？是否从一开始写作时就发表作品？是怎样走上写作之路的？

李骏虎：我的写作受到父亲的熏陶。父亲是二十世纪八十年代狂热的文学青年，在我根本不懂什么是文学时，它就成为我潜在的理想。我少年时，把文学当理想来喊口号，喊着喊着，它真成了我的理想。

在理想的推动下，我从小学时就尝试像大人一样写小说，有些东西就在潜意识中积累了下来。1994年，我完成第一部短篇小说《清早的阳光》时，无意识地调动了当时所有的积累，包括乡村生活经验、民间故事、刊物阅读等，那部小说当时让《山西文学》的编辑祝大同老师很是吃惊，他不相信一个19岁的年轻人能写出那么诡异的小说来，很激动地写了编稿手记，在那篇手记中，他同时忧心地指出，如果缺乏生活经验积累，李骏虎很可能只是昙花一现。

不幸被他言中，之后很多年，我几乎没写出什么像样的东西。直到1997年，我上中文系的弟弟给我带回一套王小波的“时代三部曲”，我的思想才被真正打开，并且一发不可收。感谢当时《大家》的主编李巍老师，慷慨地在同一期给我发表了两部中篇、两部短篇，还有一张整页的照片。那是2000年的初冬，我第一次在文坛崭露头角。

问：从起步到现在，写作经历了怎样的变化？

李骏虎：我的创作经历了四个阶段：第一个阶段是写个人体验，是一个年轻人从农村来到城市后对爱情、人性、社会的感知与书写，这个阶段有很多作品，短篇小说《流氓兔》《局外人》《解决》，长篇小说《奋斗期的爱情》《公司春秋》《婚姻之痒》，当然更多的文字谈不上是作品，只能说是练笔，回报是当了一回畅销书作家并获得了庄重文文学奖。第二个阶段是寻根写作，回归到自己最熟悉的农村，以故乡的风土人情和人物为对象，书写他们的精神状态和生存方式，这是最得心应手的一个阶段，作品不多，但带给我的荣誉最多，比如中篇小说《前面就是麦季》获得鲁迅文学奖，长篇小说《母系氏家》获得赵树理文学奖。第三个阶段在我的计划中原本是要写当下，写时代，写城市和社会，但我发现我没这个能力，我把握不住时代脉搏，也看不清时代方向，更不知道这个时代人们恒定的价值观念是什么，于是为了锻炼自己的眼光和思考能力，我决定先选取一个历史阶段来做深入研究，也就是通过对历史的认知和历史小说写作，来锻炼自己的历史眼光，再用历史眼光来观察当下。于是，第三个阶段就变成了历史小说写作，我选取了抗战时期对全国有着重要的战略意义的山西抗日民族统一战线，在中国作协的帮助下到晋西南定点深入生活，采访并搜集各种资料，原本打算写一系列的中篇或者一部长篇来表现当时全民族同仇敌忾的爱国精神，结果只写出了一部中篇《弃城》，发在《当代》上，后续的篇什因为我个人的情绪问题和其他一些原因搁浅了。我的终极目的是第四个阶段，能够像巴尔扎克一样书写当下，书写我们身处的这个时代，但我还远远做不到。

问：你在一次受访时说过，“这么多年我一直有个理想，就是能写出一本书（而不是文学作业），让它风靡全国，对人们的社会生活产生重要影响，同时对当下时代发展有反观、借鉴和推动作用”。“风靡”是否可以理解为畅销？

李骏虎：在我对作家这个行当的认知里，伟大的作家和好作家，他的作品首先应该是畅销的，能够影响最大范围内的读者，换言之，能够影响大多数的人，对他们的思想和生活产生重大的影响，也就是说对人类的精神生活和社会生活都产生作用。不可否认，文学创作的过程就是对社会和命运提纯的过程，但酿出来的酒是要给人喝的，不是自我陶醉的。用人们的生活“酿酒”，然后“醉倒”他们。这就是我对文学的理解。畅销是风靡的重要考量标准。

问：你从1995年就开始发表短篇小说，到后来的中篇、长篇，这种体量的变化是出于叙述的必要呢，还是为了证明自己？

李骏虎：我认为，作家写长篇还是中短篇，是由自身特性决定的。擅长写什么篇幅的小说，是由作家本身的情商决定的，属于先天的范畴，努力也白搭。

作家只顾闷头写作，不知道站起来审视自己的写作，不知道总结艺术方法，终究成不了大器。

问：我读《母系氏家》觉得很亲切，连主人公的名字都散发着泥土的芬芳。包括你的其他作品，地域色彩也比较浓郁，你觉得这是山西作家的特长吗？

李骏虎：我从小就从我父亲订阅的《汾水》(《山西文学》前身）上阅读“山药蛋派”老一辈作家的作品，受到的影响可谓深入血脉。但后来受西方文学经典影响很大，比如哈代的小说，因此《母系氏家》里的主要人物和前辈山西作家笔下的是有区别的。秀娟这个姑娘，终生未嫁，“质本洁来还洁去”，对她的世界里的人们给予了博大的爱和无限的包容，她是乡村精神世界里淳朴和美好的高度凝结体，她的灵魂是纯净和高贵的。要塑造这样一个圣女般的人物，用中国话本小说的技法是无法完成的，只能借鉴西方名著的方法去刻画她的精神世界，好在，我阅读过许多大师的杰作，他们能够像上帝一样指引迷途的羔羊，使它回到丰美的草地，也能使我的精神回到我笔下的故乡。

还有一个不同是，《老井》《厚土》里面的乡村是苦的，而《母系氏家》里的乡村是暖的。

问：您认为作家能够培养出来吗？可以谈谈鲁院学习对自己的影响吗？

李骏虎：爱迪生有一句名言："天才是百分之一的灵感加上百分之九十九的汗水。"这句话误导了太多的人。爱迪生说过这句话吗？说过，但这只是前半句，后面还有半句，完整的是："天才是百分之一的灵感加上百分之九十九的汗水。但那百分之一的灵感是最重要的，甚至比那百分之九十九的汗水都要重要。"就是说，写作作为一个艺术门类，第一要靠天分，第二要讲究方法。

在国外，作家培训班跟厨师和汽修工培训班一样，是个技术活儿，怎样开头，怎样结构，怎样设置悬念，怎样高潮，怎样结尾，那都是有很多方法的。我们是个矜持的国家，习惯把一切东西形而上，只重艺术不重技术，不知道怎样扶持天才成长，放任自流，毁灭了很多天才，《伤仲永》就是个典型案例。所以说，写好小说，它是有方法的。作家只顾闷头写作，不知道站起来审视自己的写作，不知道总结艺术方法，终究是成不了大器的。从这个意义上来说，鲁院对作家的意义的界定就是当头一棒，唤醒你在文学上的迷茫，引导你的艺术感觉。毫不夸张地说，我就是在鲁院学习时听到胡平老师讲文学要“照亮”灵魂，才猛醒的，写那篇获鲁奖的中篇《前面就是麦季》时，时时在想着怎样“照亮”灵魂，而这个题目，也是在鲁院课堂上听韩作荣老师讲诗歌美学时，听到他念了一句诗“前面就是夏天”，我变通过来的。

《中国战场之共赴国难》是李骏虎体量最大、下功夫最大的一部长篇小说，史诗般再现了中国共产党推动实现全面抗战的历史功绩。

问：之前你曾经写过中篇《弃城》，也是反映晋西南的抗战，与《中国战场之共赴国难》有关联吗?

李骏虎：写中篇《弃城》就是为了给《中国战场之共赴国难》的写作做准备，但展现的不是同一个历史阶段。写《弃城》的收获是，我实践了一下用小说的手法塑造阎锡山的内心世界，并且形成了自己在历史小说创作中追求的“去小说化”的理念，使读者在阅读中相信我讲述的就是历史真相。

问：写作《中国战场之共赴国难》，你做了大量的准备工作。可以具体说说吗?

李骏虎：历史小说的创作，主要的准备工作就是打通史料，包括历史事件和历史人物、人文地理、风土人情诸多方面。当我决定书写红军长征到达陕北后东征山西、促进抗日民族统一战线形成这段历史后，首先想到的是应该研究一下当时的国际形势和国内对日态势。这段历史文学上鲜有表现，史料也不够充分，为了打通史料、开拓思路，我通过各种渠道收集、购买相关著作、回忆录等资料一百多部，其中很多史料零碎、互相矛盾，需要寻找更多的佐证。滚雪球一样的史料堆积是我没有想到的，但也只有耐心认真地厘清历史事件脉络，感悟历史风云。同时，我在中国作协的资助下，来到永和县、石楼县等红军东征渡河、战斗的重要地区，对当年的地理环境、季节气候、群众基础等情况进行考察了解，努力使自己置身于当年政治、人文、地理、战争的真实氛围和环境里。

问：在多次对健在的当事人和事件发生地进行访问和实地考察中，你最深的感受是什么？

李骏虎：书上得来终觉浅，我最大的感受是如果不进行田野调查，之前对革命历史的所有阅读都是不能触摸到其本质的，通过走访调查对当时的社会环境、生存条件、人心向背有了一个基本的认识后，我深深地感受到中国革命成功之不易，以及共产党成为最终胜利者的必然性。在共产党领导学生运动、民运、罢工罢市，动员全国各阶层民众，中国人民红军抗日先锋军东征山西，奔走呼号，全国各党派捐弃前嫌、共赴国难，形成抗日民族统一战线之前，国民政府依靠国际联盟调解日本入侵，军阀拥兵自重、各自为政，人民国家意识淡薄，几近亡国。

问：这么说《中国战场之共赴国难》的写作，是在你的思想准备和经验准备都比较充分的时候落笔的？

李骏虎：由于对这段历史有了独占性的研究和掌握，我胸中涌动着创作的激情和挑战欲望，有信心把这段没有完整呈现过的救亡史从国际视野和国内政治层面上进行书写，这是一个作家的历史书写情结。

战争题材使李骏虎重拾宏大叙事。《中国战场之共赴国难》以1936年红军东征山西为核心事件，用文学之笔穿越历史，写出了一部鲜为人知的救亡史。

问：今年是抗战胜利80周年，北岳文艺出版社再版了《中国战场之共赴国难》。这部作品中有近两百个人物，有几十位曾经影响过历史进程、主宰过民族命运的历史伟人，太多的著作包括影视作品都有描写。能否回忆下你在写作时克服了哪些障碍？如何表达属于你个人的革命历史？

李骏虎：塑造真实的历史人物，尤其是写伟人，对作家最大的挑战就是你是否有英雄主义情怀。要想贴近历史原貌、反映历史进程，有一个方法就是以历史事件为轴心，但不着眼于事件本身，而是致力于人物的塑造，贴着人物去写，就算写的是大人物甚至历史伟人，也要从小处着眼，从他的现实处境和他所面对的矛盾出发，才能写出他的情怀。对于几个核心人物，我画过无数的人际关系图谱，比如宋子文和妹夫蒋介石的微妙关系，和二姐宋庆龄的微妙关系，因为蒋介石的存在而形成的宋氏家族之间的微妙关系等。这些都要搞清楚，否则就无法解释很多事情为什么那么做，历史的走向为什么是那样的而不是这样的。就算是次要人物，他也必须有鲜明的性格特征，这样文学才能够从历史当中借力。

问：通过写作《中国战场之共赴国难》，你对红军和晋绥军作战原因等历史问题是否有了新的认识？

李骏虎：毛泽东领导中国人民红军抗日先锋军东征山西，对民国模范省山西进行赤化和抗日宣传，在中央军、晋绥军二十万重兵的围追堵截下，坚持斗争了七十五天，最终与阎锡山、张学良、杨虎城结成了北方阵线，公开反对国民政府和蒋介石的对日政策，开始了抗日合作。中共还听取了张学良的建议，变“反蒋抗日”为“逼蒋抗日”，为西安事变的发生、中国革命进程的改变打下了基础。这也是我在《中国战场之共赴国难》中所主要表达的。

问：你觉得自己的写作技巧和艺术处理是否日渐成熟？

李骏虎：我认为艺术手法的成熟在于对不同的题材能够运用

最契合它的手法来表现，而不能形成一个定式，有时候甚至是多种手法的综合运用，比如在《中国战场之共赴国难》的写作中，为了把战争写好，我综合采用了罗贯中《三国演义》的形式、雨果《悲惨世界》的视角、托尔斯泰《战争与和平》的笔法，三位大师“合力”助我完成了本来不可能完成的战争写作。

问：70后作家写抗战题材是否意味着这一代作家正从个人经验和小我中走向宏大叙事并有所担当？

李骏虎：我从来不敢认为自己和自己的作品能够代表70后作家。在我的阅读经验中，宏大叙事是50后惯用的手法，似乎从先锋派以来这一手法就被扬弃了，到了70后、80后这里写作变得更加个人经验化。我重拾宏大叙事，也是因为要书写的历史题材使用这一手法最适宜。这是我个人的取向和追求。

每当创作中遇到瓶颈，李骏虎就从阅读中寻找灵感。他时时提醒自己要有艺术匠心，远离“口水小说”。

问：从2010年获得鲁迅文学奖后，你的创作状态如何？

李骏虎：获得鲁奖后，我一直想突破自己，其实一直到2019年差不多十年时间里，我都处在想写出超越自己获奖作品的文字而没有明显进步的苦闷期。虽然也出版了两部长篇小说，但心心念念的还是在更体现艺术手法的中短篇小说上有所突破。直到

2019年参加省委党校读书班在浙江大学学习，住在西溪校区，宿舍门的门牌号下面都有几个跟浙大相关的字句，我门口的是浙大校歌里的一句“何以新之”。那几天我一直在琢磨这句话，从“靡革匪因，靡故匪新”中领悟到革新首先要继承传统，意识到这些年的小说写作语言过于随意，文本上失于匠心，那种小说就是说话的论调降低了小说的艺术性。鲁迅先生的小说作品，每篇写法都不重复，但每篇都是经典范式，从语言、结构到每一个开头都有强烈的文本意识。这可能是我们的中短篇小说失去经典化的内因。于是我跑到附近的书店买了一套《鲁迅小说全集》重温学习，后来在创作的时候时时提醒自己要有艺术匠心，不能写口水小说，就是在这个意识的指导下，写了《白昼天空的星辰》等几篇跟之前不一样的小说，入选了当年的好几个选本选刊，有评论家认为我超越了自己当年获得鲁奖的作品。我为此感到欣慰。这都不算什么成就，只能说是“面壁十年，终有所悟”吧。

问：写作《文明叶脉——中华文化版图中的山西》(以下简称《文明叶脉》)，和你之前的散文写作有何区别？写作心态上是否也有很大的差别？

李骏虎：之前写作散文是文学性第一位，主要走心。写《文明叶脉》是一个学习和研究的过程，目的在“致用”，同时享受着思考的乐趣。我是把这本书当作调研报告来写的，我们民盟的先贤费孝通先生的《江村经济》和《乡土中国》就是散文化的调研报告，我基本上学习的是这个体例，“虽不能至，心向往之”。写作和编辑这本书，让我觉得作家还是要有家国情怀、文化自信的，文学有时候只是一种帮助你思考和表达的手段，而更真实的思想在历史本身。

问：从历史哲学的角度写山西，对你来说有难度吗？最需要解决的是什么问题？

李骏虎：应该说没有什么难度，我本身对历史和哲学的兴趣就大于文学，对山西在中华文明史的研究也有二三十年了，虽然很肤浅，但是一直浸淫其中。最需要解决的反而是对当下山西经济社会发展的了解，以及山西在全国发展大局中的意义。好在我有一个习惯，就是平时看文件资料的时候会分门别类地记笔记，我有七八个本子做不同领域的笔记，文旅的、生态的、乡村振兴的，等等，阅读报刊的时候也会剪报和摘抄，还有就是我是全国政协委员、省政协常委，所以相关政府部门的工作简报能定期收到，这些都是一般作家所不具备的条件。所以我的这些关于山西的文章里的数据和判断都是有权威出处的，是非文学的。我办公室的五个书柜里，没有什么文学书籍，基本都是山西历史文化书籍，还有省社科院的年度经济社会蓝皮书等，所以查阅史料也非常方便。借这个机会也感谢一下以上提供数据的部门。

《文明叶脉》发掘了山西在中华文明不同阶段的历史性贡献、新时代建设文化强省的底蕴优势，对山西的历史文化资源和文旅融合发展进行了全新的对比和思考。

问：《文明叶脉》角度切入得很好，发掘了山西在中华文明不同阶段的历史性贡献、新时代建设文化强省的底蕴优势等。你从小说转向非虚构写作有什么契机吗？

李骏虎：这本书的写作其实有点顺其自然的意思，因为人到中年大多都会对历史越来越感兴趣，我这几年的阅读取向也发生了变化，对虚构作品的阅读兴趣小了，几乎都在读历史和哲学的思想性著作。《文明叶脉》的写作有点“无心插柳”的意思，2020年的夏天我被中央统战部选派到四川省挂职，原本想借这个机会在蜀中多走走看看，每个星期写一篇关于四川人文地理的随笔，书名都想好了，就叫《读蜀记》。没想到到任后工作越来越忙，倒是利用工作调研的机会基本走遍了二十一个市州，十四个月的时间里却只写了五六篇文章。本来算是一个流产的写作计划了，没想到回到山西后，这十四个月来在四川挂职和在南方省份调研的经历，却让我对山西的历史文化资源和文旅融合发展产生了全新的思考，先是写了一篇为太原寻找文旅宣传语的《太原不太远》，没想到在《光明日报》发表后反响很大，新华网转载后就“刷屏”了；后面又写了《从江南到山西》，社会关注度依然很高，就继续扩大研究范围，写了《黄河文明与三晋文化》。就这样写了一个系列的散文体的调研报告，最后由山西人民出版社出版，命名为《文明叶脉——中华文化版图中的山西》。

问：从全书结构上看得出来你很费心思，纵向选取中华五千年文明史中与“晋”紧密相关的几个关键阶段，横向上就文旅融合和文化产业发展这一新时代课题，把山西同南方省份进行了调研对照。你是怎么想到以这样的方式架构整部作品的？

李骏虎：这样的架构，其实是“取巧”，我毕竟不是研究历史文化的学者，只是对这方面感兴趣的作家，选取山西在中华文明重要节点上的作用来书写，更是由中华文明的特征所决定的。中华文明作为人类历史上唯一没有被中断的古老文明，主要发源于黄河流域的华夏族，所以也被称为华夏文明，而山西地处黄河大峡谷的腹地，也被称为华夏文明的摇篮。孔子删订《尚书》自尧始，尧都平阳就是我的家乡山西临汾，陶寺遗址也佐证了中华文明有五千年历史，这是作为信史的文明源头，而元末明初的山西洪洞大槐树移民，又有着复兴中华融合血脉的伟大历史意义。山西在中华文化版图中至关重要的节点很多，只能以点带面地写一写。

基于山西几乎有着全国最丰富的历史文化资源这一点来看，山西的文旅融合和文化产业发展与南方省份相比还是滞后的，这一方面受我们传统的“一煤独大”的产业结构制约，另一方面也由于农耕文明“日出而作，日落而息”的勤劳精神，形成了山西人不尚休闲的传统理念，而旅游的核心是放松身心，不是“受教育”，山西人会干不会玩，就成了阻碍发展文旅的内因。同时，发展文旅产业上消费是第一位的，山西人又是最能攒钱而不善花钱的。

我也是离开山西工作后才发现，这些根深蒂固的理念和产业模式都与新时代的文旅融合发展格格不入，于是在写作中尽可能地把自己了解到的省外的做法和理念跟山西进行对比研究，以求“致用”吧。

问：当你走出山西写山西时，眼光和视角有何不同？

李骏虎：“当局者迷，而旁观必审。”我在山西工作的时候跟有些人一样觉得山西“这也不行，那也不行”，挂职期间每个月回一趟山西，渐渐发现“这也不错，那也不错”。山西有两大丰富资源。一是煤炭资源，也因此承担起国家的“能源保供”任务，给二十多个省市区协议价供煤，在这样的前提之下，我们的经济社会发展、生态文明建设、城乡人居环境改善都在新时代取得了日新月异的瞩目成就，很多早年来过山西的朋友近年再来，对山西的变化都感到震撼。另一大资源是历史文化资源，所谓“地上文物看山西”，山西本身就是一座巨大的华夏文明博物馆，是中华文明探源工程重要的佐证地。早就听说山西的文物古迹多，来了一看才发现比想象中更多，这是很多朋友的亲身经历。但就转型发展、文旅融合、文化产业来讲，我们还是受着传统观念和产业结构的限制，需要进一步学习南方省份来解放思想、转变观念。比如，旅游产业的核心是人和消费，山西需要吸引更多的外来人口，也需要引导消费、扩大内需。这些都是“离开山西看山西”的一点感悟吧。

挂职对李骏虎来说可谓意义重大。前一次回到家乡挂职，他写出了《前面就是麦季》；前两年跨省挂职，完成了《文明叶脉》，更大的收获是由此解决了自己在书写时代上的困难。

问：你当年去洪洞县挂职，具体担任什么职务？是只挂个虚职还是“真枪实战”？

李骏虎：我挂的是县长助理，其实是民主副县长的角色，分管过文化、体育、新闻、广电等，协管过林业、旅游、科技。从2005年到2009年整整干了快满一届，建设了洪洞县文化活动中心，重修了飞虹影剧院，把洪洞县失去的全国文化模范县的称号又夺了回来，并且创造了一项至今全国县份无一能破的纪录，那就是同一个年份成功申报三项国家级非物质文化遗产项目。我分管教育的时候，完成了省属、市属三家国企学校的数百名教师和数千名学生的移交地方工作，还当选为洪洞县第十三届人大代表。至于上山下乡、走村入户更是家常便饭，想方设法帮助老百姓解决饮水困难等事情就更多了。至今洪洞人都喊我李县长，对当年的文化县长，那是“到处逢人说项斯”啊。哈哈，我总觉得自己在政府工作方面比在写作上有才气——虽然都是票友水平。

问：你在挂职期间感受如何？

李骏虎：挂职体验生活，让我得以近距离地直面社会现实，亲身体验到老百姓的生存环境，深刻体会到生活远比想象中的要精彩，是作家取之不尽、用之不竭的创作源泉。四年的挂职体验生活，同样改变了我的文学观念，使我从各种探索主义和先锋流派渐渐回归到现实主义的创作道路上来，通过对古今中外经典的阅读，我发现，现实主义才是最先锋的，走现实主义道路的作家，是最具有探索精神的。他们直面现实，直面矛盾，直面人的生存困境，同样直面人的精神困境，他们是时代的代言人，也是历史的记录者。放眼世界文坛，托尔斯泰、巴尔扎克、狄更斯等，伟大的现实主义大师灿若星辰，那些引领着人类精神脚步的大师，没有一个不是现实主义道路上的实践者和探索者。他们为人类留下不朽的精神财富，他们对芸芸众生的悲悯情怀，对人类博爱精神的讴歌，永远激励着我们前行的脚步，也成为后辈作家们仰望的灯塔和精神导师。

问：你后来跨省挂职四川省广电局副局长时，做了哪些实事？

李骏虎：我在四川省广电局挂职期间分管内容创作与生产工作，就是电视剧、网剧、网络大电影的生产推动、立项审查等工作。文化体制改革中“管办分离”实行后，内容生产都是电视台和制作公司的事情，广电局作为行政部门只有立项审查功能，但是新时代的工作要求行政部门延长服务手臂，直接服务于制作机构。我作为分管副局长，一年多的时间内与著名作家阿来老师、八七版《红楼梦》贾宝玉扮演者欧阳奋强老师等著名导演和制作人建立了深厚的友谊，在局党组领导下，我主持了四川省影视产业联盟大会的选举工作和成立仪式，在全国广电系统中较早地建立了内容创作生产项目库，并且亲自审读、修改了五十多部影视剧本，主抓的多部电视剧项目得到国家广电总局立项，被四川省委组织部考核为优秀省管干部，并在全省范围内通报嘉奖一次。

问：这并非你第一次挂职，你如何看待挂职对于自己创作的影响？

李骏虎：我出生于二十世纪七十年代初，小时候帮大人种地，种麦子用的木耧据说还是四千三百多年前帝尧“教民稼穑”时发明的，有牛的人家是牛拉耧，没牛的人家只好用人拉着种地。就是说，在改革开放之前，我们的生产方式是数千年没有进步的，生产力决定生产关系，社会文明的进步是相当缓慢的，因此思想家包括作家就能够有足够的时间去观察思考，从而引导和启迪大众，被誉为“人类灵魂工程师”。古今中外诞生了那么多的文学大师，历史进程的缓慢是重要原因。

而我国自二十世纪改革开放后，社会转型发展一日千里，技术革命日新月异，作家面对时代进步下令人眼花缭乱的事物，不要说去把握和审视，简直看也看不清，追也追不上，只好越来越宅，越来越圈子化。所谓的文学边缘化说白了就是作家跟不上时代、不了解社会。这就是作家为什么需要“深入生活，扎根人民”的原因。在深入生活、了解社会的方式中，挂职是比较“在场”的方式，我三十岁左右的时候回到家乡挂职县长助理，激活了农村生活的富矿，写出《前面就是麦季》，并获得了鲁迅文学奖；跨省挂职四川省广播电视局副局长，写出了《文明叶脉》，更大的收获是因此解决了自己在书写所处时代上的困难，构思好了一部现实题材长篇小说，只等着工作不太忙的时候下笔。

问：你认为挂职于作家来说，最重要的意义是什么？

李骏虎：挂职可以使作家“在场”。正像前面说的，挂职是作家了解社会、关注民生、洞察时代、介入现实的渠道，对于发现素材、激发灵感，尤其是在塑造时代人物上作用很大。小说家最大的成功是创造出新的人物形象。这个新人物可以是一两个典型形象，也可以是群像。评判这个新形象成功与否，有一个重要的文学史标准就是他是否具有时代特征，是“这一个”而不是“那一个”，他与时代的关系用文学化的语言表达就是：一滴水可以反映整个太阳的光辉。现在的社会分工越来越复杂精细，读者和观众的艺术鉴赏能力越来越高，作家的作品如果社会关注度不高、时代性不强、人物不真实，都不会得到广泛的认可。文学要打破“圈内循环”，作家挂职是比较好的解决常识问题的办法。

问：回顾这些年的创作，你有过怎样的变化？

李骏虎：我二十多岁时，从县城调到省城工作，环境的变换对我造成感受上的刺激，使我对社会和人性产生了诸多思考，也是由于当时正处在对爱情感受最强烈的年龄，这一切的生命体验使我产生了创作的冲动，所以那个阶段写有关个人城市生活体验、感情体验和精神世界的作品比较多。这对于一个青年作家是很正常的阶段。靠调动个人体验创作，时间长了必然面临资源枯竭的问题。就是在这个时候，我把目光转回我生长了二十几年的乡村，开始写我最熟悉的那些人和事，其实中国并没有完成人的城市化，我们一直生活在一个大乡村，中国人的思维和精神都还源于乡村社会的传统思想，所以只需写好乡村，就足以把人的精神走向和政治生活表现出来。当然，写过去的乡村生活不足以表现当下的时代价值和社会状况，但文学的任务是分区域的，对于我来说也是分阶段的。我通过从过去到现在的乡村书写，完成了从个人生命体验到观照更广大的世界的过渡。从一个狭窄的视角转为较为广阔的视角，这是作家走向成熟所应该经历的，是自然的阶段转变，不是刻意转型。

李骏虎常常反思自己的文学创作，也反思当下文坛。他觉得自己走过很多弯路，也在“弯路”中获得了很多的宝贵经验。

问：你如何评价当下文坛？你认为当前文学创作有什么问题吗？

李骏虎：我觉得当下的作家存在的一个最大问题就是精神的矮化，是白话小说有史以来的一个最大低谷。无论是从纵向上新文学的发端时期来说，还是从新文学发端时国际上的写作横向比较来说，作家要写什么，写这个东西要干什么，都有精神向度。但是现在咱们这个时代的脉搏是什么？我们已经把握不住脉搏，但是能看到一些表层现象，时代价值观已经从一个多元化的价值观变成一个很单一的价值观，就好像卡尔维诺对十九世纪作家们表现的那个时代的评价。有一个说法，我们现在正处在一个只用经济观点来思考的社会。为什么经济学家能够看透社会运行的规律和本质，文学家看不透？我们能否看到现实，能否去判断它、把握它、表现它，恐怕是我们面临的一个理解上的难题，更是一个写作难题。

问：你对自己的要求是什么？和过去一样吗？

李骏虎：我现在大概有三百万字的作品，但现在看来大多数算不得作品，只能算练笔。说实话获得鲁奖之后我对自己的要求严格了很多，写完一篇小说，如果不能超越自己，没有特色，宁可不拿出去发表。并且在对长篇的要求上，对艺术水准和社会影响的追求上同样严格。过去追求发表和出版，现在开始怕发表和出版，没有写出好东西，绝不求其次。

问：在创作上，你有过怎样的探索？是否也有状态不好的时候？你觉得自己最大的瓶颈是什么？

李骏虎：我走过很多弯路，但现在看来都没有白走，大量的废品生产过程中也获得了很多的宝贵经验。我自我感觉模仿能力很强，从王小波到雨果，都执着地模仿过很多年，写过很多作品，后来渐渐摆脱。但他们的一些东西其实已经深入骨髓，所有作品中都浮现着相同的影子，不可磨灭。我最苦恼的是，自己是一个理念先行的作家，说的比写的好，能想到但做不到，总是觉得写出来的东西没有想象中的好。但问题还得慢慢解决，经验还得慢慢积累，比如长篇小说的大历史背景问题、命运感的问题、人物塑造的问题，要达到自己理想中的样子，不是一日之功啊。

在外界看来，我的转型似乎是刻意的，但我知道是遵循了自身的创作规律，我在最有激情的年龄写个人体验，在走向成熟的年龄写自己最熟悉的乡村，在有一定阅历之后写历史，以后再在把握一定历史规律之后写当代。这都是有点“随波逐流”的感觉。

问：你希望自己成为怎样的作家？

李骏虎：写小说写了这么多年，原来没有形成过自己的写作理想。从刚开始的激情式写作，到后来的玩什么主义，到最后慢慢回归，实际上有自己的写作理想也就是近一两年的事情，我也没有想到后来自己会非常想写一部现实主义的作品。这恐怕也成为我以后越来越坚定的写作方向。托尔斯泰的终极追问、巴尔扎克的时代逼视，未必不能和福克纳浓郁的地气结合起来，试试总是好事情。

问：我也很希望了解你的阅读状况。在你成长的过程中，哪位作家对你的影响比较大?

李骏虎：对我影响最大的当代作家是王小波，我从1997年到2007年十年间所有的小说，都是模仿王小波的风格，有八篇共三十万字，后来专门结集成一本《向王小波致敬》。我认为，评论界把王小波的小说界定为“黑色幽默”是粗浅的，实际上，王小波的创作已经达到了艺术的最高境界：荒诞。小说中的讽刺意味与苦涩的幽默结合在一起，通过不确定的时空和人物来表现作品的思想内容，将现实中的具体人物抽象化。他的小说已经达到了“在故作平淡无奇的日常形式中表达出反常的内容”，使之不受制于现实的事件，显得“比真正的生活真实还要现实”。在当代中国作家里，无出其右。

小仲马的《茶花女》、马尔克斯的《百年孤独》、陀思妥耶夫斯基的《被侮辱与被损害的人》……无论是现实主义、魔幻现实主义还是现代主义，都给予过我精神的陶冶和视野的开拓。后来我多年着迷于阅读雨果的作品，搜集并购买了他所有版本的作品全集，雨果是公认的浪漫主义大师，在他笔下的芳汀的悲惨命运，主教使冉·阿让人性的转变，以及他对宗教的长篇评述，他笔下拿破仑的滑铁卢之败都是那样直击人的精神归宿，揭示人类社会的本质以及人生的苦难。和陀思妥耶夫斯基一样，雨果对我的影响是巨大的，我所有的作品都摆脱不了他们的巨大影响。现在，我打心眼里喜欢托尔斯泰，一遍又一遍地阅读《战争与和平》《安娜·卡列尼娜》，而且我已经理解，现实是文学上一切主义的起飞点和落脚点。我说最先锋的就是现实主义，正是因为现实的“超验性”。而我坚定现实主义的创作道路，也正是看到了它的包罗万象，在我的所有作品中，即使是最“现实”的作品，也总是不自觉地运用着“超验性”，它仿佛有神性的东西，赋予作品以灵性。我不认为现实主义的创作束缚了我以前作品里明显的超验性。相反，我觉得是现实赋予了超验性更大的艺术表现力，超验性之于现实主义，就像闪电在乌云和大地之间窜动。

山西目前有一支梯队合理、实力雄厚的中青年作家队伍活跃在全国各大文学期刊上。

问：2022年，你当选为山西省作家协会主席，会觉得有压力吗？

李骏虎：有利有弊。好处是可以直接给作家服务，冲突的是工作比较忙，影响了自己写作的时间。压力还是有的，新时代以来的山西文学和作家的影响力跟过去“山药蛋派”“晋军崛起”的历史地位都不能相提并论，使新时代山西文学得到高质量发展，是我目前最大的工作任务。

问：目前的山西作家队伍是什么状况？怎样进一步推动发展山西文学？

李骏虎：虽然当下的山西文学地位与历史不符，但令人欣慰的是，山西目前有一支梯队合理、实力雄厚的中青年作家队伍，从70后到90后有二三十位活跃在全国各大文学期刊的作家，这样的规模在全国其他省份是很少见的。他们只是缺乏宣介，因此我当选主席后首先在办公室对面开设了“名家精品孵化室”，提出打造“新时代文学晋旅”品牌，借助中国作协“新时代山乡巨变创作计划”和“新时代文学攀登计划”，与全国各大期刊和出版社联合推出“晋旅”作家作品，目前已经出版“新时代文学晋旅　山西中青年实力作家中篇小说代表作丛书”，同步在《映像》杂志每期推出作家访谈。《小说选刊》曾同期发表三篇山西中青年作家小说作品，包括杨遥、陈克海、武茳虹，作为“新时代文学晋旅”小辑，并约我写了同期评论。希望像当年《当代》杂志推出“晋军崛起”一代作家一样成为当代文学史上第三个山西文学现象。同时建立了各市县文联主办的文学刊物每月向省作协主办的《山西文学》和《黄河》推荐一篇优秀作品的“直通道”机制，旨在广泛发现基层文学人才，一手抓名家精品，一手抓文学生态，期待能够使新时代山西文学得到高质量发展。

王凯：文学的种子在戈壁肆意生长

王凯，1975年出生，陕西绥德人，1992年入伍，历任学员、技术员、排长、指导员、干事等职，现为解放军某部创作员，中国作协全委会委员、军事文学委员会委员。在《人民文学》《当代》《十月》等刊物发表作品百余万字。曾获第十二届全军文艺优秀作品一等奖、第三届人民文学新人奖、首届中华文学基金会茅盾文学新人奖等。2022年，中篇小说《荒野步枪手》获第八届鲁迅文学奖。

作家档案

出生日期：1975年10月29日

出生地、籍贯：陕西省绥德县

毕业院校及专业：空军工程学院，航空无线电专业

血型、星座：O型，天蝎座

最喜欢的个人代表作：《导弹和向日葵》

文学偶像：所有给予我教益的作家

文学之外的爱好：看电影，跑步，和朋友聊天

想对20年后的自己说什么：希望那时候我还喜欢写作

文学观：真诚而自然，如果能准确就更好了

采访手记

沙漠是什么?

我们通过教科书认知，沙漠是无数沙粒的累积；传奇的想象中，沙漠是海市蜃楼的幻景；三毛的《撒哈拉的故事》里，沙漠是浪漫的异域情调；在安德烈·纪德的笔下，沙漠有着精雕细琢的精美，是苦难而辉煌的；庾澄庆和田震的歌声里，沙漠有着动人的驼铃声……

军人王凯笔下的沙漠呢?

1994年，他刚从军校毕业，骑着借来的自行车去找同学玩。

因为他在电话里给我吹嘘过好几次，说他们队拥有全基地最强大最先进的菜地，丝瓜能长到一米多长，随便摘个西葫芦扔过来立马能砸我个脑震荡，此外还有一头德高望重、九死一生的大猪，少说有500斤重，沙漠一带无猪能出其右……那些菜和猪长什么样早已毫无印象，我却还清楚地记着自己头顶烈日沿着笔直的军用公路骑到半路时，陡然生出的强烈恐慌。我平生从未进入过如此绝对的孤寂，四野是砾石遍地的戈壁滩，再远处是绵延不绝的沙丘，20多公里的水泥路瞬间漫长到失去了尽头……

那是王凯第一次独自在沙漠出行。

三十个年头过去了。沙漠是王凯最辽阔的背景。他的连队也像一片戈壁，哺育着文学的种子在此生长。

行走在沙漠的王凯把自己写成了一粒沙，融入了戈壁。

“不写它我写什么呢？我没什么别的东西可写，我只有沙漠。对我来说，只有不停地写，它才会变得安静下来，不再那么没完没了地在我心里飞沙走石，也不再那么喧哗，以及骚动。”

热气腾腾的集体生活让人怀念，连队指导员的工作是王凯此生最为重要的经历之一，那是真正意义上深入军队生活根系的四年，使他拥有了别样的生命体验。如果说军校是王凯军旅生涯的启蒙，那么连队就是他军人生活的深造。

如今离开连队二十年了，王凯依然能清楚地回忆起那些属于连队的面孔和细节，有很多都写在了他的小说里。

《上尉的四季》是军旅作家王凯最新的长篇小说，通过描绘日常生活中青年军人的心理变化以及他们的人生选择，塑造了当代军旅文学的“新人”形象。

王凯第一次发表散文就登上《解放军文艺》，可之后六七年再也没发表过一个字。

问：你对于文学的爱好是从什么时候开始的？

王凯：这个说起来有点话长，我能想起来的是上小学的时候经常在我爸的办公室里看小说，他的书架上基本都是地空导弹和无线电控制方面的专业书籍，我现在也搞不清多出来的那些小说是哪里来的，因为他从来不看那些“闲书”。我现在印象最深的是《隋唐演义》和《说岳全传》，当然还有很多的连环画。小的时候我比较喜欢看书，可能是因为我家电视买得比较晚，别人放学回家都可以去看《聪明的一休》，我和我姐回家只能听收音机。上了中学以后看文学刊物相对就多起来了，县城邮局里会有很多文学期刊销售，像王朔的《空中小姐》就是那时候看的。看得多了自己也就想写一写，我记得上中学时语文老师让我们每天写日记上交，我感觉自己实在没什么可写的，还写过一段时间的武侠小说，后来有一天老师给我批了一个“写乎？抄乎？”然后就说我不用交日记了，正好我的武侠小说也编不下去了。现在想来，那时候自己有了点写作冲动，但完全是没有创作能力的。

问：1995年发表在《解放军文艺》的《感受戈壁》是你的处女作吗？是自然投稿吗？文学上的引路人是谁？

王凯：对，那是我第一次发表在刊物上的文章，一共只有一千字，发表在1995年第7期《解放军文艺》的“读者之窗”栏目，这个放在杂志最后一页的栏目好像就办过这一年，正好被我赶上了。之前在军校的时候，我也写过一些不怎么着调的诗和小小说，也投过很多次稿，但是从来没有被发表过。写这篇稿子的时候正好是1995年的“五一”，连里的士兵都去找老乡玩了，我在宿舍里没事可干，就拿稿纸写了这么一篇小短文，然后寄走了。没想到两个月以后居然收到了样刊，把我给激动坏了。因为刊物发表时把我写给编辑部的一封短信同时发了出来，上面有我的地址，所以我还收到了几十封“读者来信”，他们哪知道我前两天还是个读者。我们领导知道这事情以后也挺高兴，还要把我从连队调到政治处去当新闻干事，所以说我当时还是得意了几天的。

如果我的文学之路一定要说有一个引路人的话，我一直都认为是我姐。她比我大两岁，上中学的时候就特别喜欢买各种文学刊物，像《当代》和《中篇小说选刊》这些，我就跟着她看。我觉得这一段阅读的过程对我后面的写作是很重要的，让我对小说产生了浓厚的兴趣。说起来，我姐其实也挺喜欢写东西的，在我刚开始学写作的时候，感觉我姐的文笔比我的要好得多，不过我的兴趣很持久，一直到今天还对写小说感兴趣。

问：但是后来很长时间，你的写作并不顺利，那段时间是怎样的状态？你是如何度过的？是什么支撑你不断地写下去呢？

王凯：我的小短文在“读者之窗”发表以后，我深受鼓舞，没事就写小说，写不出小说就写散文之类的，然后就不停地投稿，投完稿就巴巴地等着编辑部回信，可惜大部分都没有回音。有六七年的时间我一个字也没发表过，这让我慢慢回过神来，开始认识到自己可能并不是写作的材料，甚至有段时间还有点恨当初给我发稿子的编辑，我的逻辑是：如果他不给我发表，我很可能早就不写了。就是因为他给我发表了，所以让我误认为自己具有写作的才能，这下可就把我搞得欲罢不能，十分纠结。好在虽然好几年发表不了，但我写作的兴趣和表达的愿望始终存在，从这点上说，可能还是天性的一部分。现在回想起来，那几年的挫折并非坏事，一方面让我对自己的写作有了相当的自知之明，另一方面也印证了我真的很喜欢写东西。我就这么一直跌跌撞撞地写着，终于在2001年冬天,《空军报》“长空副刊”用一个整版发表了我的三篇短小说，编辑用了“推荐指导员王凯和他的小说”的通栏大标题，还加了挺长的编者按，搞得当时在我们基地还挺轰动的。这个鼓励对我相当大，从那以后，我才又慢慢地开始发表作品，好像是真正走上文学之路了。所以至今我还非常感激当时《空军报》的编辑黄涛老师，虽然他早就离开部队了，我到现在都没有见过他的面。想一想，这也是文学带给人的幸运和美好。

问：童年对于作家的影响是巨大的，能谈谈你的童年生活吗?

王凯：我出生在陕北农村，三岁时跟母亲和姐姐一起随军到了河西走廊。我虽然在各种表格上籍贯填的都是“陕西绥德”，但我童年的记忆实际上是从河西走廊的戈壁和军营开始的。二十世纪七八十年代的生活比较简单、朴素，好像每家的生活水平都大同小异，我记得小学时从部队去县城上学的路上要经过一条小溪和一条小河，水非常清澈，我们常在放学路上去河里抓青蛙，但后来它们全都干涸了。那个时候的生活对我来说应该是安静又美好的，上学的时候我们每个孩子脖子上都挂着家门钥匙，但我记得很多时候门根本都不用锁。不过很奇怪的是我一直没有在小说里写过童年，可能那对我来说是一个水源地一般的所在，你受它滋养，却很少走近它。直到今年我才写了一个关于童年时代的中篇，当然是一个军营中的童年故事。我想起来，那时候的生活还有一个不太一样的地方，就是每年都会有儿时的朋友跟着转业的父母离开，这可能是我留在心底里的关于童年的淡淡忧伤。

王凯把连队小图书室的书都看了个遍，有一段时间没什么可看的，吃饭时就拿着本《现代汉语词典》来看。

问：你的阅读是从什么时候开始的？哪些作家作品对你的创作影响比较大？

王凯：真正的文学阅读主要还是在中学和军校时期，除了跟着我姐看一些文学期刊，还有一个相当重要的阅读来源是基地图书馆。那个图书馆其实就是一间大房子，里面放了几十个书架，第一排是满架精装的马恩列斯全集，再往后就是全套的二十四史，然后是网格本的世界文学名著，我印象中特别清楚的还有带着木刻插图的儒勒·凡尔纳的科幻小说，反正有好多好多书，那些书简直是太好了，可惜那个图书馆后来被改作了连队宿舍，里面的书都不知道被弄到哪里去了，早知道这样我肯定得借走一大堆书然后赖着不还，现在说啥也没用了。

后来毕业回到戈壁滩，那地方没什么娱乐，我把我们连队小图书室的书看了个遍，我记得冬天的中午饭堂很冷，我就把饭菜用一个大碗打回宿舍边看书边吃，有一段时间我没什么可看的，吃饭时就拿着本《现代汉语词典》来看。不过回头再看，我读的书和很多写作的朋友比起来少得可怜，直到前些年从机关单位去了创作室才又开始看一点儿书了。但书永远也看不完，所以我也不强迫自己，能看多少看多少。读过的很多作家的作品都或多或少会对自己有所帮助，大师们就更不用说了，这方面我感觉自己没什么发言权，不过我倒是想起来年轻的时候很喜欢看山西作家钟道新的小说，读起来特别过瘾，可惜他去世得比较早。

问：听说你喜欢史书，你常读的史书有哪些？在《上尉的四季》等作品中，显示出你对诗歌的热爱。你更喜欢中国的传统文化和古典文学吗？

王凯：真要说起来，我读历史书可能比读文学书要多那么一点。历史是我从小就比较喜欢的，小时候看林汉达的《前后汉故事新编》，到现在还记忆犹新。那时候我甚至想过以后要是考大学的话一定要考历史系。我最喜欢的史学家是司马光，因为我曾花了两年的时间通读了中华书局二十册的《资治通鉴》，读完了觉得不过瘾，又看了一遍《通鉴纪事本末》，当然了，后者全都是袁枢用司马光的原文重新编纂的。我去年写《上尉的四季》时，主人公马小光的名字就是从司马光那里借来的。我书柜里的史书也比文学书要多，除了史籍之外，像陈寅恪、吕思勉、周一良、王仲荦、田余庆这些史学家的著作我也读过不少。

当然我只是读个热闹，很多时候是当故事看的，之所以喜欢前四史和《资治通鉴》这些史籍，一个重要原因就是觉得书里的语言特别好，能把一件复杂的事情讲得脉络清晰，入传的人物用几句话就描绘得栩栩如生。但要从传统文化和古典文学这么大的概念来说的话，我其实只是个门外汉，不过对唐诗宋词还是很喜欢的，上学的时候老师不要求背诵的古诗古文我也喜欢把它们背下来，我喜欢里面的韵律感和文字的美感，而且那些诗文背起来又那么朗朗上口。我在连队当指导员的时候，每天洗漱后、早饭前都会背上一首，然后带队去饭堂的路上在脑子里默念，不过那都是年轻时候的事了。

问：《全金属青春》中汪奇写的《这夜》《九三年》等诗歌都是你创作的吧？

王凯：可能人年轻的时候都会有一个喜欢诗歌的阶段。上军校时我有个姓蒋的同学喜欢写诗，我俩住一个宿舍，他经常把他写的诗给我看，我们两个还一起订杂志，他订《星星诗刊》，我订《诗刊》，但也只是写着玩，那会儿才十七八岁，时不时会生出些莫可名状的情绪，写写诗可以抒发一下青春期的困惑和迷茫。军校里我写了大概三个本子的诗，都是用军校发的那种以校园风景作封面的蓝色笔记本写的。《全金属青春》里的诗都是从那里面找的。不过我印象里没有拿诗去投过稿，可能是我那时认为诗歌只是写给自己看的，而真正想发表的还是小说。

问：你有意识地希望自己成为作家是什么时候？文学在你的生活中处于怎样的位置？

王凯：应该就是上军校的时候吧，那时候我就很想当一个作家，但是不知道怎么样才能成为作家，因为我那时候还不怎么会写东西呢。或者说，那是一个只有创作冲动而没有创作能力的阶段，所以作家对我来说只是一个梦想。不过兴趣这东西是很厉害的，它能一直吸引你朝着某个方向努力，一生中能有一个像写作这样持久的兴趣还是挺好的，它会让你感觉自己还是个挺有追求的人。到了中年，文学对我来说更像是一种生活方式，就像一个喜欢长途骑行的人一样，你觉得那样有意思，能对抗无聊和空虚，这么说的话，文学或者写作对我来说的确是一种重要的精神生活，如果没有文学，我很难想象自己会成为一个什么样的人。从这个意义上来说，文学和写作对我还真是不可或缺的，至少截至目前不可或缺。

有时候他想，只有在沙漠真正生活过的人才会这么淡淡地聊起沙漠。大把的时光织成跑道尽头的拦阻网，能缓冲一切尖利而失控的回忆。

问：你从小在戈壁滩上的空军基地长大，军校毕业后又回到那里，直到快三十岁时才离开。你的笔下也总会出现河西走廊和巴丹吉林沙漠。你对那块土地怀着怎样的感情？

王凯：从理论上讲，河西走廊并不是我的故乡，但感情上我又把那里当成自己的故乡，这其实是父辈戍边生活带来的一种生活状态。我对西北戈壁的感情是相当复杂的，我到今天还很怀念那里的晴朗、开阔和宁静，那时候出门就能看见远处山顶的雪，一年有三百天有蓝天，春天总是刮风，夏天最热时夜里也要盖被子睡觉，还有好吃的小吃，那是田园牧歌式的回忆。但同时在很长的时间里，我又很希望逃离那里，因为那里的闭塞和荒寂，似乎不能提供我想要的更好的生活。后来我真的离开了，离开之后又会时常怀念，因为城市生活也并非我想象的那么美好，事实上我心里始终有些拒斥城市这种喧嚣的生活。这种感受我在小说里不止一次地描写过，有点类似乡村—城市或者外省—巴黎的感觉吧，只是没有那样强烈的冲突而已，但作为人的生命体验，它始终存在并且影响着我和我的写作。

问：几十年的部队生活给你带来怎样的影响？

王凯：这种影响肯定是深入骨髓的。因为我从小就生活在军营里，是听着军号声长大的，长大以后又入伍，到今年整整三十年。我认为军营跟其他地方还是有些不一样，军营生活是一种被条令条例明确规制着的生活，军人也是被条令条例约束着的人，这跟普通的法律不同，法律是面对所有人的，“法无明文规定不为罪，法无明文规定不处罚”，只是一种“最低的道德”，但人民军队的军纪军规却带有更高的行为标准和道德要求，强调集体主义和自我牺牲精神，这也使得军人和军营常常处在一种不一样的外部观感和自我感觉之中。并不是说军人就要比老百姓强，而是职业精神和职业道德要求他们表现得更好，这是一种目标明确的塑造。这种要求往往会对军人内心形成强有力的规制。这应该是军人这个职业天然的特点，但有时候也不免会造成环境与内在的冲突，我自己有时就会感受到因此产生的紧张关系，也为我小说中的人物和故事创造了条件和契机。

问：你曾两次去鲁院学习？感觉如何？对自己的创作帮助大吗？

王凯：我参加过鲁迅文学院第十五届和第二十八届高研班的学习，还有一次是半个月的短训班，说起来算是三次呢。鲁院的氛围特别好，尤其是同学之间的交往和交流，对我的帮助特别大。我记得上鲁十五的时候，有一次听张楚、斯继东、杨遥、肖江虹、鬼金他们谈论网络文学论坛里的往事，我就在旁边想自己那会儿在干吗？在戈壁滩的连队菜地里拔草？怎么他们说的人和事我听都没听过？但两次鲁院的高研班上下来，我认识了很多非常有才华的老师和同学，学到了很多东西，所以很感谢有这样的学习机会，它不是直接教你写作，但对于增进写作的热情，提升自我的认知真的很有帮助。

问：好像一度你的作品比较集中地发表在《西南军事文学》

上，比如《一日生活》《塞上曲》《换防》……当然,《当代》《人民文学》《十月》等杂志上也常见你的佳作。能谈谈你和编辑之间的感情吗？他们会对你的作品提出修改意见吗？

王凯：《西南军事文学》是原成都军区政治部主办的一份文学刊物，我一直认为那是军事文学的一座重镇，当时的裘山山主编和几位编辑都是非常优秀的作家，这样的编辑阵容现在看来也是非常强大的。他们对作者的写作非常关注，我的好多小说都是他们催出来的，所以到现在我还心怀感激，遗憾的是这本刊物后来停办了。从我学习写作开始，我遇到的编辑——不论是刊物的还是出版社的——都非常认真负责，对我来说这是一个十分纯粹的以文会友的过程，至于最后用没用稿子反倒不那么重要了。我记得《解放军文艺》的编辑李亚当初就常常给我退稿，给我写过几封退稿的短信，那时候就让我很激动，虽然没发表，但我觉得能让编辑回信退稿也算是有点进步了。后来我在《解放军文艺》发表的第一个短篇小说，李亚在我的稿子上用红蓝两色笔从头到尾密密麻麻改了两遍，真是让我见识了什么叫专业和敬业。我其实很喜欢听编辑和我谈修改意见，即使有的意见自己不太认同，但那种探讨的感觉是非常好的，而且事实证明，优秀的编辑常常能够给作者提供很好的思路和修改方向，所以在写作的这些年里，我认识了很多的编辑，也和很多编辑成了很好的朋友，如果不是因为写作，生活中也不可能会和这么多有才华、有思想、有意思的人相遇，这也是文学带给我的幸运吧。

在某种程度上，王凯认同小说是更高意义上的自传。作为“资源型”作者，他的写作基本建立在自己的生活经验之上。

问：描写军校生活的长篇小说《全金属青春》写得妙趣横生，题记是刘过的《唐多令》：“欲买桂花同载酒，终不似，少年游。”章节则用《教父》《日瓦戈医生》等，是何用意？

王凯：这个小说作为一个长篇来说还是过于简单了些，而且也没什么结构方面的考虑。写的时候就是想把军校生活写一写，至于怎么写并没想得太清楚，就稀里糊涂地写完了。老实说我原本是打算写一个中篇的，结果写着写着写长了，成了一个小长篇，这也是从篇幅意义上讲的。至于章节小标题用的全是我看过的电影名字，这大概跟那段时间我没事就看电影有关，觉得那样有那么一点“通感”的意思，主要还是觉得好玩。不过有一点我的感觉和你是一样的，我也挺喜欢自己这本小说里的语言。

问：《全金属青春》最早的名字叫《青春纪事本末》，这个书名也出现在《荒野步枪手》里。很多时候阅读你的作品给我一种感觉，就是主人公身上或多或少都有你的影子，是这样吗？

王凯：我忘了是谁说过“小说是更高意义上的自传”，我觉得挺有道理的。我是那种“资源型”作者，写作基本建立在自己的生活经验之上，跟挖煤采油差不多。另外一类作家可能更像是高科技产业，建立在知识或者想象力之上，我其实很羡慕这类作家，但这学不来，所以我的小说里可能确实多多少少带有自己的影子。

问：你在小说中的细节描写非常真实可信，都有出处吗？其中有个细节是穆欣几乎整条胳膊都伸进了下水孔通马桶，这也是真实的经历吗？

王凯：我小说中的细节基本上都是真实的生活，比如说你看到的这一细节，就是我在军校里当班长的时候，轮到我们班打扫厕所而马桶正好被堵了，我作为现场最高负责人不得不把手伸到马桶中那黑洞里去……这件事往大里说倒是一个关于责任的话题。因为你要负责把厕所弄利索，所以有问题就得去解决，作为班长我又得以身作则，这也是我们军队的优良传统。以我的经验，提高一个人自理能力最好的地方非军队莫属，军队会让你学会很多别处学不到的东西。

问：从一开始，你的写作就有浓烈的当代气息，《全金属青春》就是一部描写当代军人的“青春之歌”，其他作品也是如此。反映当下，紧贴现实对作家的写作是充满挑战的。你觉得处理起来有难度吗？

王凯：写现实当然是我的一种选择，但是写军队中的现实生活还是相当有难度，甚至需要相当的勇气。军队是一个特殊的存在，在表现的时候往往面临非常多的挑战，所以在写作的时候我也经常会和自己打架，最后打得不可开交，往往就会用一种妥协的方式。用一句老话说，叫“戴着镣铐的舞蹈”，当然，有的镣铐也是自己给自己戴上的，比如写作过程中进行自我审查。不过后来我也认为，可能并不存在一种真正毫无自我审查的写作，只不过审查的标准有所不同而已。

问：你的写作都比较重视结构，《全金属青春》前后的叙述节奏有很大区别，为什么会有这种反差？

王凯：说真的，我写了很久以后才明白什么叫结构，或者说我现在也不敢说自己到底明白了没有。在我的理解当中，结构就是一种叙述方式，你怎么把自己要讲的故事装在合适的容器当中，或者说，你怎么把这个故事的建筑搭建起来。好多年里我都不太懂这个东西，完全是凭感觉，后来读了一些好的作品，也开始在写作中认真考虑这个问题，尤其是长篇写作，这个问题不考虑不行，所以《全金属青春》我自认为是没有什么结构的，这才会出现你说的前后节奏不均匀。而后面的《导弹和向日葵》和《上尉的四季》这两个长篇是有结构的，虽然里面的结构并不新鲜。

问：在你的很多作品中，都在讲述孤独。这种真实的孤独感深深地触动了我。

王凯：这可能是最真实的人生状态吧，每个人本质上都是孤独的，尤其是当你去选择跟别人不太一样的生活或者跟别人不一致的观念时更是如此。我在小说里有时会写到这样的人，这种时候他们都会显得孤独。不过写作的时候我倒觉得并没有什么孤独感。因为写作时我的脑子里挺热闹的，在和小说中的人物打交道，脑海中都是这些人物在晃来晃去。真正的孤独感一般出现在刚刚开始一个小说，或者说遇到困难的时候。

问：我很喜欢你的语言。粗话在你的小说中常有出现,《导弹和向日葵》(原题《瀚海》) 中就使用了一些粗话。就像你在《荒野步枪手》中所说，粗话像大蒜，属于语言不可或缺的调味品。“《脏话文化史》这些闲书里对此讲得很妙。”好奇心促使我查了一下，还真有这本书。其实我要问的是，你对小说的语言有何见解?

王凯：语言这个东西可能是小说里最美妙也最玄妙的一种存在，它和故事不同，语言本身就具有存在的价值而无须附着于故事之上，所以我一直觉得小说的语言和小说的思想一样，是体现文学性的最重要指标之一。它的玄妙是因为这件事情跟作者的个性和气质有着直接的关系，带有强烈的先天性。很多小说吸引我读下去的一个主要原因是为其中的语言着迷，但又很难说清楚究竟是语言的哪些东西让人着迷，从这个意义上说，语言又是使文学独立于其他任何艺术形式存在又不能被其他任何艺术形式所取代的基本原因。写作时经常会因为某句话说得不舒服而改来改去，或者说为了找到整个小说的叙事腔调而一次次重新开始，这可能是小说写作的一种常态。我的很多朋友都说过，我小说里的人物说话跟生活中的我有些相似，这可能是因为不论是说还是写，都属于我个人的某种习惯和审美。至于粗话，在我的小说中更多地表现为一种语气助词，或者是一种塑造人物的手段，考虑到军队基层生活中那严格和粗粝的一面，这其实真的跟吃大蒜一样正常。小说中的粗话其实也是文学的一部分，它恰好印证了文学源自生活。就像开会的时候大家都温文尔雅，但那是生活的偶然状态，我们不可能真的像开会时那样说话和生活。

每一个作家都会在小说中体现某种困境，毕竟困境不仅是个人的，也是群体的，甚至是人类的。

问：《沉默的中士》中，用指导员“我”的口吻讲述整个故事。你的小说叙述视角一般是怎么确定的?

王凯：我的叙述视角没有什么特别的，还是根据小说写作时的感觉来确定。有时候一篇小说可能会更换视角来比较一下哪种方法更合适。相对来说，我刚开始写作的时候更喜欢用第一人称，这些年又倾向于用第三人称，可能是写作时理性的成分多了一点的缘故，从前会更感性一些。我偶尔也用过第二人称，或者在同一篇小说当中切换视角，这都跟写作时的感觉有关系。

问：《沉默的中士》中刻画了一名内向懂事、甘于寂寞、尽职尽责的战士形象，但他却被发现曾在入伍前参与过一起抢劫杀人案——这个结局太出乎意料了，为什么这么安排？故事有原型吗？

王凯：这个小说的人物应该说有一个“间接”的原型，并不是我亲身经历的，而是刚到连队时听老兵讲的：一个表现特别好的兵在即将复员的时候被发现有案在身，被带走时跪在领导面前痛哭不止。我不太了解这个事件的真实性，因为老兵讲述时缺少相应的细节，可能他也是听从前的老兵讲的。这属于连队传说，一代又一代传下来的很多故事都是如此。我脑海中一直盘旋着这个可能的人物形象，后来就写了《沉默的中士》。当时在鲁院讨论的时候，有的同学说应该把结尾的情节去掉，又有同学说，如果去掉结尾，这个小说就不成立了。我也知道小说结尾的这种变化有些突兀，但不得不承认这也是生活的可能性之一。只要可能发生的，它很可能就会发生，毕竟生活大多数时候都比小说更神奇。

问：中篇小说集《沉默的中士》收录了六个军旅题材的中短篇小说，从不同视角反映了驻守西北戈壁大漠的军人们丰富而深邃的情感与生活，他们有的背负着沉重的过去，有的陷入现实的困顿；《导弹和向日葵》中，你也是不停地让笔下的人物置身于困境当中，尤其是《上尉的四季》中冲突更为集中。一个好的小说家应该如何处理自己所处时代中现实的难题和精神的困境？

王凯：这个问题有点难回答。从小说写作上来说，制造一些人物的困境可能是故事发展的需要，或者塑造人物的需要，但是小说的人物处在什么样的困境当中，跟作者的状态，或者说对世界的看法有着直接的关系。大作家们会处理很宏大的题材，像托尔斯泰这样的大师，关注着战争、爱情、农奴制和人类道德，而像普鲁斯特或者乔伊斯这样的大师，他们的关注点又向内极度延伸，你很难说宇宙空间和量子世界哪一个更复杂深邃。从这个角度来说，每个作家在如何处理现实难题或者精神困境的问题上都是不一样的，但是我认为每一个作家都会在小说中体现某种困境，毕竟困境不仅是个人的，也是群体的，甚至是人类的。困境无处不在，这可能也是人本身的局限性所决定的，没有完美的世界，也没有完美的生活。

作家杨遥真诚地赞美《瀚海》是当代中国长篇小说中绕不过去的沙丘，它的影响和力量会不断向远方绵延，成为山峰。

问：你在2015年完成的长篇小说《瀚海》中，五个章节里每一章都引用赫尔曼·麦尔维尔《白鲸》中的句子作为题记，小说主人公叶春风带的小说也是《白鲸》。小说每一章的主要人物都与题记对应。能谈谈这部长篇吗？作家杨遥评价“这些题记犹如烙铁，把沙漠与海洋联结在了一起”，让人印象深刻。

王凯：《瀚海》这个小说我初稿写得挺快，一个月就写完了，但你知道这种初稿完全看不得，我也是过了半年以后才敢回头去看一眼。后来修改的时候也用了差不多半年，当时《当代》的石一枫编辑给我提了很多很好的意见。小说发表的时候我正在鲁二十八学习，杨遥和我是差两届的同学，又是非常优秀的小说家，我们经常在一起聊小说。当时我开玩笑说你给我写个评价吧，没想到他看了以后真的给我写了一篇八千字的评论。

这个小说是我关于青春和连队的一次相对全面的总结，就像你说的那样，这个小说里有很多我生活的投影，主人公叶春风的经历其实很多地方是比照着我的经历来写的。不过这其中比较难处理的是他的性格和选择，前者相对容易些，后者则容易产生困难，因为他可能是个真正的理想主义者，宁愿为自己坚持的某些东西去碰得头破血流。在这一点上我就差远了。小说中写一个现实主义者很容易，因为大家都很现实，但写一个理想主义者就难了，因为不大容易找得到生活中的样板，但我还是希望去写一个这样的人。就像《白鲸》里的亚哈船长一样，并不讨人喜欢，但你不能不佩服他的决心和意志。写这个小说还有一个收获就是让我真正对长篇小说的写作有了一点了解，在我看来这才是我真正意义上的第一个长篇小说，写起来确实很费脑子，它需要考虑的结构和人物这些问题要比中短篇复杂许多，可以说是一次比较好的写作训练。同时这个小说也消耗了我大量的生活资源，寄托了我关于青春和军营生活的回忆和情感，我估计以后也不可能再写出跟生活经验这样近的小说了。

问：我很喜欢你的小说结尾，总是出人预料，包括《沉默的中士》和中篇小说《迷彩》，军官唐多令因为意外得知女朋友于盈盈曾经与她的上司有染，愤而与之争吵，导致女友与他断绝联系，最后也没有告诉读者寻找与等待的答案，留下一个意味深长的开放式结尾。《楼顶上的下士》的结尾是：战士走了，指导员站在他曾经爱站的楼顶，想起他曾两眼放光地对他描述过楼顶带给他的诗意，指导员对阳光下的雪野和山峦极目远眺，可看来看去，依然枯燥，于是他只好转身走了回去。能谈谈你对小说结尾的处理吗？

王凯：谢谢你对我小说这样细致地阅读。结尾肯定是小说中一个比较重要的安排，我印象中一般有这么几种情况，有的小说在动笔之前就事先想好了结尾，也就按这个结尾写了；有的小说事先想了结尾，但写到半路上又改了主意；还有的是写的时候也没想好，得一直到了最后才能找到一个结尾。相对来说，后两种情况出现的概率多一些。这可能也符合生活的常态，我们往往处在过程之中，直到某个进程结束时我们才知道究竟会是怎样。

问：即便面临再多困境，你的主人公们依然始终怀揣着浓重的理想主义情怀与英雄主义情结。你也是一个理想主义者吗？

王凯：我也不太确定理想主义究竟具有哪些内涵，我倒觉得自己能算是个谨慎的乐观主义者，当然这可能跟人类在这个宇宙中，在这个地球上的状态有些类似。具体到一个人，就是跟生活中的遭遇有关，有时候会遇到一些很挠头的事情，但是有的时候你又会遇到一些柳暗花明的变化，我想每个人多少都有这种感觉。这其实是在一种不确定当中找到某种确定的过程。我愿意相信一些美好的事物和美好的品德，可能正是因为这些美好的事物和品德稍显稀缺，所以才显得很珍贵。

问：你的小说人物形象特别鲜明，军人形象刻画得真实、鲜活、生动。能分享一下你在人物刻画上的经验吗？

王凯：大概是因为我对他们太熟悉了吧，我就是他们其中的一个。我所写的人物和生活基本都在脑海里有一个比较清楚的模样，或者说我会把他们通通放到我熟悉的地方，比如戈壁滩的连队，这样的话他们每个人住在一间什么样的房子里都很清楚了，这样写起来自然就会显得真实生动一些。但关于刻画人物，我也没什么特别的招式，依然也是细节描写，而细节往往也都是真实的。我觉得细节本身就是刻画人物的笔触，这里一笔那里一笔，如果每个关键的地方都描画到了，那这个人物一定是鲜活可感的。

只要肯于沉下身子潜心开凿，军营生活永远是文学的富矿。王凯表示，自己仍会继续努力书写军营和军人，这不仅是军事文学的使命，同样是军队作家的职责。

问：你的小说写的都是踏踏实实的部队生活，都是基层官兵的日常生活，但是写得细致入微，让人过目难忘。你认为如何才能写活当下的军人？

王凯：首先还是要把军人当作一个完整的人来表现。军人这个职业的确具有很多特殊性，但这种特殊性依然建立在人的普遍性之上，而不是预先设定什么标准。我写军人时都是在人的共性之上表现出军人的个性特点，我感觉这样可能会更生动自然，更真实可感。军人虽然是军队这个集体的一员，但每个人都是不一样的，每个人都是不可替代的那一个。

问：军营生活的题材写了二十多年，你会觉得资源枯竭吗？你曾经表示自己本质上是个“原生态”作者，那么，如何突破自我对你来说是否是最大的难题？

王凯：生活资源肯定是会消耗的，而且库存会越来越少。我现在看自己以前的小说，像《沉默的中士》《终将远去》这些，一般都带有比较浓重的连队情感，因为写作时离开连队的时间还不长，旧日生活的余温犹在。但现在我已经离开连队整整二十年了，如果再让我去写那样青春的或者连队的生活，多少已经有了一些岁月造成的隔膜，这种感觉是很明显的。但我又是一个比较笨拙的人，对于不是特别熟悉的生活总感觉难以下笔，所以到现在为止我写的小说依然都是关于部队生活的，只是写作的角度和叙事方式有所不同而已。实际上我也想过去写点别的东西，但这是可遇而不可求的，不能强迫自己去做，何况军事题材本身还有一个需要挖掘的深度问题，主要看你怎么去表现了。

问：你如何看待自己的作品在军旅文学中的独特性?

王凯：我也不敢说自己的作品真的有什么独特性，但如果一定要说有什么特点的话，那就是我还是更关注当下的军营生活，更关注基层官兵真实的内心世界，他们的喜怒哀乐与所思所想始终是我最愿意去表达的东西。

问：你会尝试新的题材吗?

王凯：我到现在也没有想过去写城市生活，虽然我在北京已经生活了将近二十年，但依然觉得这座城市有些陌生。说起来你可能不信，我到现在进到商场或者人很多的地方还会感觉到很不自在，这可能才是真正源自童年生活的影响。我记得军校毕业分到基地，有一个周末我骑着自行车去二十多公里外的另一个单位找同学玩，路上没有碰到一个人和一辆车，整个世界好像就只有我一个人。这种感觉在城市里是不可能有的。如果说我要选取别的题材写作，很有可能是关于历史的，我感觉写历史比写城市生活可能性更大。

《荒野步枪手》的获奖像是一次慷慨又充分的战斗补给，给了王凯继续前进的勇气和信心。

问:《荒野步枪手》是在什么情况下创作出来的?

王凯:2019年11月我们去朱日和训练基地体验生活，在卡车上和战士们住了几天，真是受了一番罪，主要是草原上的冬天太冷了，我在西北戈壁滩都没那么挨过冻。当时并没有想过要写一个小说，但是那几天在荒野里的日子留给我的印象实在是太深刻了，觉得不写一个小说好像有点对不起自己，所以我说这是一次“报复性写作”。一年后我真开始动笔才发现并不那么好写，主要是里面少一个真正的主人公，所以来来回回开了好几次头，直到有一天脑海里突然出现了一个年轻战士的形象，才感觉这个小说可以写下去了。跟以前一样，小说里面的细节都来自演习场那几天的生活，我写了当时的寒冷，当时的风，那些细节给我留下的印象太深了，就连小说里面那个长长的物品清单也是完全真实的，因为那就是我去朱日和之前在手机备忘录上列出的物品清单。可以说，这个小说完全是自己被生活的陨石撞击后形成的印记，带有强烈的突然性，写作时也带着一种跟以往不同的感觉，我挺喜欢这种感觉。

问:这部中篇小说在你的创作中有何独特价值?这是你最好的作品吗?

王凯:这个我自己不太好评价，但肯定不是我写得最费劲的。像去年的一个中篇《星光》，我来来回回写了四次，折腾了一年多。但是我自己挺喜欢《荒野步枪手》这篇小说的，就像刚才说的，它像是生活的偶然性造成的结果，不在我的预想和计划之内。还有一个特别之处在于它是我小说中最贴近当下基层官兵战斗生活的一个，来自新鲜的甚至有些陌生的生活，而非来自固有的经验和记忆。在这一点上会给我带来新的挑战，让我学会了如何从看似无意义的琐碎生活中寻找故事、塑造人物甚至提炼意义，学会了如何接纳并处理自己经验之外的生活。这些应该是这篇小说和我之前写作不太一样的地方。

问：《荒野步枪手》的获奖令你意外吗？能否以此为例，谈谈你的中篇小说创作？你一般是在什么情况下开始小说创作的？

王凯：获奖是令我非常意外，事实上我知道获奖之后的几天一直觉得这事不是真的。因为在我的感觉中，写得好的作家和作品太多了，无论如何也不可能轮到我头上。这确实是一个意外的惊喜。

至于每一篇小说如何开始，我大概有一个基本的判断标准，就是关于这个小说的念头是否能长久地在我脑海里盘旋不去。如果这个念头出现不久就消散了，那我估计也就不再去想它了，只有那些长久地在脑海中浮现的人物或者故事才可能最终成为一篇小说。像《荒野步枪手》，我就总会想起朱日和训练场那几天的野外生活，时间久了就成了一件心事，不把它写出来它就会一直在那儿晃着，让你感到心神不宁。大概也是这个原因，我一直写得不太多，而且事实证明，我以前用那些容易消散的念头写出来的小说也都不怎么让自己满意。也可以说我的写作是由时间决定的，想得越久的内容可能就越值得写，时间确实是能够决定一切的。

问：你衡量好小说的标准是什么？

王凯：自己写的感觉自然真诚，别人的作品读来感觉诱惑、迷人或者引发思考和想象的我都很喜欢。这可能跟你喜欢什么样的人差不多。

问：关于评奖的情况，你了解多少？你是在什么情况下得知的获奖消息，怎么庆祝的？

王凯：说实话提名作品出来以后我收到朋友的微信才知道已经开始评奖了，因为8月份的时候我妈生病住院，我爸一个人忙不过来，我请假回西安去照顾老人，每天最主要的事就是做饭。其实我也不太会做，只能在手机上找各种做菜的小视频现学现做，天天系着个围裙琢磨着做点什么吃的。正好那些天又赶上西安疫情，小区还封了几天，还想着在网上买菜什么的，确实也没顾上想其他的事情。即使收到提名的消息以后我也觉得不可能是我，第六届时我被提名过一次，那次我也是这么想的，没想到居然真的获奖了。记得那天中午我正好学做土豆豆角炖排骨，出锅以后尝了尝还比较成功，这个应该就算是庆祝了吧。

问：此前你也获得过很多奖项，获奖和你的写作之间是一种什么样的关系？你觉得获奖给自己的创作带来怎样的影响？

王凯：对于大多数写作者来说，获奖当然是让人高兴的事。对我来说，这次获奖是一个非常大的鼓励，同时也令我有些诚惶诚恐。但等静下心来想这件事，感觉获奖对我最重要的意义是给我提供了一次特别充分的信心和勇气的补给，让我可以更热情地投入写作当中，这对一个作家来说是很重要的。但我也很清楚，获奖本身并不能直接提高自己的水平，更不能说明从此我就会比以前写得更好。对于写作这件事情来说，获不获奖都是要继续的，我之前遇到的问题和瓶颈依然存在，只是说，获奖会让你更有勇气向前走。

每个人心目中的连队都是与众不同的，王凯心里那个连队永远属于他自己。

问：《上尉的四季》是一部命题小说吗？你写作的契机是什么？

王凯：2020年，上级安排写一部庆祝建党一百周年的长篇小说，题目和内容自定。当时我并没有想好具体要写什么，所以上报创作计划时的那个题目和内容梗概跟这部小说没什么关系。当时我的想法是找一个小的切口，这样才有写出来的可能，所以还是决定写连队。开头的时候有点困难，主要是没找好叙事腔调，开了头以后相对来说就比较顺利了，毕竟里面写到的北京机关和戈壁连队的生活我都经历过，很熟悉，写完之后就发表在了《中国作家》2021年第8期上，当时用的标题是《塞下曲》，后来北京十月文艺出版社出版时改用了现在这个名字。

问：《上尉的四季》共有四章，通过春夏秋冬四季展开叙述，串联起日常生活中青年军人的心理变化以及他们的人生选择。这个小说仍然是写军营，写你熟悉的生活，作为一个写了近三十年的作家，是不是写起来得心应手？

王凯：写起来还比较顺手，不过也有一些新的变化，比如说军队改革以后，连队的编制、人员的结构、装备的型号都和以前我在连队的时候大不一样了，这个相对比较好解决。还有一个是小说中人物的变化，要写现在的年轻官兵，就不太好用我当年带过的士兵形象了。比如我当指导员的时候，连队战士大部分是初中学历，现在大学学历已成了主体，区别肯定很大。所以在写作的时候，我专门联系了原来连队的现任指导员，人家是90后的年轻人，我远程向他请教了不少问题，对我写作帮助很大。

问：马小光的心理描写几乎是完整地、毫不隐讳地表现出他的真实想法，从最初的消极到后来的激昂再到最后宠辱不惊的升华，令人感动。你一向喜欢从军营日常生活中进入叙事。你如何从日常中提取陌生的经验？如何保持新鲜而饱满的叙事冲动？

王凯：这个小说的写作过程中，比较难的一点就是怎么在一个较短的时间段里表现一个人的思想变化，而且这种变化又必须是自然而然的，这是我一直考虑的问题。这个问题解决了，小说也就立住了。所以在我的想象中，马小光的变化既有外力的原因，也有内心的需要，我就把他从山头扔到谷底——这正好也能反映改革过程中普通人命运的改变，通过他从谷底向上攀爬的过程来体现他内心的变化。遇到困境然后自己努力去解决，生活中我们很多时候也是这样。这里面表达的也是我对生活的一种认识吧，虽然写的是青年军人的生活，但实际上关于人生的困境，在任何阶段都会存在，不同的是我们面对时的态度，而马小光做了一个从消极到积极的转变。

问：以马小光为代表的“新人”们，是当代军事文学贡献给我们的“新人”群像。你离开基层之后，会不会因为距离而获得更好的表达？如何更好地把握当下军人的生活和心理？

王凯：我在1998年到2002年在连队当指导员，离开连队到今天正好二十年了。这二十年里变化很大，光是军装样式就换过三次。对写作来说，这种变化有利有弊，有利的一面是你可以更理性、更客观、更全面地审视你要描述的生活，不利的一面是你手头少了写作所需要的细节和感受。好在军队有着强大的传统，不管你是什么样的人，军队总能不同程度地将你同化，而每个人也必须学会适应并融入军队，所以虽然我和我笔下的人物相距二十年，但很多感觉是很容易相通的，或者说，军队本身具有一个相对独立的话语系统，这个语境始终存在。这是我之所以敢去写当下的连队和其中年轻军人们的主要原因。在这个共同的基础上，我再去体现年轻官兵的时代特点，他们呈现出同以往不同的样貌，这里面用到了我这两年下部队和战士们聊天时的一些素材和想法。现在的战士整体素质确实比当年提高了一大截，很多原来由军官担任的岗位改成了由军士担任，但他们干得也非常出色，这些变化很真实也很新鲜，在写这个小说的时候，我也努力让其中的人物更贴近当下的生活，只有这样，才能表现出时代所赋予的新特质。

问：《荒野步枪手》中的人物曾说："他写了二十年的连队生活，可现在他却不知道怎么写了。"这是不是也是你的困惑？

王凯：对，我借小说中的人物感慨了一下。不能不承认，你离开某处后就只会离它越来越远，连队生活是属于年轻人的，过去我曾是连队的一员，连队的生活就是我的生活，连队的记忆就是我的记忆，但离开之后就永远也回不去了，我现在其实只是一个连队生活的观察者，而不是当事人。这是没有办法的事情。但文学的种子依然会在某个连队生根发芽，一代人有一代人的文学，一代军人也有一代军人的文学。再说，每个人心目中的连队都是与众不同的，我心里那个连队还是会永远属于我。

“军队要的就是一个人一生中质地最好的那一部分。像一根甘蔗上最鲜嫩甜美、最饱满多汁的那一段。”

问：写了近三十年，你觉得自己的创作变化明显吗？哪些因素可能会对你的创作产生影响？

王凯：我自己的变化好像比较缓慢，或者说我也没有太多去考虑变化，我更多考虑的是每一个具体的文本，怎么能让它写得好一些，至少让我看着更顺眼一些，或者说，让我感觉到了某种困难并且能够努力去克服。我刚开始写作时比较关心能否发表，现在当然也关心，但更多的是希望自己写得能更自然一点，不论是语言还是想法都想要更自然一些。还有就是关于情感的变化，从前写连队的时候是感情比较浓厚的，但离开久了以后相对来说就会变得理性一些。无论如何，自然地书写是我希望能够贴近的一个目标。

问：你的文学观或创作理念是什么？

王凯：大概是一种表达的愿望或者说表达的需要吧，至于表达得好与坏是另一个问题，但表达的愿望本身是最重要的。其实包括我在内的大多数人的作品都会被时间淹没，之所以写作主要还是出于内心的需要，那是同世界和自己对话的一种方式，就像一棵树之所以长在那里并不是它非要长在那里，而是它一开始就长在那里了。它能给这个世界减轻一点碳排放，增加一点色彩，印证一段生活或者存在，那就很好了。

问：你希望成为怎样的作家？

王凯：这个问题我还真没想过。成为一个大作家？哈哈，想得美。这点自知之明还是有的。我希望做一个能一直写自己喜欢写的东西的作家，就像前面说的那样，把自己的小说写得更自然、更真诚一点，我就很满意了。

田耳：写作是不断自我证明的过程

田耳，本名田永，湖南凤凰人，1976年生。现供职于广西大学艺术学院。1999年开始写作，迄今已在《收获》《人民文学》《花城》《钟山》《芙蓉》《作家》等杂志发表小说七十余篇，计约两百万字。其中包括长篇小说四部，中篇小说二十部。作品多次入选各种选刊、年选和排行榜。结集出版作品十余种。曾获鲁迅文学奖、人民文学奖、华语文学传媒大奖、华语青年作家奖、郁达夫小说奖、茅盾文学新人奖、联合文学新人奖等文学奖项十余次。2007年，中篇小说《一个人张灯结彩》获第四届鲁迅文学奖。

作家档案

出生日期：1976年10月6日

出生地、籍贯：湖南省凤凰县

毕业院校及专业：湖南湘西自治州民族广播电视大学（即湘西开放大学），中文专业

血型、星座：A型，天秤座

最喜欢的个人代表作:《天体悬浮》

文学偶像：胡安·鲁尔福

文学之外的爱好：淘书

想对20年前或20年后的自己说什么：这个真没有想说的

文学观：首先让人一口气看完，停不下来，然后再往里面夹带你的各种私货

采访手记

是从什么时候起确立了当作家的理想？

也许是十一岁在杂志上发表作文的那一天？也许是沉迷于《射雕英雄传》的阅读快感时？总之，田耳小小年纪就展现出写作的才华，母亲也一直坚信田耳会成为作家。高考成绩并不理想，田耳继续参加高考补习，那一年，他一度神经衰弱，跟母亲说："我不读书了，就在家里写写东西。"母亲说，你真这么想，也行。

吉首大学文学社社长刘永涛将田耳的小说推荐给前来吉首大学办讲座的刘恪，刘恪将作品推荐到《芙蓉》上发表，2004年，田耳被列为"新湘军五少将"之一。

田耳从事过很多职业，学过维修空调，在养殖场养过斗鸡……在吉首的生活不管是艰辛还是困顿，在记忆里总是最美好的。无论在哪里，他一直坚持写作，即使是白天在电器商场上班，也会利用晚上守店的时间码字，然后借朋友单位的设备打印，先是寄给市刊、省刊，统统如泥牛入海，后面索性直接投往《人民文学》和《收获》。

田耳的经历很励志，也很神奇。遇见了好的编辑，使他的作品得以从吉首走向全国；遇到好的朋友，使他得以从湘西走到广西。田耳曾经凭借《一个人张灯结彩》获得了第四届鲁迅文学奖，成为史上最年轻的鲁奖得主。

近年来田耳始终笔耕不辍，坚持每日写作，且难得地葆有文学创作的冲动。沉于日常的琐屑生活，同时又能机敏地发现那些闪光点，是田耳作为小说家出色的能力。他的故事传奇而生动，总有结实的细节支撑，叙事饱满，生机勃勃。

田耳始终致力描摹大多数普通人的日常生活，叙述他们的变质、失意、孤独、沉默。他的笔下有理想与现实的抗衡、矛盾的自我斗争、被迫的成长和再出发。2023年，他出版长篇小说《秘要》，通过对早已湮没在过往岁月里的武侠、情怀、侠义、理想的怀想，表达对现实的深切关注，还原生活的本来面目和人性的复杂与丰盈。

田耳说，自己已经写了四五部长篇,《秘要》是离自身经历最远的一部，没有体验，最大限度地借助了虚构。一直以来，他痛恨自己的写作有些笨拙，但在这部小说里，田耳找到了小小的放飞之感，借助《秘要》进一步窥见写作世界的天宽地阔。“我甘心做一个写作的匠人，在海量信息中爬梳出一时完全意想不到的写作素材，通过具体的写作融入一个个陌生的世界。我确乎不能把控别人的阅读体会，但我能保证自己在创作过程中，脚底忽然一打滑，得以进入字里行间隐藏的那个世界，暗呼过瘾。”

沈从文说过：我怎么创造故事，故事怎么创造我。随着年龄增长，田耳确乎有了越来越多的不相信，但这句话，他从来笃信不疑，它几乎就是田耳写作二十余年仍旧乐此不疲的“秘要”。

田耳曾痴迷于《射雕英雄传》，看后一两个月恍惚，回不到现实。

问：你在童年时期的阅读是怎样的？

田耳：童年时期的阅读是以连环画为主，偶尔会逃课去街边看连环画。最喜爱的作者是郑渊洁，常年订阅《故事大王》和《童话大王》。冬天在乡下爷爷家的火炕边听得最多的是《水浒传》里的章节。但印象最深刻的，是小学毕业时看的《射雕英雄传》，这本书带给我一种极大的快感，看后一两个月恍惚，回不到现实。现在这种快感，小孩可能只能在电子游戏和电竞中才能享受得到。

问：喜欢看武侠小说这一习惯会影响你的性格或创作吗？你还有什么样的阅读习惯？

田耳：我以前信马由缰，看书没有系统性，这几年打算将精读与泛读分开，精读就是读一些重要作家的文集，泛读还是一如从前信马由缰，翻到哪本看哪本。但我发现精读难以为继，比如说我本想把格里耶的二十几本著作看完，但看了六七本以后，越来越怀疑他是文学领域的投机者，强行看完是浪费自己的时间，没有意义。

问：对你影响比较大的作家有哪些？

田耳：影响过我的作家挺多，因为在我高中以后能买到、能看到的书已经很丰富了，不会再像前几辈作家那样，只被几部具体作品影响就开始写作，不过也能看出来他们写作有很坚实且具体的源头。

问：你曾多次提到尤凤伟的《石门夜话》。我也很喜欢这篇小说。喜欢的作品会反复去读吗？中国作家中，你推崇谁的短篇小说？

田耳：我和尤凤伟老师从未见面，从未联系，只是一直喜欢他的作品。现在在大学里教学生写作，也推荐他们看尤凤伟的作品，个人觉得他的许多小说都是教材级的，完成度非常高，起承转合、反转也特别清晰。这些未必算是“高格”，现在也没几个小说大家愿意把小说写得特别清晰，但对于学生特别有营养。当然，学生是否会认真看，我也不抱多少希望，也不能时刻督促，他们想看的东西和我们不太一样。有些作品我反复读，这是必然。要说短篇小说，名家还是比较多，至少，稍有名气的作家都写过不错的短篇，在这里我想说一说宁夏的石舒清先生。他的短篇大都写得结实绵长，但那种冷硬却又弥散着信仰气息的品位，不容易被更多人接受。

问：你曾谈到和《百年孤独》的邂逅，读不懂，但依然能吸引你读下去。我们和有些书就是莫名地情感契合。在阅读多久之后，你才知道这本书在当时中国文坛的影响力？

田耳：确实如此，这本书是我高三时候从吉首市新华书店买来的，当时对它一无所知，只是被篇名吸引。看完感觉不懂，想找一些评论文章进一步了解，也根本找不到。隔了一两年就大概有了了解，因为杂志里有不少文章提到这一篇，我这才知道它的影响力如此巨大。再过了若干年，找到《番石榴飘香》，才算真正知道这部小说的写作背景。

问：你觉得自己现在读懂《百年孤独》了吗？

田耳：不懂，也用不着条分缕析。这部书可以作为枕边书，随时翻着看，我也搜齐了国内的所有版本。

写作确实要分时段，有时候真是过了那个村就没有那个店。

问：你的处女作是在哪里发表的？走上文坛顺利吗？

田耳：我是1988年初，十一岁的时候开始在杂志上发表作品，小学时期发表过两三篇。此后有十年的间隔，2000年在《花溪》杂志发表第一篇小说《胡子》，当然是惨不忍睹。当时我也写出了《衣钵》，到处投，没有发表出来，那一篇倒是率先发表出来。

问：听说你是越过市级、省级期刊，直接向《人民文学》和《收获》投稿的。能谈谈当时的情况吗？

田耳：当时我在吉首一家电器商场工作，白天上班，晚上守店时码字，效率高，写得快，手上也有了几部作品，打印还是借我朋友单位的设备，一次打十份、二十份，先是寄市刊、省刊，统统如泥牛入海。后面索性直接投往《人民文学》和《收获》，很快收到编辑写来的亲笔信，告诉我，投寄的《你痒吗》本刊不便发表，但别的作品可以寄来。

问：你从什么时候确定了当作家的理想？

田耳：我小学时候就想当作家，还以为自己所读的“童话引路”教改实验班就是用来培养作家的。初中毕业，那个班的同学纷纷读了中专，我还奇怪他们为什么不继续努力当作家。

问：你觉得自己文学上的“伯乐”是谁？

田耳：首先是我父亲和小学班主任滕昭蓉，那时候我父亲是县教育局教研室主任，他受我给弟弟编童话故事的启发，与滕建冰、滕昭蓉老师一起确定了“童话引路”教改实验的思路，使我在小学时候就比较系统地学习写作。

还有我母亲，她一直坚信我会成为作家，或者她就是这样的性格，我想当作家她就一直鼓励，从不反对。读高补那一年，我一度神经衰弱，跟母亲说我不读书了，就在家里写写东西。母亲说，你真这么想，也行。

刚开始写小说那会儿，2000年左右，我曾在吉首大学跟文学社的几个学生一块儿混，社长刘永涛将我的小说推荐给了前来吉首大学办讲座的刘恪老师。刘老师将我的小说带去《芙蓉》发表，我被列为“新湘军五少将”之一。

发表之初，《人民文学》的杨泥老师、《收获》的王继军老师也给予不少具体的修改意见。杨泥老师将我的小说《衣钵》推荐给李敬泽老师，李老师将其列入《文艺报》的排行榜，并写下评语。那是我的小说最初为人所知，此后发表变得顺遂。

我不大愿意将他们视为伯乐，而是视为贵人。因为我不知道自己算不算千里马，总觉得有才能的人不少，但能够顺利地写下去，得碰到贵人，而我能够不断碰到贵人。

问：为什么叫“田耳”？从什么时候固定用这个笔名的？

田耳：最初发表的时候用了几个笔名，用“田耳”的率先得到发表，此后就一直用这名字。“田耳”是在吉首的时候，当地青年男子互相称呼，通常是姓后面加个方言的儿化音，正确读法是“nger”，既亲切也戏谑。我被朋友叫成“田 nger”，依此取了笔名“田耳”。

问：回顾一下自己早期的创作，有什么特点吗？

田耳：我自己没有加以梳理，偶尔回看《衣钵》，那种青涩感，对于远方怀有的诗意的幻想，现在已经不复存在了。现在我的语言幽默中带有尖刻，生活中身边人都知道我有挺毒舌的一面，但最初的时候是没有的。《衣钵》也只能是在那个时期写出来，现在写完成度会更高，但少了那股青涩，就会变成另一部作品。我庆幸是那时候写出《衣钵》，写作确实要分时段，有时候真是过了那个村就没有那个店。

评论家李敬泽形容在田耳内部有一只“飞跑着的狐狸”，他对听众的反应，有敏捷的预感和判断，随时准备着再变一个魔术，赢得喝彩。

问：《被猜死的人》《夏天糖》《衣钵》《牛人》……你的很多故事都有来处。你是怎么选取素材的？

田耳：从自己的经历、见闻中扒取故事素材目前看来是我创作中最可倚赖的路径。我比较重视从过往经历中提取素材，当成故事的种子任其发育，不定哪一天一个故事便自然生长出来，又不知过了多久才能成熟。我擅长等待，许多故事都历经许多年头才成熟，但同时我头脑中故事的种子不少，所以收获也接二连三。这有点像母鸡，腹中一大堆蛋，哪个成熟就下哪个。我也把这种方式教给学生，让他们一定大量“备货”，手头有选择余地。这么多年来，交往的一些文友没有备货，构思好一个就仓促地写，我觉得不可取。有选择余地，更能保证故事和文本的质量。

问：你的故事中，多数是小人物。

田耳：我生活如此，忠实地记录，作有效换位思考，我可以是他们中的任何一个。

问：关于写作，你的追求是什么？

田耳：说实话……这个无法讲明白。用我在新作《秘要》前的引语：所可证者唯其在之途，唯其在之途而现证迹无数。我探寻觉得写作追求什么，是一个不断自我证明的过程，要用一辈子去搞明白。或者可以说，写作追求的是“自我完成”的过程，我如何写作，写作反过来如何为我赋形。

鲁迅文学奖给《一个人张灯结彩》的授奖词是：“各色底层人物的艰辛生活在老警察的尽职尽责中一一展现，理想的持守在心灵的寂寞中散发着人性的温情。”

问：中篇小说《一个人张灯结彩》于2007年获得第四届鲁迅文学奖。能否谈谈这篇作品的创作背景？

田耳：我是2005年随父亲和三叔去贵州六盘水市水城钢铁厂看望舅公，从舅公的大儿子，一个开理发店的聋哑人身上得来灵感的。我感受到他作为聋哑人特有的那种亲切和对亲人的依恋，这在健全人身上已经遍寻不着，因此离开时没有跟他辞行。我把聋哑人写成了于心慧，这个人物塑造得成功，可能是《一个人张灯结彩》具有普泛感染力的关键所在。

问：听说是和另一部短篇《衣钵》同时参评第四届鲁奖，你自己更看好哪部作品？

田耳：《衣钵》也进入短篇前十，汪政老师在综述时也用最大的篇幅提到这一篇。时至今日，这也是我知名度最高的篇目。都是我的作品，哪篇得奖于我都是好事，只是，作为自我的标签，具体哪一篇获奖会让我在读者心目中形成不一样的印象。

问：《一个人张灯结彩》最终获得鲁奖，是在你意料之中吗？

田耳：完全出乎意料，我甚至没有申报。当时我在上海读作家研究生班，最初打电话让我申报的是湖南作协王跃文老师，要我提交样刊，我在上海提交不了，就主动拒绝了申报。最初知情，是《人民文学》的杨泥老师打来电话说过了初评。《人民文学》也可以申报刊发的作品，有我这一篇。当时她还说，过了初评就是对我最大的肯定，要珍惜，获奖还不急。她也不看好。我表示感谢，也没多想。过几天杨老师又打来电话，说是获了奖，同时《文学报》陈竞打来电话，说我还是全票获奖。当时有些蒙，也不知道这个奖有多大效力，想到的是能有多少奖金，因为那时候我银行卡上余额只有一两千元。

第二天，作家班的同学刘玉栋、畀愚来我房间要告诉我好消息，我说昨晚已经知道，他们还生气怪我昨晚怎么不说。我说不就是获个奖嘛有什么好讲的。刘玉栋发觉我还意识不到这个奖的重要性，告诉我这会改变我的命运，至少，会让我获得工作。当时我还是无业青年，没有固定的收入。刘玉栋也建议我马上打电话告诉该告诉的人，要不然会显得怠慢。当时我打电话告诉了家人还有几位朋友，还打给王跃文，他很惊讶，觉得不可能，我说我怎么敢跟你瞎说，他这才表示祝贺。这一天所有的同学都知道我获奖，我们一起去青浦西岑镇的夜市吃大闸蟹庆祝。淀山湖的大闸蟹不贵，一千多块钱就请够了全班。去的时候，乔叶还觉得这消息不靠谱，这么快获奖的可能性太小，要我再等等，落实了，报纸上刊登名单了再请客。我说现在就去吧，就算是假消息，也让我赶紧过一过获奖的瘾。

现在跟人聊起这次获奖，朋友也多有不信，你不报，都能获奖，奖还偏偏找上你？但我不乏炫耀地想，如果我对这奖有所了解，有心获奖，可能也成不了最年轻的获奖者。

问：2005年才发表作品，2007年就获得鲁奖，你的运气还是很好的。你自己觉得呢？获得鲁奖给你带来了什么？

田耳：我当成灵异事件了。获得鲁奖给我带来的可能跟目前我的一切都有关系。

问：有一种观点认为，获奖是对作家的挑战和考验，对你来说，似乎并非如此。我们看到后来你的创作依然是稳步前行，写出了更多的好作品，也获得很多其他奖项。你如何看待获奖？

田耳：写作确实非常孤独，获奖是这个过程中偶尔甜蜜的点缀。

面向底层、书写孤独，是田耳对当今社会的观察与思考，孤独的大多数读者或许都能在小说里找到共鸣。

问：《收获》文学排行榜评价《开屏术》“以工匠精神缓慢稳实地铺展想象空间，小说夸张因而略显荒诞，讥时讽世但主体平和宽厚，在揭示现代荒诞的同时又透露出人世的温暖”。你如何理解工匠精神，在写作中又如何实践？

田耳：我写作保持相对稳定的质量，靠的当然是严格的流程，比如从故事的编排开始，就有相对充足的准备。我的电脑里有多个文档，有的专门收藏素材，素材变成梗概以后移入另一个文档，梗概不断修改达到要求时，就独立建档，直到时机成熟将它写出来。当然，写作过程中我也有自己设置的一套流程，比如说，我每写一页稿纸，一千三百字左右，规定自己一定在其中写出三句到五句有原创性，让人眼前一亮的句子，让读者读了相应的篇幅就要提一提神……对这些程序的贯彻，得以保证自己的作品质量总体保持在某个水位之上。我知道一个作家长期的写作一定会有起伏，但总体的水位该是有的，如果写得不顺，质量达不到要求，就应该引发自己的不适……这也是我对“匠”的一个理解，低于水平线，自己就先受不了。

问：《嘣螺蛳》的叙事是缓慢推进的。很多时候，你的一些故事就像这篇小说，保持详细、平稳的叙述，但结尾时会有反转和起伏。

田耳：我觉得一个故事最简单的结尾处理方式就是反转，我教学生编故事，大量时间是要教他们如何以反转的方式结尾，懂得了反转，才算初步学会了编故事。说来容易，其实能够熟练地掌握反转，非常不易。因为小说跟电视剧不一样，电视剧里面随处都有强行的反转，而好的小说，反转轻盈、不经意，真正能做到“情理之中，意料之外”。《嘞螺蛳》里最后的反转其实有些刻意，看过一些作家、评论家朋友对此都明显感觉得到，也有不同的评价。

问：中篇小说集《环线车》中包括《蝉翼》《环线车》《你痒吗》三篇小说。通过对市井人物的多维度描述，你的小说也都不同程度地指向对人性的追问，手法各异。王安忆评价说：田耳有在平淡叙述中直抵人心的本领，他艺术感觉很强，能精准地把握住周围世界的脉搏，走进人们的心里去。你觉得，“艺术感觉”需要训练吗？在处理年轻人的情感和欲望上，你得把握细腻准确。

田耳：艺术感觉是最难说清楚的，我不知道能不能练。反正，我跟学生讲课，从不讲小说怎么写。小说没有本体论，没有可以明确的操作规程，要靠自己感觉，这就没法讲。但故事相对封闭，有结构和程式，可以讲，所以我上课只讲怎么编故事。

问：《一个人张灯结彩》中的哑巴小于，《风蚀地带》中的江薇薇,《狗日的狗》中的小兰,《天体悬浮》中的夏新漪,《洞中人》里的莫小陌……你的小说中，很多女主人公“终陷泥淖”。为什么?

田耳：我一直觉得自己处理不好女性角色，写男性角色，特别是性格亦正亦邪的是我擅长的，但写女性是一个软肋,“终陷泥淖”可能是不得已而为之。我羡慕那些写女性出色的文友，像张楚，他笔下的女性比男性出彩，但我就是做不到。

问：短篇小说《氮肥厂》写了一对爱侣高调殉情，这篇小说早先发表时以“飞翔”为题，后来为何改为“氮肥厂”？我更喜欢前者。这部作品荒诞又真实，轻盈又沉重，但似乎被提及得很少。

田耳:“飞翔”这个名字被用得太多，我自己倒喜欢“氮肥厂”这个名字的工业气息和笨拙。这部作品的发表不是很顺，有编辑认为除了写男女混乱的情感，看不到别的东西，后面寄给远人，发在湖南的《文学界》，发表以后李敬泽先生很喜欢，将它收入了年选。我个人非常喜欢这一篇，它几乎没被人提及，我也不知道是怎么回事。很多时候，个人的判断和事实的回响相差很远，我觉得自己没必要干预，也没有干预的能力。人各有命，文章也是如此。

《天体悬浮》对当下社会的关注与介入一如既往，既有对现

实的批判精神，同时也富有浪漫主义的理想气质。

问：《天体悬浮》的写作对你来说有何独特的意义和收获？

田耳：这是我第三部长篇，开笔于2011年。一晃过去了十多年。个人以为仍是自己目前为止最好的作品。

问：《天体悬浮》将对宇宙星空的探索和对市井人性的描摹合二为一，这么处理难度很大吗？你如何突破自己创作中的瓶颈？

田耳：这么处理是个必然，因为小说里面派出所的部分我写得过于真实，我有相应的体验，有体验的东西我总能有更好一些的发挥；但如此一来整个小说的氛围显得黯淡，所以写观星的部分就是一种拗救，脚踏大地和仰望星空一同构成了这部小说内里的气息。

问：《天体悬浮》表达了通过拆迁征地而致富的村民的某种担忧，写作手法上也很独特，出版后反响如何？

田耳：当时反响不错，不少写作的朋友主动跟我联系，聊起这部小说。这并不多见，我的小说发表，有的也在朋友圈引发回响，但这一篇明显是最多的。大家普遍看法是整体非常吸引人，尤其是前面写辅警与女大学生恋爱的日常生活，但结尾案情的部分有些往下掉。这让我非常意外，写作时我就担心前面写得过于琐碎，会让人看不下去，对结尾的编排自己是满意的。所以，个人之见和别人的看法，总是这么阴差阳错。不过，好歹有声音，有回应，不像大多数作品，得不到任何评价和回应。

田耳的小说从不为难读者，删繁就简，他总是让自己的表达一目了然。

问：评论家谢有顺评论你的语言“野性狂放，自然天成”，叙事“既灵巧又绵实，既出人意料又步步为营”。能否谈谈你语言风格的形成和语言上的追求？

田耳：湘西的朋友看我的小说，可能有一种亲切感，我的小说只是比较真实地糅合了湘西人说话的特质。所谓野性狂放，可能是我的语言还具有一定的攻击性，这也和生活里的我一致，我是有点毒舌，别人说我还不信。我对语言的追求，简单来说就是“说人话”“不装”。说来容易但其实并不容易，因为现在稍有经验的小说写作者都不愿意将自己的意思表达得明晰，而我从不为难读者，会删繁就简让自己的表达一目了然。

问：《揭不开锅》中的尹婆一辈子争强好胜，在田小毛的喜宴上折了面子，后来在盛怒之下意外死亡；《合槽》中的老汉杜老丁假牙被盗，不久就撒手人寰了；《氮肥厂》中的老苏和洪照玉被炸死；《被猜死的人》讲了一群行将就木的老人的故事……你如何看待生死，又如何处理小说中的死亡？

田耳：我对于生死的看法逐年改变，而且改变幅度之大经常令自己讶异。比如说，一直以来我总以为自然死亡是上天予人的奖赏，但前几年我目睹了自己的外公外婆无疾而终。2017年，我的外婆在床上躺了一年多，但她老以为才躺了几天，完全弄不清时间了。她最后几年大都躺在床上，最后这一躺，直至身体渐渐干枯，最终神志恍惚地死去，我便觉得这种自然死亡也异常痛苦。此后，我羡慕那些神志清醒、能够自理的上了年纪的人，猝然又意外地死亡，感觉那才叫“修仙”。

小说中的死亡是一个最基本的技术问题，是最常用的结尾方式。我跟学生讲解如何编故事时，一旦用死亡结尾，就叫作“加重”，虽然笨拙，但是有效。因为在生活中死亡无疑是各种情况中最为严重的，以此结尾，或许不是很意外，但别人也无法想到比这更严重的结果，和比这更有效的结尾方式。我的讲解也导致学生特别爱用死亡结束故事，所以我又不得不跟他们说，写死容易，写活不容易，不到万不得已，不要急着送人物去死。事实上，我这些年的写作里面，死亡也确实多了些。

田耳踏访时代模糊不清的残影，揭秘盗中有盗的武侠黑书江湖，重现一段前后跨越几十年的往事，写下《秘要》。

问：《秘要》的结构是怎么考虑的？这部长篇是否酝酿了很长时间，终于提笔时，是有什么契机吗？

田耳：结构还是较常见的双线结构，明线是“我”、纪叔棠、万之锋还有徐瀚默对《天蚕秘要》寻找、证实的过程，暗线则是高沧或者黎本忠的命运轨迹。我搜集黑书已有十来年，一直想就此写些东西，先前已有《洞中人》大概提到，这次是将黑书放置到更主要的位置。酝酿始于一年前，我找到一则掌故，说我国台湾写作武侠小说的作家高皋本是一名“军情局”特务。这则掌故让我感觉到，可以虚构这个人的经历把我所知的黑书知识串联起来，从而开始了故事的编撰。提笔是因为应约写一部中篇，开笔以后发现异常顺手，写成了一个近八万字的大中篇，给《收获》的编辑看了以后进行了较大篇幅的修改，发表时成为小长篇。

问：你和猴子接力续写武侠小说，里面甚至引用了故事情节。这是你本人亲历的吗？真的是经历了“当年人手一支笔，兄弟们一块儿写武侠小说的日子”？

田耳：我本人写过武侠小说，是一个人写，但我知道同学里头有人以合写武侠小说为乐。我们这一代的作家几乎都有过类似的经历，都看过也写过武侠小说，只是很少有人出版发表。

问：这部小说很怀旧，有很多故事读来亲切，也是那个时代书市万象的反映。

田耳：当年黑书泛滥，写作以来我也注意搜集和黑书、地下印刷厂相关的一些材料，虽没有亲身经历，但写起来还是非常顺利。在我看来，还是得益于我当年从事过多种社会职业，得以整理出各行各业规律性的东西，虚构的时候也能有较为真实的质地。

问：书中有一个细节是给“黑书”排座次。这细节和“座次”是真实的？纪叔棠所说“两千七百多种黑书”，可有来处？

田耳：黑书的印量没有准确的数据可参考，所以排定不了座次。但有一次，我所在的一个黑书收藏者的微信群里在讨论黑书座次问题，一些资深藏家亮出了一些秘不示人的缺本，我抓住时机上孔夫子网搜索、订购、付款。我也经常动用各种方法搜寻黑书缺本，还有那么几种，在孔网上只出现过一两套，也被我搜寻到并购得。一个权威的黑书目录，把黑书品种全部搜齐，目前我还没见过，问同好弄来的目录，都是个人藏目，难得齐全。两千七百多种，是我因为故事编撰的需要有所夸张，有资深藏家估计黑书总数应不超过一千二百种。目前我藏的有一千种左右，再想多找出一套都难，有时候碰见新品种，要价太过离谱，或者稍一犹豫就被别的藏家淘走。

问：韦城黑书藏家的形象是丰满的，你本人也是“藏家”，这次在写作中是否很过瘾？

田耳：当然，既然是写自己熟悉又热爱的内容，写作时便自带一种快感，而且我相信，自己写得爽快，读者的阅读感受就差不了。只是，这样的题材太少，往下再寻一个自己熟悉又热爱的题材，能让自己写过瘾，非常不易。

有明星在某次访谈中说自己正在看《一个人张灯结彩》，结果这部作品奇迹般畅销起来。

问：在我有限的视野中，《秘要》是同类题材中独一无二的，影子写手、黑书藏家等一一亮相，透露了很多内幕，故事性很强，结尾耐人寻味。这部小说完成了，你觉得满意吗？

田耳：这篇写了两个半月，碰上《收获》正好需要这样的篇幅，能以最快速度发表，我不想错过，再修改半个月就直接发表出来。时间太快，我承认完成度不够，尚有不少遗憾，这也是我和《收获》的编辑，以及上海文艺出版社编辑的共识，你既然这样问，显然也清晰地发觉了这样的问题。所以，出版稿尚有大幅修改，出版时间也会拖后一点，不像大多数长篇，发表和出版能够同时进行。

问：你所讲述的故事，大部分都发生在湘西这片土地上，《秘要》也不例外。你如何评价生养自己的那方土地？迁徙给你的文学创作和生活带来了什么影响？

田耳：这篇故事的背景应是南宁这边，我笔下的韦城，基本上对应着南宁。我现在生活在这个地方，故事的背景也随之迁移，这样能够写得顺手。来到南宁以后，这边人的性格和湘西的地方脾性差异还是巨大，由是我能清晰地对比出来，湘西的地方脾性更富有戏剧的可能性，这对我的写作是一种滋养。迁徙对我的写作影响不太大，广西的外来人口中，湖南人占了非常大的比例，老乡特别多，而且，我也没觉得南宁距老家有多远，现在坐飞机回去也就一小时十五分钟。地理上的距离，被如今交通的便捷大幅度拉近了，还有网络的无远弗届，也让亲友们的见面随时随地发生。

问：在你作品的腰封上，宣传语是“田耳：易烊千玺钟爱的小说家”，易烊千玺喜欢你的作品？

田耳：易烊千玺只是在一次访谈中说自己正在看《一个人张灯结彩》，结果我这一下蹭上了“顶流”的热度，《一个人张灯结彩》奇迹般畅销起来，迄今已经到了十九次印刷。但同时也碰上了烦恼，写作二十年终于有了一本畅销书，也遭遇了唯一的一次拖欠版税。

田耳说，自己的写作确乎能产生巨大的快感，能够自娱自乐，想停也停不下来。

问：广西的作家中，比如你和东西，作品都有荒诞的特点。你们之间是否也经常交流？

田耳：我和东西老师的作品有相似之处，但基本写法还是有较大差别，他一直保持着先锋气质，而我一直比较写实。2006年我在上海作协和社科院合办的首届作家班学习，东西老师过来给我们讲小说的影视改编。我们从而结识，也经常交流。2014年，我也是在他的帮助下调来广西大学工作。我俩的写作状态和生活状态完全相反，我的小说写实，他的先锋，也就是相对比较务虚；但生活中我除了写作就有些低能，而东西老师生活上特别务实，擅长处理方方面面的事务，对各种问题也有客观且透彻的见解，给予我许多帮助。在广西，东西老师具有巨大的凝聚力，给所有写作者以帮助，除了是一位作家，更是一位仁厚的兄长。

问：能否谈谈你的生活？哪年去的广西大学？教什么？每周上几节课？需要备课吗？

田耳：我只是电大毕业，没有正经地读过大学，现在长期生活在大学校园，也是意外。而且我看上去确实不像大学老师，这几年冬天我父母也来南宁避寒，单位领导就开玩笑，说我父母才像是大学退休老师，而我像是来大学蹭住。我在艺术学院戏影系教编剧基础，也就是教学生怎么编故事，都是秋季开课一学期，六十四学时。基本内容已经不需要备课，讲义和PPT每年需稍加修改，但我这课是实训课，要根据学生的作业备课，帮他们把构思变成一个故事。而且，根据同一素材编撰故事，我还得保证自己编出的故事质量较高，才能起到示范作用，有时候，感觉就是一个人对付他们一帮人。

问：你的写作是公开的？想写什么就先让学生们练一遍，然后自己再来写——为什么这么做？教学相长吗？

田耳：不可能是公开的，某些素材找出来让学生编故事，那是我自己也不怎么看好的，没想用这个创作。而且，课堂上编出来的故事，只要起承转合清晰，结尾有力就行，质量达不到我写小说的要求。要是小说里的故事可以这样按部就班地成批生产出来，写小说也太容易了。偶尔有素材，给学生用过，事后忽然发现自己能够将此写成小说，还要力避借用学生的编撰，事实上也根本用不着。上课的时候，我自己的编撰故事能力也往往上升到较好状态，像是体内某些隐藏的能力被激活。要说教学相长，可能在于此。

问：写了这么久，你为何还能保持创作冲动？

田耳：我写作二十多年，除了自身的经历，也能调用各种素材和各种网络资源进行创作，找到合适的题材，通过具体的创作展开一段一段意想不到的旅程。我的写作确乎能产生巨大的快感，能够自娱自乐，想停也停不下来。

问：你对自己的创作状态满意吗？

田耳：我已经习惯了写小说，而且也不想干别的事情。

问：你有什么理想吗？希望成为怎样的作家？

田耳：我真正佩服的是那种文章大于作者本人的写作，比如国外写出《佩德罗·巴拉莫》的胡安·鲁尔福，又比如国内写出了《棋王》的阿城。这一类作家的特点在于起点太高，甫一出手就一头撞着了写作行当的天花板，写出了世所公认的代表作，同时也让自己的创作变得难以为继，只能转道去干别的事。我希望成为这样的作家，用具体的作品事实上终结了自己的创作，但我成不了这样的作家。一直在写，一是因为乐此不疲，二是因为我没能写出终结自己写作的作品，没资格让自己停下脚步。

滕肖澜：成长的我，写成长的上海

滕肖澜，生于上海，上海市作协专业作家。入选2014年中宣部“四个一批”人才暨文化名家。2001年开始发表作品。著有长篇小说《城里的月光》《海上明珠》《乘风》《城中之城》《心居》《平衡》六部，作品集十余部。长篇小说《心居》入选2020“中国好书”，根据其改编的同名电视剧已于2022年3月播出。根据长篇小说《城中之城》改编的同名电视剧于2024年4月在央视一套黄金档播出。作品曾获人民文学奖、上海文学奖、十月文学奖等，并入选各种年本。2014年，中篇小说《美丽的日子》获第六届鲁迅文学奖。

作家档案

出生日期：1976年10月3日

出生地、籍贯：上海市

毕业院校及专业：民航上海中等专业学校，商务运输专业

血型：A型

最喜欢的个人代表作:《又见雷雨》

文学偶像：太多了

文学之外的爱好：看戏，追剧，逛街，美食

文学观：心无旁骛，快乐地坚持下去。做人行文都是一样

采访手记

约好见面的这天下午，阴沉了许久的天空终于忍不住发作，落下急骤而细密的雨。上海巨鹿路675号的院子更显得沉静安谧，雨滴打在茂密的树叶上，窸窸窣窣的欢乐便传遍这个写满故事的文学圣地。

走进作家书店二楼的咖啡厅，我一眼认出了滕肖澜：短发，黑框眼镜，和善而温暖的笑，窗外雨雾氤氲，在咖啡的醇香中聊天，真是美好的享受。何况，我们聊的是令人痴迷的文学，是她笔下活色生香、家长里短的故事。

这位70后女作家，广为人知的是由她的原著改编而成的电视连续剧《心居》。她的中长篇小说如《美丽的日子》等，看似绵软，却直击生命的真相，写出了烟火缭绕的人间百味。无论是小说还是影视剧，她作品的底色是上海。

乍一看，滕肖澜写得不少，名字常活跃在各个刊物，实则她写得不算快，相比而言滕肖澜更像个工匠，每天翻来覆去打磨着文字，你能体会到她匠人般的执着和对笔下这座城市的爱。《乘风》讲述了上海机场航代公司的日常运行和人际关系，和两代人的爱情;《城中之城》书写上海陆家嘴金融行业的人际差异和资源争夺;《心居》也是以上海为背景，从住房、家庭关系、婚姻等多方面对当下的家庭作了真实而生动的书写;《城里的月光》则由一对夫妻在上海的命运走向反射出浦东十多年的时代变迁。

滕肖澜的写作很纯粹，就是为开心而写。即便偶尔写得不那么顺畅，她也很享受过程。她的定力和从容，大概还是缘于自信。不论外界如何评判，她清楚自己的状态和前行的方向。走出舒适圈的新作《平衡》，也是如此。

滕肖澜少年时喜欢武侠小说,《快乐王子》中主人公严卉这一豪杰形象走进现代都市，又跳出日常生活的轨道，我想大概也暗含了滕肖澜的某种侠义精神或理想。而在《平衡》的开头，她更是过了一把武侠瘾，主人公葛向阳的梦境如此真实，一招一式皆有板有眼。

我很喜欢滕肖澜的小说。她写的无一不是日常，但读着读着，总仿佛被什么击中。见面之后的一个月，我才慢慢整理这些文字，间或翻一翻她的小说，从中感受她笔下人物那种经历挫败而不失上进、饱尝世间苦涩仍温暖明亮的格调。

窗外已是淅淅沥沥的秋雨，我想起她的小说《去日留声》的结尾:“从屋檐上落下的雨滴，笃、笃、笃。一下又一下，似是落在人心里，溅起一圈圈的涟漪来。”

每次收到编辑的回信，滕肖澜都特别开心，哪怕是退稿，都会觉得受到了很大的鼓励。这些来信坚定了她写下去的信念。

问：你在2001年发表了处女作《梦里的老鼠》，请问你的文学准备是否比较充分？

滕肖澜：《梦里的老鼠》是我在机场工作时写的。那时写东西单是为了开心。我爸爸是中文系老师，以前也喜欢文学。他教育我从小看书，不认识的字就查字典。印象中我读的第一本书是《西游记》，介于简写本和全本之间，很多字不认识，也有很多不懂的地方。外婆不识字，逗我说："你看的是什么？能不能告诉我？"我就给外婆讲，其实一半是书里的内容，另一半就开始编了。后来看《神雕侠侣》（共四册），第三册看完，第四册借不到了，妹妹追着问我后面讲了什么，我假装看过，就从第三册的结尾开始给她编下去。

问：那个时候的你已经显露出小说家的天赋了。

滕肖澜：我喜欢看小说，看多了就想试着写。外面流行什么写什么，言情的，武打的，悬疑的……纯粹是写着玩。写完之后拿给爸爸看，他看完就笑笑说，你可以试着投稿，不过不要抱很大希望。我把小说用A4纸打出来，装进大信封四处投，《钟山》《人民文学》《收获》《小说界》……有些老师写了回信，告诉我不足之处在哪里。

问：都有谁写过回信还记得吗？

滕肖澜：《人民文学》的宁小龄老师、程绍武老师，《钟山》的吴秀坤老师，《收获》的廖增湖老师、王继军老师都给我写过信，告诉我哪些地方不足、哪些应该加强。收到这样的回信我特别开心，觉得受到了很大的鼓励。这些来信给了我坚持下去的信心。

我的处女作是发在《小说界》。我记得那是2001年的夏天，《小说界》的魏心宏老师给我打电话说，很喜欢《梦里的老鼠》，方便的话可以到编辑部聊聊这个小说。我特别激动，觉得像做梦一样。后来,《梦里的老鼠》和《美女杜莹》两篇一起发表在《小说界》。接着是《四人行》发表在《钟山》。再后来连着在《人民文学》发了几篇作品。

人生路上大概会碰到一些贵人，这些编辑老师就是我的贵人。

问：对于初学写作的人来说，有什么书让你渴望成为一名作家吗?

滕肖澜：我记得王安忆老师有一本书叫《妹头》，写了一个有点做作的上海女孩。那本书我看了好几遍，我想，其实《妹头》里所描写的生活，也是我正在过的生活，每个上海人眼里都有一个上海。我为什么不试着写出我眼里的上海呢？于是就有了《梦里的老鼠》，刻画了一个有着顽强生命力的上海女人。

问：你的写作过程有过怎样的变化?

滕肖澜：之前我中短篇写得多，这两年长篇写得多。比如《城中之城》与之前的作品相比，背景有一些变化，在题材和技巧上偶尔做些尝试，挺有意思。

《心居》反映了当下上海各个阶层老百姓的生存状态，写他们如何为了心中的梦想努力打拼。

问：《心居》反映了当下上海各个阶层老百姓的生存状态，从房子这一社会热点入手，从住房、家庭关系、婚姻等多方面对当下的家庭作了真实而生动的书写。在写作这样的现实题材时，你还需要做资料或调查准备吗?

滕肖澜：写《心居》其实有个小插曲。之前一次外出吃饭，听席间有人聊起房子限购，出现了一批靠假结婚赚外快的人。这是最早的材料雏形。当时我就觉得这个细节很生动，可以写进小说。一个以买房为切入点的上海小说。后来我还找房屋中介了解相关政策，准备充分后，用了两年时间写完。

问：“生活便是如此，每个人都在艰难而又孜孜不倦地活着”——如腰封上的推荐语，你在小说中观照到了各个阶层。

滕肖澜：《心居》中我想写各个不同阶层、不同际遇的人的生活状态。房子是一个切入点，四位主角或多或少跟房子有关，展翔是暴发户，上海确实有相当一批靠炒房获利的人群；施源来自知青家庭，所有投资都失利，心境又特别苦闷；顾清俞是一个成功人士，物质方面非常丰富，情感上却像一个不谙世事的小女孩，最终经历了情感和心灵的成长，变得通达；冯晓琴是新上海人，受到挫折以后迸发出强大的力量也有一定代表性。我偏爱写的人物是坚强的、乐观的，或许现状不尽如人意，但充满力量，不苟且，活出自己的一片精彩。

这个小说除了双女主之外，还有冯茜茜、葛玥……年轻女性有好几位，我对她们都怀有一种怜惜。一开始，冯茜茜仅仅是想实现自己的梦想，她是一个非常努力、非常聪明的姑娘。剧本中冯茜茜和姐姐冯晓琴交心时有一句话——“你怎么来把握努力的分寸，努力生活跟不择手段之间的区别到底在哪里?”这也是《心居》从头到尾一直都在探索的一个问题。

问:《心居》也是家庭文学的一个样本。有评论家指出“作家对家庭文化的深刻理解和借此释放的善意”，评价你的家庭生活叙事策略，有可能正在开拓贴合当下社会与家庭变迁的新的书写可能。

滕肖澜: 我写第一部长篇《城里的月光》时，责编老师针对我的初稿说过一句话：小说里的人物要像进了滚筒洗衣机那样，从进去到出来，变个大样。我觉得很有道理。在后来的小说里，我就会特别留意人物的成长。

《心居》中写了一大家子，里面的家庭成员也代表了上海各个不同的阶层，不管是小说还是剧本，我都希望能够尽可能真实、全面地展示当下老上海人和新上海人的生存状态。

滕肖澜以书写上海的市井生活见长，融合了新时代职场小说

的特点，接续新时期以来上海书写中的文脉资源，也兼顾了通俗文学的故事性、日常性。

问：你的创作素材一般从哪里获取？

滕肖澜：《城中之城》是蹲点采访完成的。在银行蹲点几个月，看资料、案例，在柜台看现场操作，和大家一起吃饭、聊天。我当时想，故事可以编，但涉及金融的部分一定要专业。我写完后，发给金融圈的朋友看，他们都评价内容挺专业的。这让我觉得安心。

问：写作中如何把握人物的心理？《在维港看落日》中重组家庭的姐妹之间的关系，小女生之间的嫉妒和攀比，亲人的关心和呵护，把在上海的外地人、在香港的上海人等异乡人的心态把握得非常精准。这个素材是怎么获得的？你是如何开始故事的？

滕肖澜：我随我的先生在香港工作生活过一段时间，之前也以游客的身份多次到过香港。但久住以后才慢慢体会到，香港和上海有一些相似之处。一方面香港可能比内地更看重中华传统，另一方面又很西化，人与人之间恪守距离。内地人看香港，或许有点像其他省市人看上海。或许有些先入为主的印象，但身处其中过日子，又是另一种滋味。

我有给人物写小传的习惯。我希望我笔下每个人物都不是石头缝里蹦出来的，而是带着包袱登场的。当然这与编剧写人物小传不一样。我写得更简单一些，无非就是把每个人物想得很透以后再去写。可能小传里边有些东西在全部写完以后发现未必都能用得到，但写出来的人物会自然而然地比较丰满、立体。

问：你的创作具有故事性、生活化的特点，这种风格是如何形成的？

滕肖澜：可能跟每个作家的性格、写作的习惯有关系。其实我写的时候不会想那么多，而是会挑一个相对熟悉和有把握的切入点去动笔。有评论说我的小说很家常，特别接地气。也许指的就是我不管写什么风格的作品，都会从日常生活切入。

问：曾有批评家不太看好只会写日常生活的女作家，认为有可能会消磨叙事才华，我倒觉得未必。门罗的《亲爱的生活》，不也得了诺贝尔奖吗？但是另一方面，日常生活的叙事是否有可能存在历史意识不足或缺乏宏阔的文学视野？想听听你的看法。你会经常关注评论文章吗？

滕肖澜：我会关注。只要有可能，我也会试着去改善。中肯又说到点子上的评论，这是对作者写作莫大的帮助。但我一般也不会为了改而丧失写作的快乐。我不会硬改，而会在自我改善与快乐写作之间找个平衡点。归根结底，自己对自己是最了解的。而作者的心态是至关重要的。我能保证的是，作品里每一个字都是我认真敲出来的，没有敷衍，绝不“捣糨糊”。一般来说，认真写出来的东西，即便不会让所有人都喜欢，也不至于有太多人骂。写作是复杂而艰苦的，冷暖自知，只能尽力找一条更适合自己的路。

作为上海人，滕肖澜希望写出更真实、更当下的上海。

问：从2001年开始发表作品算起，你已经出版了长篇小说《城里的月光》《乘风》《海上明珠》《城中之城》，中短篇小说集《十朵玫瑰》《上海底片》《大城小恋》《星空下跳舞的女人》《这无法无天的爱》《规则人生》等。从你的作品中并没有发现很多作家视为难题的同质化叙事问题，你会刻意探寻文学表现手法吗？

滕肖澜：作家还是要挑自己有把握的题材创作。对我来说，并没有刻意去探寻什么，而是希望能写一个不同视角下的真实的上海。上海这座城市有她的特殊性，容易在文艺作品中以偏概全，先入为主，把一些特点无限地放大，却又忽视另外一些特点。很多人对上海的印象还停留在几十年前。作为上海人，希望能够写出更真实、更当下的上海。现在的上海人和三十年前的不一样，岁月更迭，新上海人也成了老上海人。上海在不断变化，我希望写出这种变化。当然，上海还是有不变的东西。在变与不变之间找到恒久的东西，找到融合点，这是我努力的方向。

问：对你来说，写作最大的魅力是什么？写了这么多，你会有倦怠期或写作的瓶颈期吗?

滕肖澜:写作最重要的一点，不是为了别人，而是为了找到让自己快乐、幸福的点。这点很重要。我一直觉得写小说是件很开心的事。我很少会焦虑，即使思路一时堵住了，寻找突破点的过程也是开心的。而且生活中可以写的东西太多了。我一般的状态是，这一部还没写完，下一部已经有想法了。

从日常生活入手，从最平凡的那些人物身上发现光芒，滕肖澜的绝大部分作品都在书写普通百姓的生活。获第六届鲁迅文学奖的中篇小说《美丽的日子》也不例外。

问:《美丽的日子》获得鲁奖，这篇作品是在什么背景下创作出来的?

滕肖澜:这篇作品发表于2010年，获奖于2014年。《美丽的日子》讲述了两个女人的故事。一个上海人，一个上饶人；一老，一少。卫老太为瘸腿儿子征婚，千里迢迢招来了姚虹。两人都没什么坏心思，但也谈不上多么高尚。说到底都是为了度日。上海人的那一点点小心眼，自尊又自卑；上饶人的那股子不屈不挠的心劲，可敬又可怜。怕人欺的人，未必不是欺人的人。为了生活，谁都不见得能做到完全问心无愧。当卫老太念着昔日对厂长女人的愧疚，在花园里扶起姚虹——那一瞬，其实已不只是将心比心了，更是一种情感的升华。女人与女人的惺惺相惜、长辈对晚辈的无可奈何、上海人对异乡人的理解与怜惜。

也许在许多人的眼里，上海是烂漫多姿的，像颗夜明珠，美艳不可方物。而在我看来，上海只不过是个过日子的地方，很实实在在的地方。上海绝非五彩斑斓，而是再单调不过的颜色。“昨天是今天，今天便是明天，明天又是昨天。日子是打着圈过的。”日子一天天地过，是妥协，还是坚强，看的是各人的信念。上海也好，上饶也罢，只要肯付出努力，日子一定会越来越美丽。

问：可否以此为例，谈谈你的小说创作经验？比如你在写的时候，是否需要写提纲，是否有明确的基调，小说人物的走向，是事先设定还是放手让他们在故事里自在行走？

滕肖澜：我会写大概的提纲。主要情节是之前就会想好，小细节是顺着人物慢慢出来的。遇到写不下去的时候，我会顺着人物性格绕啊绕，往往人物自己会开出一条路来。

我想尽量略开人人都知道的那部分，着重于人和人之间相处时会有的一些微妙的，出于种种原因未必说得出来、说出来以后会让读者觉得没错的那些东西。我的处理方法通常是，不动声色地描摹，把要表达的东西放在波澜不惊的语言下面。一些包袱是后面慢慢打开的，让之前发生的一些事情合理化。这是创作中很有意思的一种体验，我觉得特别过瘾。

问：中短篇小说在你的写作中占有多大比重？你认为好的中

篇小说应该具备哪些要素？

滕肖澜：我写作十几年，中短篇写得比较多。体裁由故事的体量决定。比如《心居》和《城中之城》的体量适合长篇，刚完成的《平衡》的体量适合小长篇。我有时候写作时间比较长，写着写着想法会改变很多，主线可能变成副线，副线可能变为主线。我习惯边写边删改。《心居》写了近两年，每天写千把字，第一天写完，第二天不是先往后写，而是先把前面的看一遍，改一点，再润色一点，第三天写的时候，再把前两天的改一遍。

问：写中篇和长篇小说，你在创作心态上会有不同吗？可否谈谈对你来说这两种体量分别意味着什么？

滕肖澜：中短篇像画，比较平面。也许一个刹那、一个画面就可能触发一个中短篇小说。长篇则必须有一个完整的架构，工程复杂得多。

《平衡》不是四平八稳的写作，滕肖澜进入了不是完全熟悉的领域，但她并非为了创新而写作，这是一次值得尝试的写作。

问：《乘风》《平衡》中都写到了和你的工作密切相关的题材，这样的职场小说，让人耳目一新，毕竟平常生活中太少见了。写这样的题材，你是否游刃有余？

滕肖澜：《乘风》几乎涵盖了所有机场的地勤岗位，更像一部讲述机场地勤岗位、职能的作品。《平衡》的主人公葛向阳是航空公司的平衡员，负责飞机的载重平衡。“A加B有限制，A加B加C有限制，A加B加C加D又有限制……配置第一块板的时候，就要想到第二块、第三块乃至最后一块。每块板之间都有联系。彼此牵制互为因果。这不是单纯的加法，而是数的无穷次方。手里要有感觉。”工作中，葛向阳是高手；生活中却有些左支右绌，爱情、亲情、友情，一团乱麻。做人的道理，与载重平衡差不多，走第一步时，就要想到第二步、第三步乃至最后一步……却更加无迹可循，连个试错的机会也没有。人生充满不平衡。

问：《平衡》中主人公的职业非常专业，平衡员是否要做很多准备工作？

滕肖澜：747货机的平衡表是全手工的，这对平衡员的要求比较高。主人公葛向阳喜欢这个过程，所以小说里他比较过瘾，工作带给他很多成就感。

问：从机场调到上海作协当专业作家，和业余作家时期相比你的状态如何？

滕肖澜：在机场工作时也有大段的时间用于写作。成为职业作家后，一开始有一点小困惑，心想年纪蛮轻就当专业作家，会不会和这个世界脱钩？我会找很多事情做，采风旅游、学开车、找朋友聊天、逛街……抓紧一切机会和人打交道。慢慢发现其实也不必如此。很多东西就在身边，只要带着一颗敏感的心，周围可写的东西还是很多。生活无处不在，可写的素材也是无处不在。

问：《平衡》的开头非常吸引人，我以为你要写武侠小说了，结果是一场梦。小说中的梦境很多，从梦境开始，以梦境结束——你在小说中最想传达的是什么？你如何看待梦境在小说中的作用？

滕肖澜：小说采取了梦里梦外跳进跳出的形式。梦里的情形与现实呼应，也是互补。一方面，日有所思，夜有所梦，现实生活中的遗憾，在梦里可稍做排解；另一方面，梦又对现实生活起推动作用，本来不敢想也不敢做的事，因了梦的启迪，现实中竟被梦推波助澜。梦反成了现实的老师，就像葛向阳感慨的，"梦也是现实主义，你可以把它看成是现实中的某种可能性"。

问：《平衡》这部长篇写得顺利吗？

滕肖澜：我从2019年8月开始构思，前后写了四年。与以往不同，这次我很早便定好了书名。我想换一种风格，和《心居》比，《城中之城》是金融题材，是比较职场的小说。《心居》是通过家庭生活展示不同阶层老百姓过日子的状态。这两部写完之后，我想写一个不同风格的。但写得比较慢，用了四年。

问：《平衡》的结构是如何考虑的？这么写的时候，你会担心读者能否接受吗？

滕肖澜：小说里，当年葛向阳父亲意外身亡，本该属于葛向阳的一笔巨款，被叔叔和姑姑瓜分去大半。他很怨恨那些亲戚，但滑稽的是，最后他们还是相处得很好。和前妻离婚，把前妻介绍给了好兄弟，本来是很尴尬的一件事，可他们居然还是无话不谈，亲密无间。我想说的是，葛向阳始终想做一个好人，一个好丈夫，一个好爸爸。他也想做一个顾全大局的人。一方面他说服自己必须这么做，另一方面又觉得太亏了。他心里一直在找平衡点。想忍耐、凑合，又终是不甘心。于是不停地用力，试图挣脱那个不知是被别人还是被自己束缚的圈——就像他的梦。生活中的不如意，希望在梦里互补。

问：最终葛向阳在梦里看清了女孩的脸，打开了多年的心结，也在现实中亲手撕掉了那份令他羞愧的合同。

滕肖澜：对，最终他意识到什么才是该做的。撕掉合同，也许只是他的一时冲动。也许今夜过后，他又会慢慢活成自己憎恶的人。但无论如何，那一刻他是坚定的。谁也不知道将来会如何，界限在何处。

也许就应了那句，“做平衡跟做人差不多，是自己跟自己较劲，你稍微马虎些，指数也在范围内，但就是过不了自己这关”。

问：《平衡》的风格不同以往，是在有意调整吗？

滕肖澜：就像前面说的，写完两个长篇以后，想换个风格，调整一下节奏。写作毕竟是一件挺辛苦的事，如果找不到让自己兴奋的点，就很难继续。换风格这事本身就挺容易让人兴奋的。但因为不在舒适圈，所以写起来肯定比较辛苦，会反复修改，中途还差点没坚持下去。但我想说，不管最后反响如何，它都是值得写的。小说里用了现实和梦境相呼应的写法，现实的遗憾创造了梦，而梦反过来又对现实有推进作用。跳进跳出，抽丝剥茧。写的时候还有点眩晕感。《平衡》是一部与我以往风格大相径庭的作品。写《平衡》的过程，也是我不断学习和思考的过程。

《心居》被改编为电视剧播出后赢得观众的喜爱，滕肖澜也过了一把编剧瘾。喧嚣之后回归平淡，她沉潜于生活，享受寂寞，希望全力以赴写出不同时间段的上海。

问：你的作品很有影视缘，在写的时候，就很注意它的好读性和耐读性吗？

滕肖澜：其实完全没有。小说是小说，剧本是剧本。我写了剧本以后，更意识到这是两种完全不同的文字表达形式。小说很纯粹很主观，剧本则需要瞻前顾后得多。

问：你有崇拜的作家吗？你希望成为怎样的作家？

滕肖澜：我喜欢老舍。他作品里的老北京味道不是故意为之。在看似平实干净的文字之下，细读却有无尽的意蕴。有一阵我也喜欢张爱玲。

希望成为怎样的作家？我希望每一次写作都是开心的，每一次写作都百分百地努力去完成，对得起自己，用心去写。

问：你如何看待地域和作家的关系？

滕肖澜：我是知青子女，和土生土长的上海人不同。回到上海有点失而复得的意味，这使得我更珍视这片土地。我也很感激上海作协吸收我为专业作家，让我有大把时间创作。作家的心态很重要。如果别的东西考虑太多，那就不能静心写作。上海作协氛围很好，是那种宽松但又在关键时刻会给予你支持的风格。

问：对未来的写作，你有怎样的规划？

滕肖澜：还是写上海。到了一定年龄，看东西时心态不同，比之前会成熟些。如果说现在是离地太近，我也希望未来把视野放得更远些，不仅是写目所能及的上海。同时在技巧上我会更多地打磨，努力观察，努力思考，写出不同发展阶段的上海。成长的我，写成长的上海。

肖江虹：我思想的边界在那一刻被无限扩张

肖江虹，生于1976年，贵州修文人，中国作协会员，鲁迅文学院第十五届高研班学员。在《当代》《收获》《十月》《人民文学》《天涯》《山花》等刊物发表文学作品二百余万字，部分作品被《小说选刊》《新华文摘》《小说月报》等选载和入选各类选本。曾获鲁迅文学奖，人民文学奖,《小说选刊》年度奖，十月文学奖，华语青年作家奖，贵州省文艺奖等。2018年，中篇小说《傩面》获第七届鲁迅文学奖。

作家档案

出生日期：1976年12月26日

出生地、籍贯：贵州省修文县

毕业院校及专业：贵州师范大学中文系

血型：B型

最喜欢的个人代表作:《悬棺》

文学偶像：老子

文学之外的爱好：做饭，喝酒

想对20年前或20年后的自己说什么：对20年前的自己说：别想了，写吧！对20年后的自己说：别写了，停吧！

文学观：修辞立其诚

采访手记

肖江虹以疏朗而精细的笔致记录那些消逝和即将消逝的风物，他无意吟唱挽歌，而是努力把曾经打动我们的乡村诗意记录下来，留下一份无法割舍的念想。

文学的永恒就隐藏在这消逝和即将消逝的人生岁月中。在70后作家中，肖江虹写得不算多，用作家张楚的话说，“貌似急性子的江虹，在写作上却是个不折不扣的慢性子”。

为了创作《傩面》，肖江虹前往贵州道真采风，光田野调查就做了六七万字，超过了小说字数的两倍。傩戏的唱词正在渐渐消失，故事中傩戏的唱词，是肖江虹在乡村采风中一句一句实打实记录的，读起来古朴而惊心，所以，张楚才说肖江虹是位“自觉的苦行僧”，又像个“虔诚的农民”，寻找着恰宜的土壤与阳光，流水与季风，当他认为时机降临时，小说的胚芽才从土壤中陡然生长出来，而此时，光阴已将山河更迭数次。

他对于自己家乡的民风民俗情有独钟，一直在贵州乡间寻访留存的民间技艺、民俗文化，记录这片土地上少有人知的人事和风景。当地的一位傩面师要在去世前把傩面全部烧掉。肖江虹发现了，觉得惋惜，傩面师却说“消亡不可怕，没有尊严的消亡才可怕”。那胚芽或许是一句话，或许是一件事，或许是流动的云朵中透出的一缕阳光，给肖江虹带来强烈的触动，那就意味着写作的时机来临了。

2009年，肖江虹创作《百鸟朝凤》，后被改编为同名电影。2018年,《傩面》获第七届鲁迅文学奖中篇小说奖。

没日没夜地遍地乱跑，使得肖江虹和那片土地建立了朴素而深厚的感情。

问:《百鸟朝凤》发表后影响很大，并且被吴天明导演改编成电影搬上银幕。我很想了解你此前的文学准备是怎样的?

肖江虹：在我很小的时候，父亲是个乡村教师，订阅了很多文学期刊。刊物上好多都是文学史无法绕过的名字。我就捧着书想，当个作家该是如何荣耀的事情啊！小学时，有一次语文老师问我，你的理想是什么？几乎没有思考，我说我要当个作家。

后来，父亲调到镇上做了一名中学老师，我也跟着到了镇上。那阵子我们镇上有个租书的小铺子，里面有金庸全集，我借回来就开始读。按理说，初中二年级的文化水平阅读金庸的小说已经绰绰有余了，可悲的是那些书全是盗版，有时候一整段都不知所云。于是我先怒火万丈地问候了盗版者的祖宗十八代，接着就开始自己组织文字，尽量让上下文能有效地衔接。等把金先生的十五部盗版书读完，我的作文水平居然冠绝全班。老师在一次给同学读我作文的时候很兴奋地表示：肖江虹的作文有浓郁的古典气息。

整个初中生涯，我最接近文学的一次经历发生在生机勃勃的初春。在一次全省的作文比赛中，我居然获了一个优秀奖。上高中后，学校有个小型图书馆。我读得最多的是古代典籍，最喜欢《三国演义》，这本书至今都是我的最爱，记不住读了多少遍了，反正很多精彩段落都能背诵，比如隆中对，比如舌战群儒，比如骂死王朗。我甚至能说出书中每一个人的名字，包括那些一出场就被干掉的可怜虫。

问：童年对于作家的影响是巨大的，能谈谈你的童年生活吗？

肖江虹：我的童年属于典型的放养。父母总有忙不完的事情，根本没有时间对我们兄妹几个进行有效管理。夜晚归家，父母把我们从大到小点一遍，只要还活着就阿弥陀佛了。虽然在物质上极度贫乏，但是精神上却很自由。就拿读书来说，我都读到五年级了，我父亲还不知道我连两位数的加减法都捋不顺溜。

放养有放养的好处，父母的不作为让我拥有了极大的精神空间。很多稀奇古怪的想法总是主宰着我。放牛的时候我就想，如果村子里的人一夜之间都变成了牛，会不会遭到这些原本就是牛的家伙的排挤？看见村子里面最邋遢的那个人，我就想他身上的虱子会不会为了抢夺一块肥沃的地盘而进行群殴？

没日没夜地遍地乱跑，让我和那片土地建立了朴素而深厚的感情。如今，一旦空闲下来，我就会回到那里住上一段时间，听老人们絮叨往事，看风掠过村庄，闻烈日下苦蒿的味道。我小说中的场景和人物，几乎都和那片土地有关，只要一想到它们，我就特别来劲。

肖江虹的枕边书只有两本，一本是《道德经》，另一本是杨绛译的《堂吉诃德》。

问：你开始大量地阅读是在什么时候？

肖江虹：我阅读量最大的阶段是大学本科期间，那时候对各种知识有一种天然的占有欲，什么书都读，读得最多的是古典文学和外国小说。记得读《堂吉诃德》时，宿舍关灯了就打着手电筒在被窝里读。

问：对你影响比较大的人或书是什么？让你感到“真正了不起”的是哪本书？

肖江虹：对我影响最大的是我爷爷，地地道道的农民，我父亲是他的继子，但他对父亲比对他亲生的几个儿子都好。父亲能读书，他就送父亲去县城读书；我从爷爷身上看到了人类最朴素的善意，而这种善意是作为一个优秀作家必备的品质。

在自己的阅读经历中，我至今还是觉得《道德经》是最了不起的作品，几乎洞悉了天地万物，在那个时代能有如此伟大的认知，真的很了不起。

问：你最喜欢哪一类书？你有枕边书吗？

肖江虹：我以前喜欢读文学类，现在基本不读了，除非有特别好的朋友的作品会抽空读一读，现在喜欢读些杂书，有趣的那种，比如阿城的《常识与通识》《闲话闲说》。我的“枕边书”只有两本，一本是《道德经》，另一本是《堂吉诃德》，杨绛先生的译本。

问：你常常重温读过的书吗？反复读的书有哪些？

肖江虹：其实值得重温的书不多，《金瓶梅》算是可以读很多次的，当然我是指足本。《道德经》和《山海经》我也经常重读。

《百鸟朝凤》讲述了老一辈唢呐艺人焦三爷的坚守与失落。肖江虹的本意是，该消亡的东西要消亡，谁都留不住。

问：《百鸟朝凤》可以看作你的成名作吧？这篇作品的主人公有原型吗？

肖江虹：作品主人公有原型，他是我的发小，叫张德平。2007年春节回老家，我在路上遇到一支唢呐队伍，唢呐队的领头人是我的发小，他的父亲当年就是镇上有名的唢呐匠。攀谈中我问他：镇上的年轻人几乎都出门打工了，你为什么还在吹唢呐呢？他无限伤感地说，他父亲死的时候他答应过守住这门手艺的。

这事像颗种子，在我心里慢慢生根发芽。然后我花了近一年的时间，完成了《百鸟朝凤》的初稿。

问：小说中的唢呐最终消失了，但其精神内核并没有消失。一些关于你的小说的评论，重点放在“乡村挽歌”，但这似乎并不完全是你要表达的层面吧？

肖江虹：我从来就没有写挽歌的意思。

我觉得人类是要一程一程地往前赶的，我们在赶路的时候，会经历很多美好的东西，比如这些传统艺术，但是该消失的一定要消失。就像两河文明、古埃及文明、古巴比伦文明，曾经多么辉煌，但说没就没了。再比如京剧。现在京剧更多地成为了一个符号。在很多人眼里，每年春晚于魁智那些人上来哇哇甩两嗓子，那就是现在存在的京剧。当年四大徽班进京，京剧从民间艺术成为了庙堂艺术。人民性和民间性失去后，它很快就消失了。现在所谓的非物质文化遗产，你保护它也是没用的，你保护的是一个标本，就像夹在书本里的干枯的蝴蝶。翻开它，你能看到它的样子，但你看不到它飞。它已经不是一个活物，它已经死掉了。

我为什么要写《百鸟朝凤》，包括我接下来的小说《悬棺》《傩面》，我为什么要写这些小说呢？我就是这样想的，咱们在一程一程地往前赶，就像我们开车旅游经过一个地方，那里有非常好的风景，但是你不能永远停下来看这个风景，你还得往前走，你转个弯，翻个山，这个风景就不见了，但是可以记在心里。比如用文字把它记录下来，然后我们带着这样的美好，累了之后，坐下来，想一下，原来我们在旅途里经历过这些美好的东西。

所以《百鸟朝凤》不是挽歌，我只是记录，记录这样一种诗意。人们说民俗代表一种文化，其实这种理解我不赞同，我觉得它代表诗意。所以大家不要悲观地认为这个东西消失了会怎么样。其实是不会怎么样的，唢呐没了，但是唢呐匠精神层面的东西会附着到其他东西身上。旧的艺术形式在不断地湮没于时间轴上，但是新的艺术形式又在不断地产生。

其实所有的文学作品，最终指向的都是人。为什么人们说电影、小说是个悲剧，因为我们在用笔和镜头讲述人类在时代里面的困境。我们每个人都有困境，作家需要发现困境、讲述困境，除了应该让大家感受到消失掉的东西，还应该让大家看到天边的亮光。

我们要不断往前走，人类的脚步是停不下来的。停下脚步去盯着唢呐，这没有意义，因为我们的目标在前边。但是在行走的时候，不要忘掉这些曾经带给我们美好的东西，让我们怀着诗意的美好继续往前赶路。

肖江虹写出了多部非常具有西部特色、云贵地方文化和神秘主义因素的小说。对于作家来说，地域文化是他文学嗅觉的来源。

问：《蛊镇》《悬棺》《傩面》三部小说似乎可以作为民俗小说放在一起讨论。这几篇小说在贵州民俗文化的书写中传达着社会巨变，也传达了乡村文明消逝过程中的人性之光。在贵州生活，题材对你来说好像构不成难度？

肖江虹：当初本来只想写完《蛊镇》就算了的，后来是《人民文学》主编施战军先生和我的责编徐则臣提出来让我再写两个类似题材的作品。我在鲁迅文学院学习期间,《人民文学》的主编施战军是我的老师。当年鲁迅文学院招生的时候，在贵州招的不是我，施战军曾看过我的几篇小说，就给省作协打电话，说“你们贵州要不就增加一个人，我们再给你们一个名额”，我才去上了鲁迅文学院。我从鲁迅文学院回来的第二年，他就调到《人民文学》做主编了，就问我要稿子。我把《蛊镇》写出来发给他，他说:“你就照着这个样子再写一个。”第二年我就写了《悬棺》。他说:“你再写一个。”我说:“我不写了，你拿刀架在我脖子上我都不写了，我痛苦得很。”他说:“你想啊，什么都讲三个，比如三部曲，你再写一个!”我说:“那我写出来差了，你不要怪我!”但《傩面》我写了两年，前面那两部都只写了一年，因为它的难度太大。就是在这个所谓民俗的领域里你要有新的掘进，新的精神领域里的掘进，你要把民俗写作的维度拓宽，比如说它以前是二维的，现在得做成三维的、四维的，这个难度特别大。

问：将巫蛊之术、傩戏、悬棺葬仪等特殊民俗与地方文化紧密结合，也是你的小说不可替代的价值之一。你如何看待地域文化和地域写作？

肖江虹：我的小说创作几乎都在写我的老家修文县。每一个作家总与他生活过的地域相关，地域文化是文学嗅觉的来源。

所谓家乡不仅是负载地理，而且内蕴着该地域的文化传统。从弗洛伊德的精神分析理论的视角和维度来看，一个人的一生中，童年和少年时代的生活至关重要——故乡，故园，那里的自然景观，习俗民风，历史遗存，还有方言等，无不从一个人能够理解事物开始，日积月累，耳濡目染，潜移默化，形成最初的，也是最基本的文化心理结构。

地域文化的印记以“先见”根植于作家的内心，在文学创作中，作家自然而然地会对母地的地域文化给予格外的关注和热情，正如英国学者迈克·克朗在《文化地理学》中所写，因为人“在地理世界中深陷其中无法避免”。

地理空间生成作家创作风格和气质的背景，那里的气候、氛围，甚至色彩和气味，会在作品中不自觉地流露出来。更深入地说，地域之于某些作家的作品，可能构成某种特定的文化符号和喻体。

但我更喜欢北岛的那句话：“我喜欢居无定所状态下的写作，我随身携带的行李，只是我的语言。”

问：《悬棺》开头就特别抓人：“十四岁那年，我有了属于自己的棺材。”你的小说开头讲究吗？你是如何找到第一句的？

肖江虹：有时候一个小说无法下手，就是没有找到第一句话，作品的第一句话，几乎奠定了这部小说的叙事基调。说实话，《悬棺》的第一句话是从《百年孤独》里得来的。

肖江虹以最后一个傩面师之死，反映了贵州边地独特的文化民俗景观和传统民俗文化崩塌过程中的世道人心。

问：《傩面》中的颜素容，性格泼辣，在城市患了绝症后回到乡村，处处看不顺眼，总是撑人，包括父母和亲朋好友，但她仍心存良善，帮母亲治病、帮秦安顺完成最后的心愿……《悬棺》等作品中也塑造了众多性格各异的独特人物。你在人物形象塑造方面，有何经验可以分享吗？

肖江虹：小说没动笔之前，我每天会花一点时间和我的小说人物对话，让笔下的人物成为“故交”。像《傩面》中的颜素容，曾有人问我，颜素容以前在城里是干什么的？我如实回答：“我也不知道，因为我最早认识她，就是从她回村那天开始的。”和笔下的人物建立了感情，我觉得才是小说写作的开始，这样还有一个好处，就是你不会简单且粗暴地对待笔下的人物，因为有了感情，你会小心翼翼地为他们找一条文学上的出路。

问：听说你的写作很重视实地调查。你写《傩面》时，光田野调查就做了六七万字——这可比小说字数还要多。这么扎实的调研，写非虚构可能更不费力气吧？但你还是选择了写小说。这些素材，你是如何取舍的？又如何看待想象和调查之间的关系？

肖江虹：用小说的方式讲述这些故事，可以进入更辽阔的场域。我之所以要做大量的田野调查，是必须保证作品物理层面的真实性，比如民俗的程序、唱词等等，读者首先相信了这一民俗的真实性，才会相信你的故事和人物。我写《悬棺》的时候，去贵州紫云县一个叫格凸河的景区采访，详细记录了攀岩人的攀岩过程。采访结束后，当地宣传部门的同志说让攀岩人给我讲讲他们的故事，我拒绝了，故事是属于作家的，别人的故事不一定适合自己的创作初衷。

问：通过“死亡”叙事，你想传达什么？

肖江虹：死亡叙事一旦被穿透，就成为了日常。正如那些消逝的村庄和风物，都是人类前进中无法避免的另一种形式的死亡。

问：中篇小说《美学原理》风格特异。听说你在开始写作《美学原理》之前又将黑格尔的三卷《美学》翻出来重读了一遍。为什么会想到用这么哲学的名字作为小说题目？

肖江虹：最早叫《美学简史》，评论家黄德海看完小说，说以简史之类为题的太多了，最后改成了《美学原理》。我的初衷是想做一次“智性写作”的尝试，让作品充满智性向度的叙事形态。“美学”是这篇小说的重要元素，作品中有一段对黑格尔美学的阅读感受，为了这段感受不出专业性的差错，我又将黑格尔的三卷《美学》翻出来重读了一遍，不然会心虚。

问：你觉得智性写作的尝试成功吗？是否以牺牲可读性作为代价？《美学》重读之后，你有何新的发现？

肖江虹：我觉得算是完成了写作的初衷。我理解所谓“智性写作”跟可读性本来就不是一对矛盾体，关键还是得看作家的经营，像刘慈欣的《三体》，也可以理解为智性写作的范畴，但它却具有非常强的可读性。

说到重读《美学》后的感受，我愿意引用作品中的一句话：因为没书看，我仍然把这套三卷四本的书完完整整地读完了。记得读完的时候是一个深夜，合上书，我泪流满面。流眼泪不是因为书不再艰涩，我读懂了，而是透过那些抽象的语言，我几乎忘记了美学本身，也忘记了书中的漏洞，切实感受到了黑格尔无比开阔的胸襟，那种要把前人所有精神成果纳入一个体系的雄心，我这才窥见了精神世界的美。它宛如一条泥沙俱下、奔腾不止的壮美河流，又仿佛满天星斗、浩瀚无边的孤寂宇宙。那时租住的小房子逼仄，我却有一种端坐银河的感觉，是的，我思想的边界在那一刻被无限扩张——当然，这是一个年轻人过分的抒情。

有评论认为肖江虹采用魔幻现实主义手法让时间流转，其实在他看来，这些题材本身就足够魔幻。

问:《傩面》是怎么创作出来的？能谈谈这篇作品的创作背景吗？能否以此为例谈谈你的小说创作经历，需要构思或提纲吗？《傩面》有些魔幻现实主义的色彩，你在写作手法运用上，是信手拈来吗？

肖江虹：还真不是刻意去写作魔幻现实主义，因为这些题材本身就足够魔幻，小时候听大人讲这些故事，很多都是被当成鬼故事来讲的。在我生活的地方，很多乡亲都是讲故事的高手，其实是他们先完成了这些乡土题材的魔幻加工，我只是沿着乡亲们讲述故事的方式来进行文学创作。

问：写作不到十年，《傩面》即获得第七届鲁迅文学奖。你觉得自己的小说受欢迎的主要原因是什么？

肖江虹：我不知道自己的小说受不受欢迎，小说作为一门手艺，我只是觉得应该敬畏它。我写《傩面》的时候，为什么要设定这个傩面师戴上面具以后能够看见以前的事情，甚至未来的事情？现在我们人类已经放弃了一个最基本的敬畏，我们农村叫“怕惧”，没有这种敬畏，人什么都敢干。“傩”这个东西产生的时候，它不光体现了祖先对自然最基本的畏惧心，还带给了人类一种伟大的想象力，比如打雷他解决不了、暴雨他解决不了，他可以虚构一个神出来管这个事情，我们现在说这是迷信，但是你用文学的眼光去看它，这个想象力是非凡的，它真的是人类在自然、宇宙面前伟大的想象，用这种想象来让自己对生命、对宇宙万物有最基本的一种惧怕，这是一个特别了不起的传统。在小说里面，其实那个幻象只有秦安顺一个人可以看到，因为中国古老的循环时间概念还在他心里留存，他戴上那个面具后看到的可能是他想象的，但他相信这个东西是存在的，就是因为他有怕惧。

所以我觉得要把小说写好，首先得有怕惧。

问：获得鲁奖，你最大的感受是什么？你觉得奖项对自己有影响吗？

肖江虹：我感觉得到了一种专业上的认可，也算是对自己的一次总结。影响是肯定有的，因为《傩面》是贵州的第一个鲁奖作品，所以还是折腾了一阵子。对自己创作的影响倒是不大，因为写作跟奖项之间其实没有必然联系。

文学是一种作品，遵循的是艺术自身的规律；而影视剧更多是一种商品，更多遵循市场规律。

问：《傩面》也被改编为电影。你的作品好像很有影视缘，尤其《百鸟朝凤》，听说小说改编成电影的过程中有很多故事？

肖江虹：2010年开始，就有导演联系这部小说的电影改编，先后有六七个吧！但是因为这部作品只适合做成纯粹的文艺电影，投资成了最大的问题。好多导演最后都因为这个原因放弃了。

2011年年初，刚过完正月十五，我接到了一个电话。那人在电话那头说他是吴天明，问我《百鸟朝凤》的电影版权还在自己手上没？我说在，他说那太好了，他想拍，我说你不是好多年没拍电影了吗？他说那是因为没有遇到好东西。

问：和吴导谈改编的过程顺利吗？

肖江虹：他一开始的意思是让著名编剧芦苇给他写本子，想听听我的意见。我说这个我还真没什么想法，你不如问问这部小说的责编，也是著名编辑周昌义。他说这个人我知道，《当代》我几乎每期都读，我的电影《老井》就是从一九八五年的《当代》杂志上发现的，作者是山西作家郑义。

然后他说，你去趟《当代》杂志社，把老周请过来，我想当面听听他的意见。我说这个恐怕有点困难，他每天的生活规律得像个钟表，据说中午的游泳是雷打不动的。吴导说，你就说我的电影大多和这本刊物有关，想当面表示一下谢意。

当天我给周老师打了一个电话，说我想去杂志社看看他。在杂志社我把吴天明的意思和周老师说了，周老师说我可以去，但完全就是为了这部小说。

到了吴天明工作室，几乎没有寒暄就切入了正题。周老师给吴导说，这个作品几乎就不需要什么改动，按着小说老老实实拍出来就是个好东西。

接下来不管吴导怎么说，周老师都坚持这个观点。其实周老师不知道，这部电影最终对原著没有颠覆性的改动，就是因为他的坚持。

当晚，吴导请周老师吃了一顿饭，饭桌上周老师说了很多话，关于文学，关于时代，关于审美，关于电影。这是我听他说话最多的一次，很多深刻的洞见至今都还留在我的脑子里。

2011年夏天，吴导让我去趟北京，说电影的投资方找到了，可以开始弄剧本了。

问：编剧是谁？

肖江虹：没想到见面后的第一句话，他就说：剧本还是你来弄吧！

我吓了一跳，之前都是写小说，没接触过剧本。我说我怕是不行，没弄过。

他挥挥手说：简单得很，比写小说简单多了，你先弄，弄完了我来改。

接下来的差不多一个月，我就住在吴导工作室对面的酒店里写剧本。那段回忆不是太美好，都快写吐了，剧本和小说差距太大了，属于两种不同的语态。此后一年多的时间里，我一篇小说也没写过。写剧本的时间太长，小说的语感找不回来了。

问：能谈谈你和吴导之间的合作吗？

肖江虹：印象最深的还是和吴导的争吵，每天都有一段时间用来聊剧本，聊到分歧处就各执一端，谁都不让步，接着就开始吵，吵的结果大多是年轻一方妥协。也有局部的胜利，比如他要在电影里加个女的，还要和男主角有情感纠葛。这个我坚决反对，瞪着眼一二三四说了一通，吴导思索良久，觉得这样也不太适合，最终放弃了。

时至今日回想起来，吴导其实还是想在影片质量和市场之间找到一个契合点，他也不想投资方血本无归。但最后，艺术良知还是让他放弃了对市场的考虑。当然，这部电影最终的结局，他是看不到了。

2012年，电影《百鸟朝凤》在陕西合阳县拍摄完成，吴导很兴奋地给我发来了好多高清的剧照，说演员都很卖力，基本达到了预期的效果。做完后期，他给了我一个小样，说让我看看还有什么意见，我说有意见你也不见得会改，他说那倒是。

接着好消息不断，先是获得了金鸡奖的评委会特别奖、华表奖、全国“五个一工程奖”等等。记得金鸡奖颁奖结束，他给我发来短信：没求人，没公关，能给这样一个奖，说明影片本身质量还是过硬的。

奖拿了不少，发行却成了大问题。看过片子的发行商都说这是部好电影，但铁定赔钱。吴导没有放弃，总算说服了几家院线同意排片，正当一切准备就绪，噩耗传来了。

2014年3月4日中午，吴天明因心梗离世，享年75岁。

一直反对他拍摄《百鸟朝凤》的是他的女儿吴妍妍，在吴导去世后，悲伤之余开始为了完成父亲的夙愿四处奔走。奔忙的结果并不尽如人意，直到遇到方励。

方励在圈内鼎鼎有名，对文艺片情有独钟，制作拍摄了很多赔钱的艺术电影，有些甚至被禁掉。吴妍妍找到他，给他看了《百鸟朝凤》的样片，方励看完流泪了，对吴妍妍说：你缺什么？吴妍妍说缺钱，现在没有足够的钱来做这件事。方励说你缺多少钱我给你补多少，一定要把这部电影放出去，让观众都看到吴天明导演了这么好的一部作品，这样我们才对得起这位艺术家。

问：是不是电影至此峰回路转？

肖江虹：需要说明的一点是，之前大家都说好了，这部电影如果能挣钱，所有的盈利都将注入“吴天明青年电影专项基金”，用来扶持青年导演。

上映是解决了，排片却少得可怜，很多场次甚至被安排到了凌晨。上映七天票房仅三百六十万。眼看着《百鸟朝凤》要就此告别影院，方励急了，于是就有了那惊天一跪。

问：你如何看待方励的那一跪？

肖江虹：方励不是为了钱，他从这部电影里拿不到一分钱。当然更不是炒作，以他在圈内的名声，哪里还需要去炒作。

最后,《百鸟朝凤》的总票房接近九千万元，就文艺片而言，这是一个不错的成绩，但如果没有那些话题、争论和最终演变成的文化现象，这部电影的结局又是什么呢？中国艺术电影面临的困局，当然不能总靠《百鸟朝凤》这样的个案来解决。

如今，一切都尘埃落定，草青草黄，雪停雪飞，仿佛什么都没有发生过。

问：“惊天一跪”对票房有怎样的影响？

肖江虹：《百鸟朝凤》上演一周票房仅三百万，院线的排片率只有百分之一，下线在所难免。

接着，义务宣发负责人方励，在直播间下跪了，他是这样说的：“只要你（影院经理）能够在这个周末给我们排一场黄金场，我老方愿意给你下跪。所有的朋友，只要为《百鸟朝凤》帮过一点忙，我都爱死你们了，我什么都愿意做……”这一跪确实管用，第二天《百鸟朝凤》排片量立即猛增，票房最终到了八千六百九十万。

这个事件也引发了很大的争议。

方励是个有情怀的人，我理解他这一跪真的是为了中国的艺术电影。

问：你的写作现在还有困难吗？如果有，如何克服？

肖江虹：最困难的是时常出现幻灭感，感觉写出来的东西没意思，克服的办法只有相信生活，热爱生活了。

创新不一定都成功，但先得有尝试的勇气。

问：你会经常回过头去看自己的作品吗？

肖江虹：不敢回头去看，感觉写得特烂，有些看完会起鸡皮疙瘩。变化肯定有，主要还是完成度可能更高些，当然也有可能是写得更圆滑了。

问：你是如何掌握所谓“写作技巧”的？如果请你总结，你愿意谈谈自己在写作上更看重哪些方面吗？

肖江虹：技巧还是得靠训练，写废的东西越多，技巧可能越成熟。我最看重的还是语言，小说是语言的艺术，诚哉斯言。

问：你的小说题材丰富，风格多样。你从一路探索中走来，每一部都让人耳目一新。你如何看待创新？

肖江虹：我觉得创新的本质就是自我否定，特别是艺术，很多艺术家所谓衰年变法，这是需要勇气的，文学创作最难的是认知上的进步，这个没有大量有效信息的摄入，真的很难办到。当然，创新不一定都成功，但先得有尝试的勇气。

问：你把语言和艺术以及民俗交织在一起，这种关联是独一无二的。能否谈谈你在语言方面的追求？

肖江虹：我以前喜欢调动各种修辞，现在明白了“准确是最大的美德”，正如孔子说的“辞达而已矣”。在真相面前，任何修辞都是孱弱的。

问：作为70后作家，你关注同代人的创作吗？

肖江虹：我会关注。有人说70后是被遮蔽的一代，我倒不这样认为，70后身上有很多特质，比如安静、隐忍，在时代的更迭面前能守住自己。70后有很多优秀的作家，也即将迎来自己的时代。

问：你希望成为一个怎样的作家？

肖江虹：希望成为一个可以把作品给儿子看，看完儿子还特服气的作家。

小白：我最好的作品还没有写出来

小白，上海作协专业作家。作品包括长篇小说《局点》《租界》，中篇小说《封锁》，随笔集《好色的哈姆雷特》《表演与偷窥》等。2018年，中篇小说《封锁》获第七届鲁迅文学奖。

采访手记

小白的作品进入我的视野虽迟，却以其神思妙笔迅速吸引了我。必得细致阅读他的文字才能跟上节奏，否则便会错过他的精巧设计。先读《封锁》，又找《租界》，读完小说才发现他起家自非虚构，《好色的哈姆雷特》在文坛影响甚广，那些风月之事据说被他写得“高贵、冷艳，甚至有学院味道”。

于是开始寻找小白。对于我这样一个痴迷于阿加莎·克里斯蒂等各类悬疑题材的读者而言，阅读小白的作品令我在很大程度上得到满足。然而酝酿了那么久，终于约好在上海一家星巴克咖啡馆见面时，却相逢对面不相识。

迟到了两分钟，推门而入时，小白正往外走。我们互相看了对方一眼，似是而非。我不得不打电话给他，擦肩而过的小白边接电话边折返回来。

瘦削的脸，架一副眼镜，前额有些卷曲的头发使他增了几分时尚和儒雅。这天下午，小白暂时走出他的小说世界，夹了一根电子烟，接待一个风尘仆仆、裹挟热浪匆匆赶来的记者。

“你大概要完成多少字?”他问。又问:“时间够用吗?”

他提出的问题恰好是我担心的。小白说自己不太善于表达，其实不然。至少在我看来，他的讲述完整、准确，堪称精准地捕捉到我的信息，而且我能充分感知他的真诚、善意和体贴。

还没有完全聊完，下一个采访的时间到了。未竟的话题像喝了一半的咖啡，落寞地留下许多怅惘。我有点恼怒自己时间安排得不够合理，又遗憾周围有些嘈杂的环境，以及断断续续的录音和思路……

见面时间是2024年8月中旬。采访还没整理完，已经开始期待小白的新作了。

小白走上写作道路实属偶然中的必然。他闲来无事，在网上聊天的内容被贴到了天涯论坛。跟帖之多让小白觉得意外，他顺着帖子往下写，居然由此走上了写作之路。

问：你走上写作道路是由于非常偶然的机会？

小白：我有一段时间正好上天涯论坛，跟一个朋友在MSN上聊，聊着聊着发现内容蛮好看，整理了发到天涯。《万象》的编辑陆灏看到后向我约稿，我说好。当时就约定一个月一篇。写了有一年，便一发不可收拾。

写小说一开始还是抱着业余的心态，《租界》发表以后受到各方面的鼓励，包括海外版权输出。上海作协吸收我进入作家协会，成为专业作家。

问：成为专业作家后创作状态有什么改变？

小白：写长篇主要是需要进入状态。其他时间比较松弛，平时就读书、写作。进入创作状态之后，整个头脑全在这件事上。

尤其写民国时期的小说，年代性比较强。有时候睡觉会做很多梦，而且是激烈的打打杀杀的梦，大脑会比较疲劳。

问：是不是必须有什么因素触发才有进入状态的契机？

小白：有些作家是最初有个人物在头脑中浮现，或者说有个情节、有些想法需要表达。我自己，最初只有一些模糊的印象。比如《租界》的缘起是一份法租界警务处档案。上海抗战前警务处没有户籍，海外坐邮轮过来的，进入上海口岸时在吴淞口需要做要人登记。意思是进入上海的有身份（职务）的人，包括医生、律师、商人或者邮局、海关、租界的职员，都会登记。我看到不同的档案里都出现了东欧的一个女性，跟一些犯罪边缘的集团有关。大概在二十世纪三十年代中后期，档案馆里甚至给她建立了专卷，后来还被日本人注意到。有两份剪报，不知是韩国还是苏联的报纸，说她贩卖军火，上海悬赏多少钱通缉。档案馆有很多当时的照片，我看到其中有一个上海女性抽着香烟，烟雾缭绕。我的印象非常深刻，从这样一个事情，想到要写一篇小说。当然小说后来写出来，离最初的印象已经很远了。

问：灵感的迸发一定建立在阅读或经验累积的基础之上。

小白：很多小说是写作者在写自己的生活，即他之所见所闻，尽管设计了故事人物，也设计了叙述者，使用了第三人称，实际上都在写作者自己的经验。写一个二十世纪三十年代故事，同时不想让自己担任这个叙述者角色，而是想虚构一位似乎生活在当时的叙述者，由他来讲述这么一个故事。我构思《租界》的时候，是有这么一个想法。在历史舞台上虚构、表演这些人物，进入他们的状态、生活环境、人际关系，通过每个人的对话、心理去体验他，然后把握他们的感受，用作为叙述者（我）的知识和经验。最困难的就是让这种经验的感觉一直控制在自己手上。只有这样才能写小说。否则就变成通常意义上的历史小说了。

问：所以你能够相对精准地抓住时代特征。

小白：希望能用小说的方式精准地写出那个时代。对我来说，不是写我身边的事情，不是写个人内心的冲突，我要写的小说，叙述者是和小说人物同时代的——实际上需要营造这样的一种内心状态。

问：由含糊到具象，在这个过程中，是先有故事雏形还是被笔下人物牵着走？

小白：就像即兴爵士乐，你能听得出，它一开始是在尝试，这里弹几个音，那里试几个弦，一两分钟后就很有把握了，进入自由的、即兴的状态。我的一般写法是，有自然印象就开始写。如果表现力不够，就换一个写法。尝试多了，渐渐就会有一个结构。

写到一定的程度、有一定把握后，我会把前边的废掉重新写。一般来说，长篇都会按比例扔掉一两万字。《租界》扔掉六七万字,《封锁》扔掉一两万字。有些小说家不愿意浪费前面的材料，会把材料打碎了用于后面的写作。我基本上全部扔掉，彻底推翻。确实有用的细节，则重新写一遍。我一直觉得写几万字不是很困难的事情，真正困难的是慢慢养成写作状态。

进入状态后，集中精力的话一天写三千字，High的时候一天写五千字，一般也不会多写。其实真正的小说核心部分，大概写三四个月也就解决了，再修改调整半年的样子。

问：从一开始就养成了这样的创作习惯?

小白：有些小说家只要保持语感就能完成小说。我是靠人物之间的关系、故事叙述的走向构建小说。语感对我来说不太重要。其实要做的不是找到语感，不是创造一个有什么风格的语言，而是要找到适合这些人物的想法和语言。

问：你也渐渐形成了自己的风格。

小白：我有风格吗?我当然也可以有很多风格——风格不重要，想说什么才重要。到底是语言重要，还是你想说的事情重要，我觉得两种都可以，选择你自己想要做的事情。对我而言，风格是一个很简单的事，我的风格就是设法用最少的语言单位，把我想表达的意思清晰地表达出来。

问：没有其他的原因可以解释，写作还是要靠天赋。

小白：肯定是得有天赋。但是在此之前你不知道自己能不能写作，最开始还是靠喜欢。每个人不一样。有些人的天赋是讲，有些人的天赋是写。我说话有个特点，想比说快。我脑子里想得非常完整，说的时候反而凌乱。

小说家必须扮演一个叙述者。真正的小说家一般会脱离自我。

问：无论是虚构还是非虚构，你的表达和逻辑都完整而且严密。先谈谈非虚构吧，随笔就是有感觉了随便写？你的随笔讲究布局谋篇，能否以《好色的哈姆雷特》或其他作品为例，谈谈你在写作随笔上的追求？

小白：分两种情况。书评是想到了就直截了当地写。我写作时会把书认真读一遍。我记性蛮好，读得非常细，不需要反复读。

问：细到什么程度？

小白：不敢说书里的内容都"吃"干净，但基本没有漏掉的。尤其是喜欢的好文章和好书，我会去探究作者的言下之意，探究文本内部的东西。甚至学术书也用这个方法去读。写书评，就是像说话一样记录下来了。

《好色的哈姆雷特》材料有索引，但其实更像一个虚构作品，我构造了一个叙述者，所以也会前面写几段，全部推倒再重新来过。

问：所以你的责编黄昱宁说你是一个不计“成本”的作者。

小白：我经常会在编辑做好版式时还在抠字眼，改词删字都是常事。我觉得准确非常重要。用这个词，甚至是不重要的副词，都一定要写到对的感觉。而且字数要尽量少，能用一个词、一个句子说清楚的意思就不要多说，密度要大一点。

问：《好色的哈姆雷特》《表演与偷窥》在文坛以独树一帜的风格赢得读者喜爱。尤其前者，作家孙甘露甚至认为“对写作之道了解之深入，足以令人信赖他的性研究，他的缜密、透彻、机锋、趣味乃至诚挚华丽，甚至使他的见识看上去富有肉体的欢畅”。那些生僻的考据是怎么来的？写色情写得风趣幽默而高级，不是一般作者能做到的。

小白：网上其实很容易查到，各种图书馆也有。我会为了一个名词去上海图书馆泡一天，把相关的资料都看一遍。很多资料并不一定用于写作，这个过程就很享受。我经常在亚马逊、eBay上买书，还会给国外的大学图书馆写电邮索取资料，对方很乐意提供帮助，其实只要你有目的地去找，还是很容易的，如果在语言上没有什么问题的话。

问：你可以在虚构和非虚构之间来回穿梭，不存在障碍吗？

小白：虚构或非虚构没什么太大区别，关键是把你想要表达的写出来。如果能捕捉到在脑子里不是十分清晰的想法，用最有效率的方式清晰、简洁、有力地表达出来，就有写作能力。有些人写得简单平实，有些人写得华丽，只要找到适配的表达方式，能够感染别人，也能让读者get到你的想法就可以。虚构和非虚构真正的区别在于，背后的叙述者是不是你自己。

叙述者是否是我构造出来的，我是否让他代表笔下的人物说话，这是一个最重要的差别。写小说，必须能虚构这样的人物，让他去说话、去表演，还要控制他，不是让他自说自话，是表达你内心想说的话。

一个演员永远表演自己，那就是本色演员；如果你能演什么人物是什么人物，那就是演技派。小说家必须扮演一个叙述者。每个人说话或动作，反应是不一样的。如果按照你自己的反应叙述，那所有的人物都是你自己。你要去想、去体验这个人物，体验一拳打过来他会是什么反应，那么你就是在表演他。

小说家会不会写小说，一看就明白。有些小说家只不过在写一些事情，还没进入虚构的状态。读几段就知道是不是好小说。

问：这就是专业作家的辨别和判断能力。那你判断的标准是什么？

小白：靠经验。你构建了一个场景，场景里有一些人物，这些人物说话或做事情，你会看出来，写小说的人在自说自话，他自己还没有get到这些环境和人物，没有get到每个人物怎么想怎么做，他也按自己的想法写下来。他是靠语言，可以把语言写得精彩，这也是一种写法。Get到这个状态的小说家会脱离自我。

每个人最大的需求是成就感，不需要读者，不需要出版，写作本身变成自我享受。

问：好的阅读者总能有自己的发现。

小白：写作本身是有动机的。所有的话语都有多重动机。比如咱们对话，有两个非常明显的动机，一个是我要向你解释我是怎么想的；还有一个动机是我要表达我自己。写作也是这样。这本书不是作者告诉我怎样，叙述表面和底层含义之间有落差或错位，当然需要大量的知识背景，对写作内容、主题的了解，对作者思想背景、知识背景的了解。

叙述者也有动机，是想讽刺、赞美还是冷眼旁观？比如纳博科夫的《洛丽塔》，你不能说作者就是这样的人，他自己与这部小说是有距离的。每个人写小说的目标不一样，小说家讲述故事都有自己的动机，有的想革命，有的想恋爱，有的想赚钱，写作这件事情是把所有的动机编织在一起，熔为一炉。

你读小说的目的本身就是了解动机。你从小到大进入人生，要去学习了解别人，就需要读小说。如果在一个完全不了解别人的世界里生活，就无法跟人沟通。通过阅读小说理解、同情别人，感受到同样的情绪，小说是了解这个世界的训练工具。

为什么小说在十七、十八世纪兴盛？小说实际上是城市的产物。当时的城市空间比较小，人们大量聚集起来，你在陌生人中间生活，需要了解擦肩而过的时候他怎么想。人们最渴望了解的已不再是外部世界的经验，而是由街道和建筑隔开的他人生活，以及掩埋在语言表象下的真实意图。从这个角度想，小说的本质就是了解别人的动机、想法、情绪、状态，了解别人的意象。对我来说，写小说就是建构动机，体会动机和动机之间的冲突、同情，或者撕裂。

问：你的写作特别投入而且纯粹。

小白：基本上我进入写作状态就不太考虑其他，一考虑状态就不一样了。我看了很多影视剧，以前还翻译过很多字幕，我知道怎么讨好读者或者观众，知道怎么反转。在写的时候必须把读者放到边上，先把想表达的东西表现出来。

问：创作这件事对你来说很享受？一开始写小说是不是觉得自己就适合写作？

小白：进入状态的写作一天写三千字，非常舒服。你会觉得叙述者的能力超出了你的预期，超过你自己，那种感觉非常开心。但是进入状态之前非常煎熬，会不断地怀疑、焦虑。

每个人最大的需求是成就感，不需要读者，不需要出版，写作本身变成自我享受。写着写着，哇，这是神来之笔。就像解出很难的数学题，自我奖励不断有。每天有自我膨胀的感觉。

问：经历这样的怀疑、焦虑，应该格外珍惜进入状态后的顺畅，但是你选择写到一定程度及时“刹车”?

小白：一定要保持这样的节奏。写长篇的人都有经验。还有东西要写的时候停下来，否则后面会难以为继。除非你的精力非常旺盛，不怕损耗。据说乔伊斯就是平时酗酒，通宵写作。我是要收回来的。

写作有点游戏感，像是打关卡，一关一关打过去。

问：你是否特别喜欢侦探小说?《租界》《封锁》都在讲间谍的故事，都有悬疑侦探的意味。

小白：我什么都喜欢。历史的、当代的、非虚构的，即使在写作的时候每天也都在读。我看过很多谍战小说，间谍的传记、回忆录。我觉得间谍是非常浪漫的人。他在生活中可能很不起眼，做做商店老板、图书管理员之类的工作，但他有一个梦想——成为一个能改变历史走向的大人物。小人物想做大事，还需要伪装自己的身份，成为别人，这非常有趣，非常浪漫。所以尽管创作之初并没有想到要写一部谍战小说，但是设计人物和情节的时候，不免就会往谍战的方向偏。

问：《租界》画面感很强，在处理人物情感方面你是怎么考量的？你如何看待“情感不够饱满”的评论？

小白：我是有意克制的，如果是要写一段特别抒情的文字也能办到。我基本回避掉。我的想法是，叙述者应该是冷静的、有点反讽的。比如写到一对情侣在非常重要的关节上，“我”作为叙述者去讲，不会用“饱满”强烈的文字。我理想当中应该是这样的状态；能够去观察其中的复杂性，除了希望被他们打动之外，也要去观察复杂的动机、复杂的层次感。这需要一个克制的状态。

问：当你架构小说世界的时候，是一种和驾驭笔下的人物一样的状态？

小白：小说的叙述里我对人物有很多同情，也有很多反讽。你也可以说这是一个类上帝视角。因为他知道这些人所做的这些事情、所表达的情绪，或者所说的这些话、所做的心理活动，两个人物情感饱满，你知道后来他们两个人反目成仇，所以你在讲他们两个人的时候，应该有一点点反讽的感觉，当然也是同情的。所以，基本上我所有的叙述都带有这样的特点，也是一个缺点。

我没有构建过一个特别单纯的、纯粹的人。以后可能会去尝试改变。因为我一旦开始写，想到所有人都有各自的动机，所有的动机牵着这个世界往前走，就变成复杂的东西，就会有世故的感觉和态度。所以我写的人物有点太世故。

问：谈谈《封锁》吧,《封锁》的书封上标有“用故事杀人，用故事救人”。小说家都是讲故事的能手，但你是属于特别擅长设置悬念、制造圈套的故事能手。其中林少佐自身的好奇、残暴，不断逼着鲍天啸进行虚构，整个故事极为复杂，林少佐看破了鲍天啸虚构出来的把戏，仍不自觉落入他的陷阱，小说在有限的空间里，深刻地挖掘出人性。是鲍天啸激发了你的写作灵感吗？你的写作是否经常有这样的灵感？想把小说写成什么样子有没有明确的目标？

小白:《封锁》跟一个更大的写作构想有关。我读了一大堆档案文献，包括二十世纪三四十年代的出版物。好多年了，我一直想写一个长篇，也动手写了好多片段、人物、场景、事件，但总感觉没有找到一个完整结构。那个长篇围绕着一种关于历史与文本之间关系的主题，首先在头脑中出现的是一些人物和事件，以及一个反复出现、不断萦绕的句子，就好像说—— 一个幽灵在历史上空徘徊，但这个幽灵是在图书馆诞生的。《封锁》最初的构思或多或少来自那些草稿片段，话说回来，如果不把它写成这个中篇，它也未必能成为那部构想中的长篇小说的一部分。

霍布斯鲍姆在《帝国的年代：1875—1914》序言中提到过两种历史:一种是仍存有私人记忆的历史，一种是私人记忆完全消失的历史。而在这两者之间，有一个模糊的过渡区域。理解和写作这个模糊地带十分重要，因为它很容易被歪曲变形。二十世纪三四十年代的上海，我觉得就相当于霍布斯鲍姆所说的那个模糊地带，我记得小时候隔壁老伯伯在楼顶露台上乘凉时讲的故事，也记得小时候城市空间上几乎完整保存的三十年代面貌。这些私人记忆正在消失，人们如今只能看到车墩伪造的繁华街景，上海家化广告牌上的梦幻生活方式。《租界》和《封锁》试图在那个历史模糊地带重新构造一些人物和一些事件。

问：《封锁》收录了《封锁》与《特工徐向璧》。前者故事发生在“孤岛”时期的上海，后者则是在相对开放的八十年代。你在后记里说，这两篇小说描绘的都是“虚构故事对生活的抵抗”，由于这种“抵抗”，两个截然不同的文本都生出了强大的生命力。这种“抵抗”不仅针对生活，更针对隐藏在生活背后更大的主题——真实。你如何看待小说家笔下的真实？

小白：真实是非常难把握的东西。小说要解决的不是真实或虚构的东西。我没有想给读者一个标准答案，我想给读者的是看世界的方法。我在小说里构建世界，构建的世界，可以说，类似于真实世界的投影，其实基本的方法是一样的。你可以体会小说里形形色色的东西，包括文本的动机、写作者的动机、读者观察的动机如何构成事态的发展，你其实也可以去想象我们如何看待真实的事情，用这样一种眼光。

问:《局点》的勒口上印着这样的句子:“几乎每个细节、场景都经过反复推敲、仔细查证的传奇故事。以考古学家的周详以及诗人的偏僻趣味构建的知识分子小说。”你掌握那么丰富的历史档案,同时也很在意实地考察,像评论家李敬泽说的,“以一种考古学家的周详(当然不是挖掘曹操墓的考古学家)和一个诗人的偏僻趣味,全面地重建这座城市”。你如何评价自己小说的特点?

小白:我最好的小说还没写出来。我觉得我会写出来。慢慢来吧。我每一次写都会解决一点问题。比如写《局点》的时候有一些问题,在《租界》里解决了;写《封锁》时又解决了《租界》里的几个问题……现在的小说写了十几万字,也能解决前面创作里的一些问题。写作有点游戏感,像是打关卡,一关一关打过去,这个关卡好像很难和别人分享。

问:你会经常回头看自己的小说吗?

小白:很少。但写过的我大部分都记得。这一点我可以保证。包括短的小说,都是当时深思熟虑,没有信手写下来的。

所有的作家永远是在写自己。你可以伪造经验,可最扎实的还是自己的经验。

问:照目前读者对于谍战题材的阅读喜好,你的写作题材一定很受欢迎，但你一直在尝试变化，是对自己有很高的要求吗？

小白：叙述是很古老的事，说书人给大家讲故事，也会制造悬念或故意不说，看看听者是否知道其中的玄机，这本身就带着游戏的成分。每次玩游戏我都希望有新东西，感觉好玩我才会去玩。

我没有一定要写谍战。《局点》就不是谍战。我写过科幻小说《"发挥你无限的潜能"》，也写过当代犯罪的小说。其实我头脑中有很多很多想法，我想写一个古代的小说，又要有点玄幻，像《指环王》，构思了十多年，一直没有动笔，还没有找到感觉和状态。我有一个中篇写史前人类的，写了一半搁下了，感觉确实很难处理里面人物的动机，我对他们的整个精神状况还不够有把握，就没往下写。

有一年去库克群岛，我考察了当地的律师、银行，想写一个关于洗钱、犯罪和谋杀的小说，也是没时间，没有想清楚，所以只写了一个短篇《离岸》，相当于挖了一个坑，先把当时的想法固定下来。实际上应该是一个中长篇。我对金融、洗钱有很多知识储备。包括我现在正写的小说，就是二十世纪四十年代为背景的金融小说。

问：《离岸》非常传奇，很容易让人想到阿加莎·克里斯蒂。关键是你写完之后，就发生了一个剽窃事件。当事人双方就是一对情人。我们常常看到的"如有雷同，纯属虚构"在你的小说里发生了。

小白：那年在库克群岛机场遇见一个电影明星，不知是不是因为他当时的姿态神色透露出什么心理，触发了某种想象，一个模糊的故事情节形成了。关于腐化的亲密关系，关于金钱。库克群岛曾是著名的中产阶级洗钱天堂，当地政府独特的信托业管理法规架构，一度吸引了世界各地的匿名资产。这种情形给小说提供了一些背景。小说中有关拉罗汤加岛的天气、地理以及城镇风貌，完全是当地实况。

小说中那对男女，既是夫妻，又结成了一种特殊的伙伴关系。出于现实利益方面的考虑，他们向世人隐瞒了重要事实，身为著名编剧、作家的丈夫实际上早就无力创作了，所有作品都由他太太完成，他们俩合作维护着一个虚假的作家名望。他们的婚姻关系也由此渐渐毒化，最终导向激烈冲突的结局。原本设计了一些更复杂的情节，因为约稿原因，故事简化了。也许以后可以重新再写一遍。

问：你觉得小说家的创作风格和地域关系密切吗？题材的选择和什么有关？

小白：我从小生活在人口非常密集的城市里。我还是小孩子的时候上海已经有七八百万人，我上中学、大学的时候，上海是千万人口，现在两三千万人口，我非常关注人和人之间的关系，人和人之间不同的内心、情绪状态、动机，这些东西构成我的经验。小说是靠经验写作，并不是靠知识写作，构成经验后就会不自觉地呈现人物。

所有的作家永远是在写自己。就像我以前的老同学读我的小说，有些细部的地方、人物的想法，一看就看出来自某一个情节。尽管以拆散的、零碎的东西在文本中表现，但永远是在写自己。如果我想写，可能需要阅读大量资料，再把资料内化成经验。这是挺困难的。写二十世纪三四十年代，我也需要把很多资料内化成经验。比如《租界》，实际写作用了五个月，从开始写作、修改到交稿完成。前面大概有十个月左右的时间，我去徐家汇搜集各种资料，包括日记、文献，几万张照片,《赛马手册》,警务处审讯的笔录……这些都对我有用。饱和式阅读，不记录、不做卡片，每天在读，读了也不强制自己记住细节，写作时把资料全部推到一边。写到这个环境时，头脑中自动浮现出来什么就写什么，这就有点接近于经验。饱和式阅读后，有些内容存在记忆中，有些忘记，有些介于记住和忘记之间，类似于经验——你可以伪造经验，可最扎实的还是自己的经验。

问：这就是一种把知识转化为经验的能力——你曾不止一次提到自己受翁贝托·埃科影响比较大。

小白：作为研究欧洲中世纪的学术专家，埃科当然阅读过大量相关的历史与宗教文献，掌握了相当丰富的知识，但我们看他的《玫瑰之名》和《傅科摆》等小说，不会感觉那是干巴巴的知识，也不会认为作者在那里掉书袋，作者将这些平时通过阅读积累下来的知识在头脑中进行长时间的“酿造”和“发酵”，最终变成了他的某种经验性的东西，然后在写作时很自然地出现在他的笔下，就像是我们当代人在写当代生活背景的小说一样自然，这一点给我的启发很大。

要么清晰地找到方法很快完成，要么焦虑，每次和自己搏斗很久。

问：有些作家开始写作时都是从自己的经历写起。想象力对作家来说无比重要。你觉得想象力需要刻意培养吗?

小白：我对城市的经验都在小说里，只是变成了混合的经验。至于想象力，我也说不清楚。一旦状态到了，便能信手操纵。

问：写作多年，现在还有所谓的创作瓶颈期吗?

小白：我的瓶颈是我自己。我每次都要有一个目标，能达到这个目标我才能够再写。《封锁》其实是命题作文，是电影学院一个小朋友的毕业作品，让我写梗概，我写完后他就拍了，但我感觉还没有完成这个故事的某种内在叙事目标。《租界》是一个小说接龙，接到我这里，一周就交差了，后来改成一个短篇……这些都是命题作文，清晰地找到方法，就能状态很好地完成。否则就很焦虑，每次和自己搏斗很久。

像我现在写的小说，想法在我头脑里存在了很久，我阅读的时候会经常闪过一些想法。我本来想要写《上海传》，但当时疫情期间档案馆不能去——《上海传》对文献馆、档案馆的依赖非常强，随时要检索，所以很难往下写，只好先写小说。我当时在读一本经济学方面的书，不知道哪方面触动我了，就开始写作，已经写了十几万字。

问：你从一开始写作就显示出高超的技巧？

小白：我被退过稿。我读高中比较闲的时候，写过两个短篇小说投给《萌芽》杂志，被退稿了，从此我就不写了。印象里我觉得自己写得蛮好的，有一篇有一点模糊的印象，写一个女孩在郊区的院子里晒豇豆……那个语调很特别，有点像沈从文。

大量的阅读支撑着小白的创作。通过阅读，他把过去的场景和细节化为记忆，下笔便如行云流水。

问：你的阅读是从什么时候开始的？

小白：儿童读物不算，认真读小说，我印象中第一部小说是《红与黑》。暑假时大人把我关在一个学校图书馆里，我随手翻开《红与黑》，一看就看下去了，现在想可能当时也就能看个七七八八，但是读完了。初三的暑假，我到福州路上海书店买书，没有目的，我想不起来为什么当时会买《莎士比亚十四行诗集》，还买了《拜伦诗选》。我现在也保持这样的阅读方式，就是看到了想读，就买，很随机。我大概在中学时还读了《资本论》《第二十二条军规》，还有黑格尔的书。

问：从海量书中找到想要的也是一种能力。

小白：网上买、书店买，找出版社要，共享网站上下载，我通过各种渠道，各种各样的都读，关注的就买。没有特别设定、约束自己。

问：大量的阅读是从什么时候起？

小白：我中学时办了市区图书馆的借阅卡，也会买书，当然我不买太离谱的特别昂贵的书。我没有藏书癖，随读随扔。最多的书是《莎士比亚全集》，被拿掉的、送掉的有两三套，如果谁想看就拿去了。到我这里的书，或许翻翻，或许快速阅读，或许精读，正常的我都会翻阅。

问：有读书方法吗？阅读量那么大，如何还能做到不漏掉好的内容？

小白：读多了会有直觉，一般的书我基本一次过。尤其小说，对我来说，没什么特别。当然比较难的是叙事技巧，有些好的会认真读。一般的小说，没有什么要来回去琢磨的地方。

问：莎士比亚的书是你读得最多的吗？有没有反复阅读的“枕边书”？

小白：我没有有执念的书。在写小说的时候，我会翻一翻司汤达的《帕尔马修道院》，福楼拜的《情感教育》。

问：你希望成为一个怎样的作家？

小白：小说家的终极任务是为大家发明一些叙事，这些叙事一方面很好看、很吸引人，另一方面，它与现实世界又具有某种投射关系。这么一来，这些叙事就有可能在一定程度上进入、参与现实世界的活动。当然这很难，有那么多人在写，积累了那么多文本，想要有一点点发明，本身就很难。

徐则臣：奔突中努力寻自己的路

徐则臣，研究生毕业于北京大学中文系，现为《人民文学》杂志主编。著有《北上》《耶路撒冷》《王城如海》《跑步穿过中关村》《青云谷童话》等。曾获第十二届庄重文文学奖、第六届华语文学传媒大奖·年度小说家奖、冯牧文学奖。长篇小说《耶路撒冷》获第五届老舍文学奖。长篇小说《王城如海》入选香港《亚洲周刊》“2017年度十大中文小说”、入选台湾《镜周刊》“2017年度华文十大好书”。部分作品被翻译成德、英、韩、意、蒙、荷、阿、西等十余种语言。2014年，短篇小说《如果大雪封门》获第六届鲁迅文学奖短篇小说奖，2019年，长篇小说《北上》获第十届茅盾文学奖。

作家档案

出生日期：1978年1月14日

出生地、籍贯：江苏省连云港市东海县

毕业院校及专业：北京大学，当代文学专业

血型、星座：A型，摩羯座

最喜欢的个人代表作:《耶路撒冷》

文学偶像：若泽·萨拉马戈，君特·格拉斯

文学之外的爱好：书法

想对20年前或20年后的自己说什么：你成为了你该成为的样子

文学观：修辞立其诚

采访手记

“我想把自己推到小说的前台来，不戴面具，不含含糊糊，不躲躲闪闪，我想让所有读到我小说的朋友知道：徐则臣之所以写这些小说，是因为他有话要说，这就是一个叫徐则臣的人想说的，这也是只有徐则臣一个人才能说出来的。”从短篇小说《这些年我一直在路上》《小城市》开始，徐则臣的写作和过去有了明显的区别，个体的声音越来越强。

很多年里，徐则臣都在追求“完美”，近年却对这种“完美”有了厌倦和怀疑，他希望在艺术允许的范围内，真实地自我表达，不再削足适履。他说，在公共性方面，无数人有求全责备的才华，也有无数人能够制造出以假乱真的赝品；擅长把自己藏在小说后面的人多的是，喜欢绕着圈子说话的人也多的是，而他所做的，是希望以“非法之举”的写作，逐渐接近自己。

他是70后最有影响力的作家之一，作品中呈现出的大气象、大格局和大视野，使他一直领跑于70后：中篇小说《跑步穿过中关村》已经成为新北漂小说的标杆性作品；长篇小说《耶路撒冷》成为呈现70后精神履历的代表作;《王城如海》具有多维度、多侧面的写作方式，成为呈现新北京复杂现实的代表作。2018年，徐则臣完成了他最重要的作品之一——《北上》。

《北上》之于徐则臣，既是偶然的，始于和北京十月文艺出版社总编辑韩敬群的一次聊天；又是必然的，作为生命中的河流，他在《耶路撒冷》等多部作品中写到过运河，运河早已不自觉地成为他小说中的符号。

于是，徐则臣的故事开始了。在他的笔下，京杭大运河是历史的河流，也是文学的河流：公元1901年，意大利旅行冒险家保罗·迪马克（小波罗）以文化考察的名义来到中国，与翻译谢平遥开始了一段运河之旅。这一路，既有学术考察，也有对于知识分子身份和命运的反思。当他们最终抵达大运河的最北端——通州时，小波罗因意外离世。同时，清政府下令停止漕运，运河的实质性衰落由此开始……一百年后的2014年左右，中国各界重新展开了对于运河功能与价值的文化讨论。当谢平遥的后人谢望和与当年先辈们的后代阴差阳错重新相聚时，各个运河人之间原来孤立的故事片段，最终拼接成了一部完整的叙事长卷。这一年，大运河申遗成功。

看上去生僻艰涩的小说《耶路撒冷》，被评论誉为是70后作家最具雄心的长篇作品。徐则臣力图全景式地观照70后一代在成长过程中表现出的生活现状和精神困惑，探索他们进入中年之后的心路历程。

问：小说的结构采取了人物小传式的结构，是出于怎样的考虑？每一章都以故事的主人公命名，并且以景天赐为中心，前后故事的主人公是对称的。这么富有匠心的设计，我猜测你在写作开端就画出了一个人物关系表。

徐则臣：这个结构的确是写作之初就设计好了，我有一个比较清晰的人物关系表。倒没有刻意要去做一个关系图，构思多年，在心里盘桓久了，人物自己就慢慢浮出了水面。这个对称的结构是想突出一个人的死对这群人的重要性。景天赐很小就死掉了，但他很多年里都坚硬地矗立在活着的人内心最隐秘的角落里，他们在“到世界去”的过程里，一直是扭头盯着这个死去的发小，而“到世界去”意味着“出故乡”，也意味着“回故乡”，这一出一回，都以景天赐为原点，所以用了这个对称的、人物小传式的结构。当然，这样的一个结构也跟我对当下世界的理解有关系，网络时代，高度发达的科技和资讯，世界是平的，也是透明的，就一件事而言，说是历时性的，毋宁说是共时性的，小说的结构也力图印证我的这一理解。

问：小说以开放的视角描述二十世纪七十年代人的命运，标题却是《耶路撒冷》。我想如果一般的70后作家写作，多会止于向“内”的视角。然而“耶路撒冷”出现了，它的出现，有何更深的寓意?

徐则臣：在我，是必须的，我找不到比它更合适的题目。我写小说，多半先有题目，题目取不好，写不下去，题目规定了我写什么、如何写。在整个写作过程中，我一直笼罩在这一题目的气场下，这种感觉让我相信，题目取对了。向“内”有两种：一是局限于自我的“内”；二是深入自我的“内”之后再出发，源于“内”又超越“内”，进入一种更宽阔、复杂、普遍意义上的，具有质疑、反思和寻找能力的“内”,《耶路撒冷》是朝这个方向努力的。耶路撒冷跟宗教有关，但我更愿意把它理解为一种信仰的象征，一种理想主义，一种能够让我们内心安妥的可能，在这个意义上，每个人内心里都有一个耶路撒冷。

问：我想主人公身上应该有些你的影子。作品中其他几个70后人物写得很有特点，也突出了这个时代的弊病，比如一个因办假证发财，一个有精神问题。在人物设置上，你有怎样的想法？是否更多地考虑当今社会人的精神状态？

徐则臣：很多人都觉得初平阳是我的替身，其实不是，但气质上可能比较接近，都是没事儿找纠结型的。几个人物我安排了不同的身份、出身和生活，意在尽可能开阔考察的视野，在不同类型的人物身上寻找他们的异质性和共同性。我不敢说每个人都是一类人的典型，但还是希望他们身上呈现出的问题有其代表性。个体只对自身负责，但他们肯定也对应了时代的某种状态和病象：就与时代之关系而言，一点隐喻功能都无法承担的个体不值得去写，可能也不存在。

问：“我的脸上有个父亲，心里一定也有，身上一定也有。我们身体里都装着一个父亲，走到哪儿带到哪儿，直到有一天他跳出来；然后我们可能会发现，我们最后也是那个父亲。”易长安的这段话，我看了两遍。小说中对于父辈的描写也非常令人感动：易培卿的风流史和对于写作《群芳谱》的执着；杨杰母亲的插队史和北京情结……你从对父辈的审视中获得了什么？

徐则臣：我们不是凭空来的，是被父辈塑造出来的。我们很可能也是可被父辈塑造的最后一代人。这一代人在获得真正的自我意识之前，很大程度上在从事着父辈的未竟事宜，你可能在他们的方向上继续走，也可能像易长安一样，完全对着干，其实那也不过是反方向上的模仿或者延续。他们是我们的原点。我不喜欢动辄用“弑父”这样的断语，因为不存在绝对意义上的反叛和断裂，但我们又不能不审视和反省，你不知道来路你就找不到去路，你找不到原点你就无法和他们区别开来然后自我确立，而我们已经到了该看清楚自己是谁、从哪里来、要到哪里去的年龄了。

他的写作是循序渐进的，从短篇、中篇到长篇，这个历练保证了他对每一种文体都有一种基本的平衡感。

问：秦福小的奶奶秦环是小说中隐秘的主角，是她让初平阳第一次知道“耶路撒冷”这个词，以至于读完博士之后申请去耶路撒冷留学。但是，在阅读中总能感觉出某些刻意。你觉得呢？

徐则臣：之前也有朋友跟我提到这个问题，我尝试给出自己的答案。假若仅仅是那时候听到这个词，接下来没有足够的故事和细节支撑，去耶路撒冷的确相当牵强。对初平阳来说，耶路撒冷在此后的很多年里一直在他耳边响，在他的脑子里转，他不断完善对这个词的理解，开始是一个声音，然后是文字、地名，然后是与宗教有关的三教圣城，然后是信仰，然后遇到来自以色列的塞缪尔教授，这其中，最重要的是，他和发小们内心里都隐匿着一桩“罪”，就是景天赐之死，不管他们是否清醒地意识到了，他们都需要救赎。耶路撒冷是个精神符号，不仅是救赎的象征，还是进入中年以后，每个人追求内心安妥的不同路径的象征，也就是说，在形而上学的意义上，每个人内心里都有一个耶路撒冷。

问：能谈谈你在中国传统文学和西方小说中汲取的营养，对自己的创作产生了怎样的影响吗？

徐则臣：实话实说，西方小说对我的影响更大，正如很多作家和评论家所言，我们是喝狼奶长大的。这是没办法的事。现代小说是个舶来品，针对世道与人心的现代性，西方有一整套极为成熟的技巧和理论，拿过来就能用。而中国传统文学中现代性恰恰是缺失的一个环节，直接从传统文学中寻找可资利用的叙事资源，难度极大，接不上头，所以对我们的写作影响相对较小。但用汉字写中国，背离传统无论如何是需要深思和反省的，也因此，在当下的写作中如何实现我们传统的现代性转化，就成了中国作家和学者的一个非常重要和迫切的任务。

问：小说中的“专栏”丰富了文本，是你在写作文体上有意识的创新吗？

徐则臣：创新也许有两种：为创新而创新；源于写作和内心的需要而创新，水到渠成。我更喜欢后一种。专栏完全是小说本身的需要。我想把对这一代人的思考尽可能放进这个小说，但故事和人物的负载是有限度的，一旦超载，故事和人物都会变形，变得刻意、矫情和不自然。我必须找其他的路。专栏是我能力范围内最可行的方法。

问：在小说人物及地名上，你也用了很多心思，语言尤其精到。你追求的语言风格是怎样的？在写作上，以写实见长的风格笔法，对于作家来说有怎样的利弊？

徐则臣：我喜欢的语言是：开阔，朴素，从容，自然，饱满有光，但那光是亚光。不管处理何种题材，作家在细节上的落实能力都最要紧，你不一定非得多么写实，但写实肯定是基本功，缺少写实基本功的飘逸那就只能“飘”了，好的飘逸是语言和细节落实前提下的飘逸。我有一个长期的写作规划，比如在未来的十年里，要写的几部长篇的构想都有了，但哪一部突然挤到前面来让我先写，说不准。

在《王城如海》中，徐则臣写的是藏在这个城市中的人。他们带着各自的过往，奔涌到北京，奔向自己的未来。

问：能否谈谈《王城如海》的写作起因？

徐则臣：《耶路撒冷》让我学会了写作长篇。但写作者多半喜欢自虐，更擅长喜新厌旧，一招用腻了就想换另一招：我想试试不需要那么殚精竭虑地去谋篇布局的一个长篇。简短，精悍，用减法。就像一圈长跑下来，兴之所至要自由发挥，跑个短程，无须教练和场外指导，也不必预设谋划，撒开腿就跑，看能跑出个什么状态。我一直希望建立一个可靠的写作节奏：一个大长篇、一个小长篇，再一个大长篇、一个小长篇。大长篇事无巨细，思虑周至，小长篇无为而治，行当所行，止当所止。像呼吸，深一口浅一口，一张一弛，从容自然，省得连着写两部大长篇把自己搞空，也避免接连创作大长篇所带来的旷日持久的思维和技艺荒疏。《王城如海》就这样开始了。

习见的小长篇似乎不那么讲究结构，更像是中篇里的故事没搂住，字数涨到了长篇的规模。我不想按部就班地把一个先锋戏剧导演的故事讲出来。在有限的篇幅内，我想讲出更多的东西，我想把故事讲得跟别人区别开来，也跟自己区别开来。怎么办？那段时间我头脑里经常闪过一个画面，很多小说像士兵排列成行，从某一头看过去，整齐得如同一个小说，然后一部小说不安分地跟自己说：向前一步——走！它出来了，成了一部只能是它自己的小说。

问：这部作品的创作状态如何？

徐则臣：我尽量放松，让一切随机的、可能的因素都进来。写作小说的那段时间，正值北京旷日持久的大雾霾，那么，就让雾霾大面积地飘进小说；那段时间正值我四岁多的儿子雾霾过敏，我就把儿子连绵不绝的咳嗽声放在了小说中一个叫余果的五岁男孩的嗓子里……那段时间我对生活的这座城市有了新的认识，于是也掰着指头把想法写进了小说；那可能是我三十多年来最为煎熬的多事之秋，我努力让小说调子坚韧明朗，但雾霾深重的灰暗心境还是殃及了笔下的文字……该来的、能来的、冒冒失失撞上来的，让它们都来。这在我的写作里是一次百无禁忌的大撒把，这一步走得未必好看，但迈出的距离着实不小。

我把小说的后记也看作小说的一个有机组成部分，读了后记可以更好地理解这部小说。后记里我写了祖父生命的最后一段历程。写作过程中，我每天都为祖父的病情焦虑，一次次往老家跑，对生命逝去的那种绝望和无力感，我想一定也弥散在小说的字里行间。我一度以为这部小说永远也写不完了。

问：《王城如海》的写作如此切近现实，甚至将真实的生活照搬进小说。对你来说，这次创作应该是比较特殊的吧？

徐则臣：这个小说纠结很久，尤其是结构。每个长篇小说在结构上我都纠结很久，总想找到一个既切合故事内容又能有所创新的形式。很多年前有个搞先锋话剧的朋友约我写一个关于北京的剧本，折腾了好长时间，还是没整出来，但功夫没白费，写《王城如海》时我把话剧的元素带进来了。对我来说，如此大规模地动用戏剧资源，尚属首次。戏剧资源对《王城如海》是否真正合宜，我也不知道。聊可安慰的是，我的确于奔突中努力找寻自己的路，我也的确看见了这个小说因此从一个漫长的小说队列里挺身而出，向前走出了一步。当然，也可能我的方向感失灵，或者干脆眼睛看反了，非往前走，实乃后退，撤回了那么一步。那又如何？就艺术而言，与其淹没在一个正确的队伍里，毋宁单独站成错误的一行。

作为一部书写运河、书写历史的文学作品，《北上》阔大开展，气韵沉雄，以历史与当下两条线索，讲述了发生在京杭大运河之上几个家族之间的百年“秘史”。

问：熟悉你作品的读者可能会留意到，运河作为书写背景很早就存在于你的作品中。包括距离最近的《耶路撒冷》也写到运河。这次写《北上》算是命题作文吗？对你来说，写作《北上》有哪些动力？

徐则臣：不知道是不是因为这两年大运河突然成了显学，很多人就认为这是个命题作文。准备写这个小说时，运河还是个冷门，没人关注；在准备和写作的过程中，它的突然升温让我惊讶，竟然“蹭”了个热点，但更让我惊喜：大运河配得上“显学”这两个字，我也希望能有更多读者因为《北上》增进对这条伟大河流的感知和理解。

写它首先是基于兴趣。有了兴趣，顺其自然，然后水到渠成。你永远不会知道一个故事、一个人物什么时候会在你的头脑里真正长成，所以只能等。在此之前，我写了二十年的运河，水与船都只是小说的背景，主人公是河边和水上的人家，是穿行在千里大运河上的一个人。这一次，背景走到前台，这条河流要成为主人公。对我来说这既是意料之外，又在情理之中。写作就这样，某个配角你盯久了，他就有了自主成长的意志，暗地里缓慢地丰满、立体，哪一天冷不丁地站到你面前，你方恍然，一个新主角诞生了。那些作为小说背景的元素也一样，当它们羽翼渐丰时，也会悄无声息地从后方突围到前台，让你不得不正视。《北上》之前的长篇小说《王城如海》就是这样：主人公其实不是话剧导演余松坡，而是我所生活的这座城市。北京城被我写了十几年后，已经不甘于只做背景，挺身冲到了前台。《北上》亦如此：小波罗、马福德、谢平遥、邵常来、谢望和、孙宴临、邵秉义、胡念之、周海阔他们固然重要，需要浓墨重彩歌之蹈之，但更重要的是他们生活中最大的背景，浩浩荡荡的一条长河，这一次，它进阶到小说的最前沿。

这条河流的价值和意义无须我赘言，如今它已经成为显学，专家的阐发比我更有说服力。自身的生活和写作经验，让我能够有机会面对这条河，与有荣焉。

问：《北上》涉及了很多历史文化知识，创作前你做了哪些准备？

徐则臣：我写《北上》还真有点无知者无畏，以为自己写运河写了很多年，对运河的了解应该已经很深入了，但真到写的时候，面临的困难远超我的预料。我过去对这条运河的熟悉只是宏观上的，就像拿着望远镜看运河的轮廓，它的起伏、转折都能看得很清楚，但小说不能只写轮廓，得一段段、一环环地落实到细部。除了望远镜，还需要放大镜，甚至是显微镜。

我在四年里读了六七十本关于运河的书，但还是不行，就重新又走了一遍运河，从南到北，把运河沿途的重要水利枢纽、水利工程全都走了个遍，认真地走、认真地看，甚至去感受水的流向、岸边的植被。边看边再读书、再做些案头工作，因为有些历史在现场是看不见的。

亲身经历是无可替代的，这一旷日持久的田野调查改变了我对运河的很多想法。过去我对运河的想象太笼统了，比如镇水兽的摆放和表情，每个地方都不一样，有的地方是石头的，有的地方是铁的，每只镇水兽都有它自己的传说。

再比如水流。最初我看史料时感到很奇怪，说从杭州到北京，怎么一会儿写今天船是上行，明天又变成下行了，后天又变回上行了？上行是逆水，下行是顺水，为什么一艘从南往北走的船会忽而顺水忽而逆水？实地走了才知道，运河是人工河，不是自然的河流，是活生生在大地的肌体上挖出来的一道“伤口”。它要借别人的水源，它的水流方向由它与水源的位置关系和海拔关系决定。水源在它前面，且地势比它高，它就从前面流下来，船往上走就是逆水；水源在它后面，船往前走是顺水。

问：关于《北上》的结构，不同的读者各有看法。小说中几条叙事线索穿插，既有历史的又有现实中的，能谈谈你在小说布局与结构上的思路吗？采取这种结构，你希望达到什么样的效果？

徐则臣：小说跨越百年，肯定不能写一个一百多年的流水账，那就得在结构上做调整。既要展现一百多年里小说需要的历史，又要在长篇的结构上有所创新。我花了两年的时间来推敲，推翻了多次构思。小说选取的几个时间节点，我个人都比较看重。以1900年为叙述起点，是因为这一年发生了义和团运动和八国联军入侵北京，这两件事直接影响了小说中过去这一条线的人物命运。意大利人马福德是八国联军的士兵之一，他留在了中国，而他哥哥小波罗1901年来中国，为寻他才沿运河北上。1900年孙过程是拳民，1901年他才会讨生计，随船保卫小波罗，也因为曾是拳民，才可能睁一只眼闭一只眼任拳民老乡劫伤了小波罗，最终导致小波罗的死。而谢平遥，也因为1900年的时事变故，才辞职北上。1900年的庚子国变带来清政府财政上的危机，也成为光绪帝1901年颁布漕运废止令的重要原因之一。

2012年作为当下故事线的起点，是因为孙宴临沿运河的摄影和绘画创作，她的艺术创作最终把1901年那一拨北上人员的后代团聚到了一起。2014年，大运河申遗成功，他们因缘际会，相聚在了京杭大运河边。

1901年漕运废止，成为大运河命运的转折点；2014年大运河申遗成功，可能会成为其命运的另外一个转折点。我想从这两个节点切入，整体上考察百年运河和中国的近现代史。这两条线，正好借运河互为镜像，过去和现在相映成趣、相得益彰。

《北上》是徐则臣与大运河的对话。他尽量以简洁的文学手法、自由的方式表达对世界的认知和思考。

问：既要反映运河在世界格局中近百年来的历史风云，又要完成其申遗成果的价值和意义，这种多层次的写作对你来说是否具有挑战？

徐则臣：说实话，这些对我都不重要，我只关心我感兴趣的、有疑问的那些历史、价值和意义。一段历史不管多重大，只要它跟我的小说人物和生活没有关系，对我来说它就没有意义；大运河申遗成功，当然有它一系列价值和意义作为支撑，但这些价值和意义如果在我的理解里无感，我决不会牵强附会地往上靠，我只忠实于自己对这条河的理解，并按照我的理解去结构整部作品。小说所呈现出来的是我与这条河的一己之契约，所以，所有的挑战都是内在的，外在的挑战我一概不会接受。

问：面对这样一个大题材，你觉得最难把握的是什么？

徐则臣：我一直没把它当成大题材，大运河对我来说是私事。我只是在把我熟悉的、感兴趣的、充满疑问的一条河尽可能全面地呈现出来，呈现过程中遇到的困难才算困难。当然，那困难就是小说的结构，即大运河在小说中以何种时空结构示人最为科学和艺术。过去我从没处理过如此辽阔的时空，中国文学中似乎也没有哪部作品对这样一条漫长时空中的河流做过让我信服和可资借鉴的尝试。写作《北上》完全是摸着石头过河，希望这河过得不算太难看。

问：具体到小说中，你所写的义和团的历史，是否也有史实基础？这段历史的切入，对于深化主题有怎样的影响？

徐则臣：小说中涉及历史的部分我都做过仔细研究，重大节点完全忠于史实，义和团的、八国联军的、运河的过往和改道，都可以在历史中找到对应。小说写完后，又请了一位近代史专家审校过，确保没有硬伤和常识性错误。小说中非常重要的一个人物孙过程参加过义和团，因为这个经历，他才会在故事开始时敌视意大利人小波罗，才会导致小波罗受伤，最终死去。没有义和团，作为八国联军的一员，小波罗的弟弟马福德的故事就难以展开。没有这一段故事，他们后代的故事也难以接续。大运河的故事必须通过与它相关的人与事呈现出来，大运河的历史与沧桑也必须通过与它相关的人与事的历史与沧桑呈现出来。

问：主要人物有原型吗？还是纯属虚构？叙事视角的转化能显示出一个作家的功底，尤其是《北上》中人称的变化牵扯到中外不同人物的视角，是否在写作中需要格外注意？

徐则臣：纯属虚构。不惟人称、视角的变化需要注意，要让人物的言行符合历史与各自的身份，还需要注意不同历史时期的修辞与风格。历史那条线，船行走在水上，时间是缓慢的，整个时空、氛围和语言我都尽量表现得古典、舒缓；当下这条线，节奏就快了，也明朗和现代多了，语言也力求短促、现代和口语化。

问:《北上》中很多细节饱满真实，比如从谢家住的小区走到运河到底多少步，这是你实实在在走过得出的步数吗？历史题材怎么才能做到细节丰富真实，你有哪些经验可以分享？

徐则臣：这个步数我的确计算过。小区实有其地，在通州北运河边上。我有“实证主义”强迫症，但凡有可能落实的，我都会尽力，这也是我写作过程中需要大量阅读和田野调查的原因。写作过程中很多算术问题花了我不少时间：船逆行一天能走多少、顺水能走多少，同样一道菜的价钱在那个时候的江苏和山东分别可能是多少，等等。有些数字算出来未必会用到，但作为背景知识，我得弄清楚。我相信“绝知此事要躬行”。还原历史现场，就是让历史具体化、形象化、时代化，切不可想当然。没什么独门绝招，就是坐得住冷板凳，多下点死功夫。现在信息高度发达，获取信息的路径也多，只要你想，没有落实不了的细节。

问：摄影是时间瞬间的定格，小说为什么将摄影家纳入为主人公之一，是否有特别的用意？

徐则臣：英国的美学家克莱夫·贝尔说：艺术即有意味的形式。我很认同这个表述。摄影不是随随便便的瞬间的定格，而是对有意味的形式的瞬间定格。小说里对郎静山的摄影与中国山水画的关系做了不小篇幅的讨论，固然基于郎静山与运河、淮安和孙宴临的关系，也在于，我想强调，运河的历史与美是可以通过摄影这门艺术保留下来的。影像的确也是我们重返历史现场最有效的路径之一。只有留下了影像，瞬间才可能永恒。京杭大运河已经死掉了一半，济宁以北早已断流，很多地方河道都已经湮灭；如果没有当年留下来的那些“瞬间的定格”，我们连想象一条完整的、奔腾不息的河流的材料都没了。

问：小波罗去世时说“京杭运河究竟有多伟大，你在威尼斯永远想象不出来”，在小说中有什么样的隐喻？

徐则臣：世界上大部分运河我都亲眼见过，威尼斯的，阿姆斯特丹的，彼得堡的，美国的，都很美，都在历史和现实中发挥了重大作用，但在时间和空间两个向度上，都没法和京杭大运河比。这还只是它在日常生活中的、物理上的意义。在政治、文化乃至民族性格、心理、认同感上产生不可替代的意义这一点上，世界上所有的运河都不可能与京杭大运河相媲美。小波罗的感叹，不仅是感叹它的漫长、复杂、壮阔与浩荡，还是感叹它的悠久以及对整个中国所产生的深远影响。正是因为大运河在两千多年里发挥了巨大的文化价值与影响力，今天我们才必须要重新打量、挖掘和反思它。当然，在小说中，你也尽可以说，这是出身西方的小波罗对中国古老、博大与神奇文化的叹服，而对这种古老、博大与神奇，确也体现了小波罗对某种傲慢与偏见的反思。

徐则臣在河边生活过多年。被大河水汽笼罩的岁月，成了他写作最重要的资源。这条河不仅仅是京杭大运河，它还是徐则臣生活里遇到的所有河流的总和。

问：从《跑步穿过中关村》开始，有很长一段时间，你的写作风格是相对稳定的，但从《耶路撒冷》开始,《王城如海》《北上》都显示出不俗的艺术探索，比如《王城如海》中运用戏剧，《北上》在叙述结构等方面的突破——你是否格外追求创新和艺术探索？

徐则臣：从《耶路撒冷》开始，我进入了一个文体自觉的写作阶段。这种文体自觉，很大程度体现在对结构和故事表现形式的探索和创新上。一个作家一辈子写不了几部长篇，每一部长篇都会耗费你若干年的时间。它既是你对世界理解与认知的阶段性总结，也是你以文学的形式对时代与事件的同构性呈现，世易时移，理解与认知在变，结构世界的形式肯定也得变，我希望能捕捉到这种变。此外，长篇小说发展到今天，诸多方面的可能性已被我们穷尽，作为一种独特文体的疆域，亟须开拓。我希望能本着对文学的理解，努力做一点尝试。

问：《北上》获得茅盾文学奖你感觉意外吗？你最想表达的是什么？

徐则臣：结果公布时，我正在上海书展活动现场，很多人突然拥上台来向我祝贺。就像一个足球运动员在满场跑，临门一脚，球进了。有点意外。这世上没有必进的球，我想梅西和C罗也不敢夸这个口。我很高兴当时正值文学现场，跟读者朋友们在一起，他们以文学的名义向我祝贺，让我强烈地体验到吾道不孤的幸福感。但祝贺之后，活动该怎么做还是怎么做。我这个球员还得保持平常心地继续满场跑。对一个球员来说，进球很重要，满场跑更重要。

问：早期的中短篇写作，《啊，北京》《三人行》等，你关注的是底层人物的生活。你觉得早期的写作是一种什么风格？

徐则臣：更写实，更有生活的粗粝感和现场感，突出了写作的“身体性”一面。

问：《跑步穿过中关村》已成为你的代表作品，也获得很多奖项。那时的写作，你是怎样的状态？

徐则臣：那个时候生活相对艰难，每天都能感到与生活劈面相逢的切肤之痛。整个人偏于懵懂和忧伤，也不乏盲目的乐观，写作上干劲儿十足，百无禁忌。写作的速度比较快，很容易就沉进去。我很怀念那个状态。

问：你如何评价自己近年来的长篇创作？有人认为获得大奖对作家来说也是一个挑战，你会有这种危机意识吗？

徐则臣：基本上稳定：良莠并存，优劣互证，没有奇迹，也不至于让人大跌眼镜。这实际等于没说，但情况就是这么个情况。可能大家对大奖附加了过多该奖不能承受之重，我们都需要用平常心看待。为什么一个球员进球后，我们从不担心接下来他会因为荣誉的重负突然技术失灵，依然期待他上演帽子戏法，却对一个作家如此地不信任？我只做我想做的事，也会努力做好我想做的事。我这个球员将继续保持平常心地满场跑。

葛亮：开启塑造历史的另一种方式

葛亮，作家，学者，现任香港浸会大学中文系教授。著有小说《燕食记》《北鸢》《朱雀》《灵隐》《飞发》《问米》，文化随笔《小山河》《梨与枣》等。历获第十届红楼梦奖、世界华文长篇小说奖首奖等海内外奖项。长篇小说代表作《燕食记》《北鸢》获选亚洲周刊华文十大小说，并入围第十届及第十一届茅盾文学奖十部提名作品。曾获颁《南方人物周刊》“年度中国人物”“全球汉语文学年度作家”“海峡两岸年度作家”等荣誉。作品被译为英、法、意、俄、日、韩等国文字。2022年，中篇小说《飞发》获第八届鲁迅文学奖。

作家档案

出生日期：1978年3月7日

出生地、籍贯：江苏省南京市

毕业院校及专业：香港大学，文学博士

血型：A型

最喜欢的个人代表作:《燕食记》

文学偶像：沈从文

文学之外的爱好：摄影，旅行，电影

想对20年前的自己说什么：好好写《朱雀》，好好写家乡

文学观：文学是一种沉淀

采访手记

看葛亮作品，似乎很难想象大学本科期间，他只是为系刊作插画的美编。研究生期间，他为深入研究作家尝试写作，没想到一鸣惊人,《谜鸦》获台湾联合文学小说奖首奖，并由此走上文学创作的道路。

葛亮创作起点很高，短篇小说《无岸之河》在内地首发于《收获》，此后长篇、中篇、短篇三箭齐发，无往不胜，获奖无数。他的文学版图也在不断扩展，从为家乡南京而作的《朱雀》开始就构建起历史观,《北鸢》是对家族脉络的追溯，到《燕食记》已呈现出越来越深沉迷人的气象。像打开一扇有千年历史的斑驳朱门，葛亮以文造园，带着读者通过繁复的游廊移步换景，不觉间通往更开阔的世界。

每个作家起步都会经历试验的阶段，葛亮早期的作品也曾汇集青年作者可能尝试的种种途径：他在写作中不断探寻适合自己的表达方式，努力发现生活的诗意以及弦外之音，终于在众声喧哗中发出极具辨识度的独特声音；他用做学问的方式去写小说，所有的考证、寻访投射在小说里，就显出了学者特有的严谨扎实；他满怀深情地回望生活的城市，无论南京还是香港，叙事中就有了细致的描摹和情感的温度。

葛亮本身已经足够优秀，何况他背后有一个名人家族附加的诸多耀眼光环。这样的成长路径，使他自幼培养起古典文学的感知。他肯下苦功，细密的采访构成结实的砖瓦，所以他搭建的园子逻辑严密；又懂得适度留白，楼阁亭台的搭配皆有讲究，思想与韵致合而为一，使他的诸多作品形成雅致大气的文风，从叙事到语言含蓄内敛，浑然天成。他善于从周围的一切领悟文学之道，必然比旁人多出一些技能，所以你能从他的作品中发现暗藏“机关”无数，内里是他对命运的感慨和包容，在跌宕的历史和社会变迁的记录和呈现中，亦有对社会诸多现象的反思和批判。

与前期堪称宏大叙事的家国系列作品相比，葛亮的新书《灵隐》略显轻盈灵动，在人物命运交叠中塑造了一种别样的历史演绎方式，并开启了新“南方图志”系列写作。

葛亮的文学抱负和追求清晰可见。据说老辈人曾经给葛亮卜卦，是为鲲命，命里主水。神话传说中“鲲”有无尽的能量与生命力，可吞噬一切,《逍遥游》中则有“北冥有鱼，其名为鲲，鲲之大，不知其几千里也……”

巧合的是，无论是南京还是香港，葛亮一直在水边的城市浸润着、丰满着、成长着，如匠人般专注地描摹、打磨，坚韧而笃定地跋涉于文字长河……

葛亮小时候的文学训练相当大的比例来自笔记小说，古典文学的审美门槛很大程度上在于精简和淬炼。早期的阅读经验建立的审美门槛和倾向，在他写小说时魅影一样出现。

问：你是从什么时候爱上文学的？

葛亮：比较小的时候就开始了。大部分作者对文学的喜爱都是由阅读开启的。应该说，喜欢上文学，是跟家人的引导有关。

大概还没有上小学的时候，父亲就着意培养我的阅读习惯。我对中国文学最早的认识是笔记体小说。这跟父亲个人审美有关，通过他的引导，我接触了《世说新语》《耳新》《阅微草堂笔记》序列，包括历史观、审美观、个体和时代的关联、叙事品格……在对以上的认知过程中，也逐渐培养起对文学的感知和爱好。

《世说新语》对我非常重要，塑造了我如何看待我们的民族、相关的人文传统的多元性。它从不同维度、不同层面塑造了中国人。中国人从西方人类学的角度，被纳入高语境人群，交流风格是含蓄且依赖传统共识的，在言语的表达上讲究“言未尽而意已达”。而《世说》的意义，在于提出所谓“雅量”“任诞”这些概念放在当时的语境，是中国文化传统诸多维度的几个端点。它属于民间，和庙堂相生相克，亦相辅相成。笔记体小说的阅读建立了我对中国文字的审美，也建立了我在文学感知方面的门槛，传递有关历史、有关人文方面的体认，内核是世界观和历史观。

我父亲是学俄语出身的，在我少年时代给我介绍了比较多的旧俄时期小说，像《日瓦戈医生》《静静的顿河》这些作品，仅格局感和对宏大叙事的把握，对我后来长篇小说的创作是非常有帮助的。我对文学的审美和祖父有关。建立在艺术史观的基础之上看待文学，是观念上的收获。

问：你的处女作发表在哪里？

葛亮：短篇小说《无岸之河》发表在《收获》杂志。内容是有关一个青年知识分子在大学环境里的“浮生六记”。发表的时候，我已经研究生毕业。家里几代人都在高校教书，我的家庭对我的人生规划是继续读博，将来也在大学执教。当时比较热门的专业是商科和法律等，我当时想读文学，父母表达了极大的支持态度，因为他们自己的专业都是理科，觉得祖父辈的人文脉络有赓续。我就一路下来都在读文学。硕士毕业时，我对自己未来的规划是做个出色的出版人。

出版家范用先生处理祖父葛康俞作品的过程，让葛亮意识到编辑工作的伟大。他甚至曾经想做出色的出版人。

问：为什么选择做出版人？

葛亮：我祖父葛康俞先生著有一本《据几曾看》，是品评古代书画名品的艺术史著述。当时这本书的出版殊为不易。这本书成书于二十世纪四十年代，其中品评的不少书画作品辗转台北“故宫博物院”收藏。《据几曾看》的出版涉及怎么拿到这些作品的图片使用版权。成书过程中，是祖父的好友王世襄先生和三联的出版人范用先生来回奔走，和台北故宫博物院交涉，不遗余力地促成出版。你能体会到编辑和作者之间水乳交融般的关系，出版对作者来说是一件多么有意义的事情。

《据几曾看》成书时我祖父已经不在了，范用先生处理祖父作品的过程让我意识到编辑工作的伟大。当时台湾出版家郝明义先生对我也有影响，让我认识到出版是非常神圣的、充满创意性的工作，我觉得出版人的职业意义在未来并不输于高校教师。

在那个节点上，出现了贝贝特出版公司。除了体制内的大出版社，民营出版社也有很多创意性的路向可以发展。我觉得年轻人需要在历史悠久又有口碑的老牌出版社历练，就选择了去香港商务印书馆深圳分部工作，不到一年的时间做了十多本书。

问：怎么会有这么高的效率？

葛亮：当时我参与了大型项目“故宫博物院藏文物珍品全集”，在这个序列里做了很多事情。因为“编创合一”的理念，做编辑的同时也是作者，比如撰写《杜牧诗》等作品的书法和印鉴的解读文字，都很有意思。从原创的角度，这应该算我早期的作品。

那段时间对我非常重要，建立起对出版社的信念感。因为同时要跟其他部门的同事深入交流，为我后来和出版人交往打下了好的基础，因为可以换位思考，能很快达成审美共识。当时这套书中有一部分是讲明清家具的“卯榫”结构，我在选题会提出，为吸引年轻读者，可以增加DIY工艺部分让他们有机会实践。而

DIY在当时的出版业还比较超前，这样的想法不是很容易实现。在出版界，“立体书”的概念都是在十余年后才推广开。可能在学术角度，个人更能把握想法的落地。开学后，我继续回到学校读博。

葛亮曾一直甘于做阅读者。之所以要写小说，是因为他发现研究中需要将心比心、体会研究对象的甘苦。而这种甘苦，会使自己在对作家文字熟悉和共情过程中有所穿透。

问：北大老教授杨晦先生在1955年北大新生入学典礼上说过一句广为流传的话：“中文系不培养作家”，但是你的成长经历是最好的反证。能谈谈你的感受吗？写小说是为了研究需要？

葛亮：我的专业是现当代研究，更早是比较文学。中国有知人论世的传统，这对研究文本而言是重要的前提。我面临的文本多来自现当代的作家，怎么贴切地从研究的层面切入，很重要的一点是感同身受。我希望以创作小说的形式体验作者的甘苦，就去创作了。

父母开始并不知道我创作，直到我写了一篇小说《谜鸦》，获得了台湾联合文学小说奖的首奖。严格意义上来说，第一本小说集是在台湾出版的。当时《联合文学》总编辑许悔之先生和我讨论，是否愿意写一系列小说在他们那里出版，我就写了“谜鸦”系列。比较后来的作品，这本小说的文学实验性比重比较大。这时，我才对自己的未来有了比较清晰的路径规划，希望在文学研究的同时做创作者，博士期间，我开始写《朱雀》。

问：读文学专业从事创作是否有很大便利?

葛亮：对我而言，作为研究者和创作者的身份在日常中是分开的。当然在现实层面，这两种身份互有加持。作为创作者再从事学术研究，你的研究过程是有温度的，对文本的理解会不一样；而因为你长期做学术研究，经久的训练已成为本能，比如投入地进行资料查考、田野调查，而这恰恰也是小说创作所需要的基础性工作。作为研究者，你对事实的查考、涉及的历史脉络、对信史的要求，一直在不停地锻造自己的逻辑能力，而不是信马由缰，这些对长篇小说写作都有帮助。当你拥有某种创作层面的逻辑感，对小说的整体构思、谋篇布局中对结构的把握都将大有提升。

问：从中短篇到长篇是自然过渡?写第一部长篇有没有觉得驾驭起来有一定的难度?

葛亮：写《七声》和《朱雀》是同时开始的。作家在早期写作脉络中书写原乡似乎已成为定式，我开始创作时也是这个轨迹。我同时开启了两个面向,《七声》像我的成长自传，包括亲人、朋友，写法更加像奈保尔的《米格尔大街》或安德森的《小城畸人》，写的是别人，映照的是时代;《朱雀》是因为我当时很想为家乡南京写一本书。

南京有我儿时美好温暖的回忆。作为六朝古都，吴敬梓的《儒林外史》以南京为背景，其中有一句话说“菜佣酒保，都有六朝烟水气”。南京绵长的历史对生长于斯的人而言，已灌注于日常，不用特意通过书写去表达，生活本身已经成为一种贴切的表达方式。到了香港后，突然感觉到城市之间的气质差异非常大。港大是百年老校，有深厚的人文渊源，是香港这座城市里拥有传统和文化氛围的空间，走在校园里感觉会和陈寅恪、朱光潜、牟宗三、许地山、张爱玲等前辈的脚印叠合。而在其间，我也感受到城市生活的差异，躬身反照，特别想为我的家乡南京写一部书。

对我的创作而言，如果说南京是温床，香港更像是磁场。在南京的生活有积累的意义，城市对你的塑造、在审美上的锻造；对文学的感知在前20年慢慢建立起来，在香港又激发出过去不断涌动的积累。对我而言写作的开始并不突然。

问：所以磁场的作用似乎更重要一些——之前呢？

葛亮：如果很早就有兴趣，可能20岁之前就绽放出对写作的热望。我在南京大学读书时，能感受到这所大学强烈的创作传统，熄灯之后，男生宿舍就有人拿手电或应急灯，或者点着蜡烛写作。我们有自己的系刊《耕耘》，我负责给作品画插画。多年后同学聚会说起来，发现我这个美编反而在文学道路上走下去了。为什么会担任美编？或许因为祖父是艺术家，父亲虽从事理科工作，也擅长绘画。我没有经过专业训练，可能多少有些血脉的遗传。

葛亮对个人史和日常史的兴趣由来已久。他对故事情节刻意求工，姿态练达而诚恳，于日常中形塑了美的结构。

问：所以血脉还是很重要的。提到葛亮，很多人会注意到你的“出身名门”，家族对你有怎样的影响？

葛亮：祖父对我的创作观的影响很大。其实长篇创作，重要的部分是完整的审美结构。就这个结构从美学上的、具象可感的角度来说，我从艺术领域，尤其是绘画和建筑方面汲取了颇多的艺术养分。在《据几曾看》一书中，祖父在品鉴北宋画家郭熙的《早春图》时举例说，“郭熙宗李成，而山石不类，能塑影壁，亦宋迪张素败墙之意也”。他的观点非常触动我。美是什么？美来自日常，是在日常中形塑了美的结构。写《北鸢》，写《燕食记》，我为什么重视细节、重视格物？祖父给予我很大的启发。日常可以建构大的山水图像，可以构建宏大叙事，见微而知著。

问：《北鸢》（人民文学出版社，2016年）中的人物非常特殊，有出身皇室的少女，有出宫太监的继子，《北鸢》中几位重要女性展现着名门之后的文化教养。在《北鸢》中特别着墨大城市的租界，也体现了你从一开始创作就表现出的大视野和大格局。你觉得这种“大”来自什么？

葛亮：祖父的《据几曾看》，精于学识，长于温度。每次读完我都有许多体会和想法，但是遗憾的是再也无法和祖父交流。这本书不光是对199件古代书画的著录和品评，还有祖父的谦恭自守、深沉的家国情怀，难得的是，他在文字中时以文学着眼，触类旁通，令忝作文学人心下戚戚。读祖父的书不仅是对艺术的品鉴，更多的是看到一个大写的人，这几乎成为我现在无论是写作还是做人的重要标尺。

再者是日常的意义。历史学家卡洛·金茨堡对我影响也很大，《奶酪与蛆虫》写到一个平凡的磨坊主以一己之力对抗整个宗教体系；最近比较活跃的史学家王笛教授也是以个体的故事为中心，从宏大回归日常。我创作包括《北鸢》在内的“家国系列”，重视的是历史叙事的过程，有大背景下的人物群像的展现；而在晚近的《灵隐》里，我更希望进入个体本身，每个个体都是孤独的历史。而这种以个体编年的过程，映照了大历史的节点。如袁美珍和连粤名结合后，通过购买房产实现自己的世俗价值。她的生命历程中经历了几次金融风暴，包括香港楼市的跌宕起伏，以个人史切入从而映照时代的变迁。

我对个人史、日常史的兴趣由来已久。写《北鸢》时已尝试建立表达这方面史观的路径。《北鸢》里的石玉璞是纵横捭阖的历史人物，原型是我外公的姨夫褚玉璞，他在秦瘦鸥的《秋海棠》

里出现过。石玉璞因与昔日部下柳珍年成为政敌，心中惶惶。他的妻子说，你造出了时势，就莫怪时势造出了他这个英雄。这句辩证的论断由妇人说出，是从家庭的内部视角，打破了历史和个人的二元对立。包括石玉璞留下那对镌刻了“渔樵问对”的棺椁，也是从有关日常的角度讨论中国历史天理循环的意象，沉淀式地把历史人物还原为人，这是考察历史的一个方向。

二十世纪八九十年代新历史小说的出现，或许增加了我们看待历史的一个路径。“家国系列”所呈现的史观目前在我作品中依然存在，《灵隐》则是更倾向于微观史面向的创作文本。

问：《燕食记》以餐饮文化研究者“我”的视角切入，写出了大湾区的世纪沧桑；而《灵隐》中也有很多有关饮食的细节描写，比如开篇观音诞中阿嬷带着女眷们一起准备下锅煮百人的斋菜，连粤名和月华的交集中，食物起了很大作用；罗仙枝和阿咒的生命之源亦是饮食。你如何看待饮食描写之于小说的意义？

葛亮：早在《朱雀》中，主人公许廷迈因一碗鸭血粉丝汤联结了与原乡的根脉。《燕食记》里有一句话：“中国人的道理，都在这吃里头了。”这句话是从《北鸢》里来的，食物逐渐成为我小说叙述的重要元素。饮食对中国人非常重要，中国人最长于“变”，臭豆腐、松花蛋、肴肉——通过食物的变也可讲中国人的处世之道。食物可以定义我们的个人记忆，也可以定义家国历史，讲天下之治会说“治大国如烹小鲜”。对中国人来说，微言大义可呼应饮食表达，重要的节庆以饮食来定义刻度。中秋吃月饼，端午吃粽子，婚嫁红绫酥，丧葬吃素食……

我为什么比较集中地写饮食？和岭南开放、多元、包容的文化气质有关。海洋文化的特点就是有不同的文化开枝散叶，而粤菜又是最有代表性的一个内容，一些食物的意象比较集中。食物作为一种文化密码，是可以被复刻的。从历史的角度看也是如此。1895年在香港杏花楼，孙中山和杨衢云、何启讨论广州进攻方略及对外宣言，确立了建立共和国的大纲。这样一个激荡时代风云的事，就是在一个和食物有关的空间里发生且被见证的。

《飞发》写的是发生在香港的故事，写一群人对自己行业的信仰与坚守，也在关注传统与现代、历史与代际等问题。

问：2022年8月，你的中篇《飞发》荣获第八届鲁迅文学奖中篇小说奖。听说为了写《飞发》，你光顾了好几家香港的理发店。其实不光写《飞发》，很多作品你都特别重视实地采访。这是秉承一种怎样的创作理念？

葛亮：这也可以视为格物的范畴,《飞发》的偶数章都在谈渊源、讲风物，甚至还有技术性的探讨。这部分复刻了实地采访及田调的成果。而奇数章则属于虚构的范畴。两部分以复调及穿插形态出现，其实也在探讨两种史观表达的可能性。前者是遗留态的历史，而后者是叙述态的历史，它们之间有对话，也有彼此间的砥砺，代表历史和当下交缠、碰撞、融通或者相互成就的状态。而近结尾处引用废名的诗歌《理发店》，则是表达经历这种砥砺后，物我相忘的审美状态。

问：能否以此为例，谈谈你一般是怎么开始创作的？

葛亮：写作首先需要对空间和人物有饱满的感情。《飞发》是很典型的从物的角度展开的小说。我写到了理发师，写到一个行业，写一个人的命运和境遇碰撞及和解的过程，也在折射这个时代对人的宽容。

问：如果概括起来，你在创作过程当中最重视什么？

葛亮：就是磨砺，或者沉浸。如写《北鸢》的时候我读了大量的民国时期的报刊，磨眼睛、磨耳朵，帮助造境。让自己作为创作者也成为情境中的一部分，积极而自然地融入。写作必然是一种沉淀和释放，不得不下苦功夫、笨功夫。

葛亮的语言风格很典雅，这是古典文学一直以来的一种流淌或表达方式。在他的眼里，语言也是格物。

问：从一开始你的语言非常节制。

葛亮：我对写作语言的考量是一直存在的。小时候比较多地读笔记体小说，对语感的培养有很大帮助。叙述体系的建设过程中，语言一定是必要的环节。在我看来，语言本身也构成文本形态的一部分。所以有关语言的考量，会纳入到我对主题的选择。由于涉及二十世纪初至中叶的时代语境，对传统语态的衔接是必需的，因此我要寻找语言去匹配我所要勾勒、呈现的时代。而这个时代并非仅仅从一个当下人的角度去“再现”，而是直接地作为一个在场者去呈现和表达的过程。我希望小说语言本身，已构成勾勒时代的某些榫节跟砖瓦，“期于适如其人之言”。所以我集中阅读了包括《新小说》《小说林》等大量二十世纪初的文学期刊，去寻找其中的语感，进而塑造了适合这部小说的语言讲述体系。这是一种“在场”的语言。翻译讲“信达雅”，历史也要讲“信达雅”。信就是讲究语言和人物的适配度，否则从读者角度蛮难提供沉浸感。

到了《燕食记》，对语言的适配度要求更高。故事基本发生在南方的粤港地区，我希望它在语言的结构、气性的表达上，是全方位的一本岭南的小说。岭南文化有一种海纳百川、自由开放的人文特质，这特质很大程度上与语言有关。勾勒这方水土，就要把语言纳入其间。粤语九声六调，大俗大雅，在声韵上相较官话丰富，保留了不少中古唐音。用广府话朗读诗句，大多诗句都合辙押韵，营造的审美情境感会带来触动。写《燕食记》，除了广府话还有四邑话、客家话等不同的语言体系，营造了多元的社会时代场景，也构成了独特的语言书写体系。在写作过程中，有些部分不能完全用标准汉语置换，否则在地感和本土性的风味会削弱甚至消解。

问:《北鸢》中沙俄前公使库达谢夫子爵的幼子一口天津话，文笙开蒙是襄城的方言。《燕食记》里也有粤语，你在写作中如何处理方言?

葛亮：写粤地、写香港的风物和题材，需要很长时间的准备。早在十年前，我出版过以香港作为背景的小说集。因为写完《朱雀》后一位前辈批评家跟我说：期待你写一个有关香港的小说。我觉得需要做某种准备，除去情感方面，这种准备还在于，如何勾勒这个城市的气质，写香港和写南京对我来说完全是两回事，写南京很多层面是与生俱来的。但对于岭南来说，需要更多的时间做准备。

广东方言作为古老的语言，和现代标准汉语相比呈现出更多特质，很精练，同时表意能力十分丰富，又有内在的韵质。写到《燕食记》时，我不断在做这方面的准备，甚至比资料的准备更重要。在哪里用广东话，哪些方言需要加注，不加注的部分阅读过程是否有障碍，能不能体现整体的表意性、语言风格的鲜活感，确实是我作为写作者要考虑的。方言的意义是点染、活化整个段落，塑造人物个性，增添他的活力。人物的丰富性因为方言的加入事半而功倍，这是《燕食记》写作过程中重要的元素。

问:《灵隐》中也是有多种方言，粤语、闽语与普通话夹杂讲述，在某种程度上构成一点阅读障碍，在写作时会考虑北方读者的接受度吗?

葛亮：语言是叙事的一部分。方言元素的纳入并非为给读者带来阅读挑战，而是为了增加文本的审美属性。方言叙事也是和读者共同建构一种文本结构，是就人文特性层面的合作过程。这里有一个大原则，就是尽量不影响到文本在不同阅读空间的传播。比如《海上花》无疑是一部伟大的小说，但因为其是用吴语写成，多少会在读者接受层面带来影响。

粤语本身是非常鲜活的语言，作为语言体系，它的精简与雅洁，有目共睹。难点在于把它写出来之后，面对的不仅仅是粤方言区的人，还要面对更多的，包括北方的、中原地域的读者。怎么把握其中分寸，尽量体现对于粤语的生命力和活力的善用，同时又不影响非粤语区读者的阅读体验，这个是需要平衡的。除了有意识地化用，有些还是需要加些注释，比如风土人情、在地典故、专有词汇的部分，特别是除了广府话，还用到一些四邑话，都进行了注释。另外，涉及比较老旧的粤语，这些元素要用得恰如其分，还需要请教一些长者。我写作小说的同时也在做“格物”、做田野的工作，语言也是格物过程中的一环。我希望自己写到某个领域，起码要对这个领域有所了解，涉及专业度很高的地方，不能说是专家，至少不能露怯。我自己的体验是，创作中把握方言使用的分寸是一方面，同时不能低估读者在阅读中的主观能动性。有不少读者反馈因为《燕食记》中的粤语，激发了对这种语言和岭南文化的兴趣。作为作者，我是很感安慰的。

一个人物拥有独立的个体生命时，也是在塑造作家的审美路径。写小说和塑造人物需要强大的想象力，而成熟的人物一旦成型，对整个叙事文本会有反哺之功。

问：写作时如何布局谋篇？是否一开始就决定了人物和故事的走向？

葛亮：写作开始一般会有大致的故事描述方向，赋予人物性格特点，使他拥有某种生命轨迹。比方说,《北鸢》里的青衣言秋凰，在构思的初期，可能是功能性角色，为了注释主人公二姐冯仁珏的出身与渊源。但在女儿吞针自杀后，言秋凰的生命发生大的转折——写作中会对人物塑造有进一步的推进，名伶和家国之间的联系，依循言秋凰命运的生长，逐渐饱满起来。

但一个人物拥有独立的个体生命时，也是在塑造作家的审美路径。写小说和塑造人物需要强大的想象力，而成熟的人物一旦成型，对整个叙事文本会有反哺之功。

问:《灵隐》章贰的前六节，开篇都用了同样的话:“若不是因为段河，连思睿不知香港也有座灵隐寺。”段河在小说中有何意义？你在人物塑造上，有怎样的想法？

葛亮：重复为的是历史观的表达，这种表达借由“灵隐”这个意象来实现，杭州的古刹和处于香港地理边缘的同名寺院形成某种叠合，作为互文镜像呈现，可以让我们打开平行空间的多重可能性，随之打破审美陈见，就像《维罗尼卡的双重生命》。“香港也有座灵隐寺”，是刻意和杭州的灵隐寺拉开审美距离，在一个超越时间空间的对位，围绕香港灵隐寺发生的故事，呼应了连氏父女二人各自在对方的生命历程中看到了自己。

《灵隐》中段河担任引渡者的角色。段河原本是澳门赌场里的发牌师，后来成为佛像造像师。连思睿作为单亲母亲，在父亲身陷囹圄后，遭受包括媒体与“网暴”等这些扑面而来的压力，是现代社会的象征和隐喻。段河引渡的意义除去连接了传统和现代，也承载了连思睿作为一个现代人所面对的生命镜像，相当于给她一个园林，可以有所栖居——这就是“人道我居城市里，我疑身在万山中”的意义。

阅读经验对我是有很大启发的。我喜欢的作家马拉默德有一部小说《天使莱文》。长期以来文艺作品对天使形象有模式化的塑造。而在马拉默德的作品中，天使是个穿着旧西装的潦倒黑人，在酒吧出没，如同红尘浪子。世俗的空间和暗淡的场景丝丝入扣，带来的救赎感是令人出其不意的。段河这个角色是以己身和世俗博弈，我更多的是想把他放在俗世的境遇里勾勒，是一个“将佛像当人像做”，在槛外与槛内出入的形象。

问：你的小说人物都很传奇，段河、罗仙枝、阿兕等，身世都是被捡，而林木和阿兕，又都是智障——在设置人物命运方面，你是怎么考虑的？

葛亮：阿兕这一形象在世俗评估中是低智的，而“世人皆醉我独醒”，恰恰从他的眼睛里可以看到这个世界的大部分真相。这方面实际上和香港这座城市的气性是匹配的。香港以混杂文化（Hybrid Culture）而著称，古今的、本土的、外来的、移民的文化的交融混合，身在万山之中，皆是诸法之相，简单的心灵反而能领略其真义。另一层，我也借由这个人物探讨人与自然的关联，“人法地，地法天，天法道，道法自然”，在这一有序的链条中，因为现代都市元素的冲击，人与自然之间的联络被阻断了。而阿兕作为来自香港新界乡间的自然之子，与“黄壳齐眉”这种孕育于大帽山北麓的古稻米，共同重续了这种关联。

问：《灵隐》中涉及情感书写，比如连粤名和月华，连思睿和段河，都写得很节制，尤其罗仙枝和小武，还没有开始就已结束。是有意这么写吗？

葛亮：在这部小说中，对情感的表达不是主线。而是人物在生命层面的相互交缠。月华是连粤名人生中的一种可能性，在日常乃至庸常的轨迹中打开的一个缺口；而段河是连思睿某一生命阶段的引渡者，也不是简单的爱情，而是在世俗层面彼此烛照乃至救赎的关系。

从《朱雀》起，葛亮就开始构建自己的历史观。历史本身的跌宕、更迭中的喧哗，需要以客观、远距离的形态去看待和书写。

问:《灵隐》中的连粤名杀妻，似是无意之举，而且解释也有些轻描淡写。据说小说脱胎于一桩真实的社会案件?

葛亮：是的，是2018年发生在香港的一起案件。不过我并不倾向把它写成类似松本清张的社会推理派小说。很早之前我写过推理类的《问米》，大多采用的是“本格”的手法。《灵隐》由真实案件而生，但希望表达的内容，已超越了案件过程本身。我隔开五年来写《灵隐》，很大程度上，是让自己有一个对案件事实进行沉淀的周期。互联网时代让我们发言变得相对轻易，许多意见领袖或KOL，引导我们对社会事件及相关问题仓促地作出结论，思考周期急剧缩短，这个过程很值得警醒。我希望这个案件始末所带来的沉淀，对应为对当代知识分子的心灵史的探寻。在其身处的社会背景之下，为什么教授要对自己的妻子采取这种极端行为，需要进入人物内心进行考察。

我发表的第一篇短篇小说《无岸之河》也是知识分子题材的小说，在二十年后写《灵隐》时，突然衔接上了，也蛮奇妙的。这种衔接感在于知识分子内心和周边环境博弈的过程，心灵史的推进始终伴随着对个人和世界之间的关系的探究。以往读过的有关知识分子的小说：索尔·贝娄的《赫索格》、纳博科夫的《普宁》，威廉斯的《史托纳》……都在处理心灵之于现实、流浪与放逐的联系。其中对于学院的展示，涉及文化隐喻，皆沉重而内有苦意。学院相对独立的环境有自己的运行规则，但亦无法脱离其所在的时代语境。这二十年间，我对学院的认知随着阅历推展。《灵隐》中连粤名的个人心灵史，也映照香港城市史的发展过程。连的人生过往，叠合了香港风起云涌的大半个世纪。从移民潮到经济腾飞、九七、金融风暴、SARS，几番起落，便都铭刻于一人。香港由此也成为与时间相连的人文空间。因此每一处有关这座城市的历史，都链接着个体的生命节点。那些关隘与转折，起伏与荣耀，与此休戚与共。个人的放逐和回归，也是时代的回响。即使学院赋予他社会的位置，他与周遭世界的镜像关系，此消彼长，横亘在此地和原乡之间。

问：《朱雀》《北鸢》《燕食记》等作品，你都用了大量的时间去做田野考察及资料搜集。你觉得这种考察是必要的吗？你如何在虚构作品中处理真实素材，现实生活和小说世界有何关联？

葛亮：我觉得还是很重要的。我在创作中较为重视案头和案下的功夫。比如在小说《北鸢》中，涉及政客、军阀、寓公、文人、商人、伶人等上百位民国人物，小说内容涉猎政经地理、城郭样貌，至于烹调、书画、服饰、曲艺等范畴，翔实的考察是不可忽略的。在小说的准备过程中，做了大量的访谈以及文献的“格物”工作，比如书中提及“祭孔大典”，虽只是一处段落，却事先对春丁秋丁府县两祀的日程、主祭的祭辞格式、祭服的具体样式都做了详尽查证。只有对当时的民间烟火之态，入微至饮食、茶道，甚至于一碗面的做法，都了然于心，才能让读者真切体味到时代的人情世故。《燕食记》中的“我”是一个当代的研究者，投入了对历史的追索。资料、访谈、田野考察，在非虚构的链条中部分复刻我本人在写小说时所做的准备，立足于当下，去穿透历史。连接虚构和非虚构两种不同的叙事线索，是五举这个角色。在历史现场他叫“五举”，在当下现实里他叫“五举山伯”。“山伯”二字就像是五举身上的一个烙印，他是带着过去的时代经验来到当下。小说有沉浸历史的部分，也有部分站在当下去回望历史，是虚构和非虚构的一个双重表达。

问：“我”的存在就是提醒读者：历史即现场，当下即历史。

葛亮：《灵隐》后记里提到我常去志莲净苑，它位于香港闹市，是亚洲现存最大的全木构仿唐建筑。身处其中，仿佛回到了幽静悠远的园林。一抬头，四周全是高楼大厦。这势必有种非常强烈的错置感，甚至是倒置感，实际上是我写小说的一个重要的缘起：你怎么去看待当代，怎么在当代里考察历史。克罗齐说“所有的历史都是当代史”。其实我们可以借助于当代看历史。我不断在拨动历史的元素，从个人的角度将粤港历史脉动连接起来。

他将各种元素共冶一炉，在文化容器中进行整合，使故事自然推进流淌，好像他在创造一个世界，一砖一瓦地把房子造起来。

问：无论《瓦猫》《北鸢》还是《燕食记》，你对每个细节都十分讲究，小说中涉及的书画、服饰、陶艺以及饮食、戏曲、刺绣等等，各种驳杂万象的描写贴近人物同时合乎情境。在阅读的过程中，能感受到你还是很享受创作过程的。

葛亮：蛮享受。印象中的小说家都是天马行空，从写作的角度讲会自在一些。对我而言，和历史间的勾连是享受的事情，而你呈现历史的轮廓的前提，一定是捡拾历史的砖瓦，案头考据也好，田野调查也好，可以从旧的东西里发掘、感受、寻找和当下的审美或价值观相近的东西。

写作的过程实际上是发现的过程。我发现这两个文化传统可以合而为一，又可以传达给当下的读者。我更在意写作过程本身，这个过程很幸福。比如写匠人，起初想象是某种意义上的“挽歌”，可能会觉得他们和这个世界格格不入。谈日常的东西，你会发现他可能木讷、寡言，不知道怎么表达，但是谈自己专业的东西，立刻神采焕发，他们有自己的小世界，专心到一定程度，他们会忽略外部。进入他们的领域之后，发现他们有充分的自足自洽，他们乐观、达观得多。这时我会重新审视自己的预设，外在的同情感，不是真正的共情。

问：很多男作家写女性角色，反而把握得更独特、更细腻？

葛亮：我的想法，不光是性别，还有所处的时代的节点和境遇。女性的处境相对男性更艰难。您或许是指男作家写女性把握得更敏锐、质地更鲜明。本身我是对女性很尊重的作者，对于她们怎样去经历时间的节点和历史的关隘，会产生共情感。《七声》里的阿霞很纯真，一直没有选择低头与和解，她的生命质地是非常单纯的。《燕食记》里的露露有非常圆润和成熟的地方。辛格写的《傻瓜吉姆佩尔》中就是很成熟的人物类型，写看似单纯的人如何应对复杂的世界。

问：《灵隐》中连家父女命运的互相印证，章壹和章贰在某种程度上构成互文，很多疑惑也在小说进展中一步步解开。这样的写法其实对小说技巧提出更高的要求。你觉得呢？

葛亮：好的长篇小说结构上和建造园林是一样的，重要的是结构。这方面祖父的艺术观对我有很大影响。当然也和我的生长环境有关，江南最为人津津乐道的空间是园林。前些年王澍的《造房子》颇受推崇。我手边的书，有相当一部分是关于园林的，陈从周的《说园》、童寯的《东南园墅》、阮仪三的《江南古典私家园林》……陈从周先生在《说园》的篇首，提出了有关造园的两种方式。园有静观与动观之分，静观是游者驻足之处，而动观则是较长的游览线。前者以网师园为例，槛前细数游鱼、亭中待月迎风；后者则以拙政园为最，径缘池转，廊引人随，妙在移步换景。动静之分，陈先生称之为“立意在先，文循意出”。写小说的过程也类似造园的过程。有时候会沉浸于细节，大篇幅表达场景审美，有时候会依据视角的转换，实现小说结构空间的自由度。

问：在怎么处理细节方面，谈谈你的经验？

葛亮：首先要和笔下人物共情，共情就会要求自己进入场景。对我而言，进入场景之后就是对某一个主题舒展的过程。另外还有格物部分，写到细节的肌理方面，知识很重要。比如书中提及的“祭孔大典”，虽然只是一个段落，但你要事先对府县两祀的日程、主祭的祭辞格式、祭服的具体样式都详尽查证，背后是有知识体系支撑的。这是重要的。

时代的嘈杂和信息的频密使我们失去了应有的共情感，甚至干扰到自我决定的机会，不得不屈从于网络时代的信息单向传导。这是葛亮写《灵隐》的隐在缘由。

问：《灵隐》中，智障儿林木和阿咒有同样的遭遇，前者被同龄孩子围攻，被贴上“这个罪恶家庭被诅咒的结果”的标签网暴，阿咒也遭遇是非。连思睿参加阿嬷的葬礼时，连粤名夫妇周边也有同样的“看客”，连粤名所在的学院出现录音事件后，同样也被网暴。这些“看客”在小说里承担了什么？网暴延伸至现实生活方方面面，是否也是你想要表达的主题之一？

葛亮：看客意象的提出，在当代语境里是一种文化根性的解释。鲁迅作品中看客是对民族观的一种检视，派生出不同的品类，如祥林嫂是一类，阿Q是一类。鲁迅小说里的看客是看得到的，有形有体；互联网的看客是隐没的，破坏性和摧毁力更强劲。

因后者更缺乏现实层面的约束，不需要对其行为负责。我想到了阿伦特的“平庸之恶”，二战期间，一个身处纳粹官僚体系中的庸常之辈，却释放出在整个作业链条中最有摧毁力的恶。平庸的恶是对恶的无视，更是对恶的纵容。新一代的看客就是这样。

问：连思睿的舅舅袁尊生设法买下妹妹被杀的老宅，为的是“人生在世，总要放低”。在你的小说中，从《阿霞》(改编为电影《七声》)，到最新的《灵隐》，似乎都有一种淡淡的忧伤流淌，却是哀而不伤，因为无论阿霞还是连思睿，最终都是“逆来顺受”或者用安之若素形容更为确切，她们都与命运达成了和解。是这样吗？

葛亮：与其说是和解，不如说是更深层次的自我救赎吧。写这个作品过程中，我重看了很喜欢的电影《海边的曼彻斯特》。在一个意外的事故中钱德勒两个孩子被大火吞噬，妻子和他离婚，钱德勒远去异乡艰难生活，这时候哥哥又去世，他被指定为侄子的监护人。他有一句话：我无法打败过去，我和伤痛共生。像佛教定义人皆有四谛八苦，不是通常意义上的放下，而是要给予命运不同的可能性。每个人所采取的方式不同。要放下而后振作起来，是一种；和苦难共存，休戚与共，也是一种人生态度。小说进入尾声，连思睿和自己的过去和解了吗？很难说。她父亲还在监狱里，她的生活仍然相当煎熬，但她已习惯了和苦难共存。连思睿内心强大之处是，做到了大隐隐于市，且隐于己。

问：回顾创作以来的历程，你觉得经历了怎样的变化？历史与当下一直是你写作的一体两面。你的写作不断地有所创新，目前从《灵隐》开始正从过去的历史叙述转为当下，你对自己的创作有清晰的规划吗？

葛亮：很难说写作初期就有明确的整体规划，毕竟我的每部长篇的创作周期都比较长。应该说，每部都有在那个当下投入书写的因由。《朱雀》是一个有准备的小说，但这个准备过程，和后来的《北鸢》《燕食记》都不一样。因为二十年在家乡的生长沉浸，我对南京的掌故、历史都比较熟悉，那种准备是伴随着与生俱来的感情，在查考和案头工作层面，相对没有后来的作品那么艰辛。《北鸢》本来是想以祖父为核心，完成一个关于家族的非虚构作品。但祖父的故交好友次第凋零，考证工作变得很艰难，其间改弦易辙写成小说。我在香港生活了二十多年，到了某种节点上，应该写一部作品去回馈这方热土，就想到写《燕食记》，从粤港吃茶点的习俗生发开来，展现中国自古以来宏博精深的饮食文化。不是生长于斯，怎么让自己成为叙事状态中的岭南人？我走访了粤港等很多地区采风了解当地的人文特性。

每一部小说代表你和某个时间、空间的联系。在隔很长时间后，我会回头看自己的作品。作为作者，需要对自己抱有周期性的陌生感。一个作者在写不同作品时，所处的年龄阶段、阅历、知识构成、历史观，每个阶段的特点可能都是独特的、有辨识度的。现在看《朱雀》，就是年轻作者当时毛茸茸的质地，很动人。

写作的前二十年，我在处理历史题材，结合自己的生命历程，追溯自己的家族。《灵隐》是我“南方图志”系列的开启，与此前的作品形成对照，更加关注人的个体命运本身，所涉猎的时间节点已属当代了。借此呈现主人公的心灵史，对我而言，这也是塑造历史的一种方式。我希望每次写作起笔都是有准备的，且每次都是新的准备。这其中寄予了创作本质性的意义。

石一枫：希望做人民群众喜闻乐见的作家

石一枫，1979年生于北京，1998年考入北京大学中文系，文学硕士。著有长篇小说《红旗下的果儿》《恋恋北京》《心灵外史》《借命而生》《一日顶流》等，小说集《世间已无陈金芳》《特别能战斗》等。曾获冯牧文学奖、十月文学奖、百花文学奖、《小说选刊》中篇小说奖等。2018年，中篇小说《世间已无陈金芳》获第七届鲁迅文学奖。

作家档案

出生日期：1979年10月17日

出生地、籍贯：出生地北京市，籍贯河北省沙河

毕业院校及专业：北京大学中文系

血型、星座：B型，天秤座

最喜欢的个人代表作：各有千秋，都有不满意的地方

文学偶像：各有千秋，各有短长

文学之外的爱好：没什么特强烈的爱好，舒服就行

想对20年前或20年后的自己说什么：别丢人现眼

文学观：没有整体的文学观，基本的态度是保持真诚和探索精神

采访手记

借用石一枫的书名，近年来他的创作基本处于一种“特别能战斗”的状态。而他笔下的人物，似乎更能“战斗”，顽固地坚守着某种信念。《地球之眼》中的安小男、《世间已无陈金芳》中的陈金芳、《特别能战斗》中的苗秀华……1979年生于北京的石一枫，被人称为“新一代顽主”，他的语言讽刺而幽默，思考的却是如何讲述属于这个时代的中国人的命运。他的小说直面当下的社会现实，包括普遍的精神难题，文风犀利，语言幽默。他塑造的一系列独特人物为京味小说注入新的活力。

石一枫的故事中，通常有个“我”。“我”往往比小说实际上的主人公复杂。石一枫承认，很多时候“我”其实就是自己的折射。《恋恋北京》里有他，《我妹》里有他，《地球之眼》里也有这类人。“我”越丰富，石一枫的创作也随之越丰富。《世间已无陈金芳》里，“我”就通过陈金芳来认识自己，不光要面对工作、爱情，还要面对生活的时代……这类人是社会里的边缘人，他们能比别人看到更多的社会。

像很多年轻的作家一样，最初的写作，石一枫也是因为迷恋于自我表达或与自己相类似的同龄人的自我表达。在写作的潜意识里，仿佛只有“我”和“我们”才是独一无二、配得上大书特书的。随着年龄的增长，他的书写越来越开阔，关注更加广泛、更加复杂的生活。

这也是一个正在走向成熟的作家所应担负的责任。一个好的故事，一定能够概括时代。如果作家对故事本身产生怀疑，认为讲故事是浅薄的，那可能是故事还不够好。石一枫觉得，一个好故事，能容纳人的种种需求，能反思时代、人性，还得带劲、有意思。好故事好就好在老少咸宜、雅俗共赏。所有历史与现实都是值得我们去深入思考并留下文字印记的，需要作家不再以单纯的文学眼光去看待文学，不再以职业化的技术心态去应付自己的工作，而是以一种更加广阔的胸怀和高远的视野投入到文学实践中去。

也因此，评论家孟繁华深感震动："石一枫能够用如此繁复、复杂的情节、故事，呈现当下社会生活的复杂性，呈现我们内心深感不安、纠结万分又无力解决的问题。"

石一枫总爱戴一顶帽子，冬天是黑的或其他颜色的棉线帽，有时候是鸭舌帽，黑框眼镜里藏一双时常隐含笑意的眼睛，总是乐呵呵的样子，走到哪里都能带来欢快的笑声。但一谈起文学，石一枫就是另一番状态，那种虔诚与认真，不由得让你对文学的世界心生敬意。

他属于写作时叙述者声音比较强的作家。很长一段时间，石一枫通过"我"来叙事。用"我"能够写得比较真切，叙事也更从容。

问：你曾谈到《世间已无陈金芳》是在“开眼看社会”的心态下写出来的小说。那么写作此前的作品实际是一种怎样的心态？

石一枫：之前写的东西里还有年轻人的通病吧，觉得自己的事儿特大，很想表明态度但又不免沦为故作姿态。写法上也简单幼稚一点儿，除了有些中短篇，大部分都是青春小说的路子。

问：看你笔下的陈金芳，既可怜又值得尊重。不论她的选择对错与否，那种对命运不甘屈服的挣扎与奋进让我感佩。“世间已无”，是一种无奈的告别，也是一种忧伤的惋惜。你眼中的“陈金芳”是怎样的一类人？当你“开眼看社会”后，你看到了什么？这种深度的发现，让你的写作产生了哪些变化？

石一枫：陈金芳算是我们这个时代的典型人物吧。想过得好点儿，依靠个人奋斗改变命运，这是几十年来中国人的理想，近乎一种宗教情结，恰恰时代又给了我们机会。陈金芳身上或许能看出改革开放后中国社会的某些侧面，比如大城市的发展，比如财富对人的异化，比如社会阶层的分野，这些也是我愿意考虑的问题。类似的思考不敢说深入，但不能回避。

问：如果说陈金芳代表了“北漂”，安小男代表了知识分子，《特别能战斗》中的苗秀华则代表了精力旺盛、疾恶如仇的北京大妈。你如何看待“北京大妈”？对于这种特别能战斗的精神，你持怎样的态度？这种精神在当下的社会，你觉得能赢吗？

石一枫：北京大妈是一个无比鲜明的形象，甚至成了某种符号，跟物业公司扯皮死磕，估计也是很多人都有过的经历。我觉得现在的年轻人动不动拿人家说事儿，拿人家逗乐这种心态特别不好。谁都有劣根性，说不好谁比谁更可笑呢。而我们的社会似乎的确存在着一个悖论，年轻人暮气沉沉，中老年妇女倒都挺爱憎分明而且精力充沛的，这是什么原因造成的，分析起来可能还挺复杂。至于战斗精神，一度是中国人的主流精神，而我想写的是这种为人处世的态度在今天社会里的处境，输赢的问题没必要关心，希望它能改变什么也不现实，但个中意味值得琢磨。

问：苗秀华和她看不惯的一切行为斗，斗到了退休。苗秀华乔迁新居，搬进了一个新小区，又和物业公司斗争，带领业主们解雇了原先态度恶劣的物业公司。此后苗秀华却陷入了一个战斗的怪圈，想要一手掌控新的物业公司，于是原来的战斗又形成了新的战斗中的对立双方。为什么要设置这样一种转变？

石一枫：如果没有最后这个转变，我想这篇小说也就没必要写了。对于人和事儿多想一步，让简单的东西复杂起来，让清楚的东西一言难尽起来，这是作家应该有的能力。

问：《心灵外史》涉及对传销事件的描写。为什么以“心灵外史”命名？

石一枫：《心灵外史》这个题目是北京十月文艺出版社的总编

辑韩敬群给起的，正好张承志有个名著《心灵史》，写的是信仰，我写的是盲信，只能算外史，我觉得起得非常贴切。这部作品本质上还是社会问题小说吧，只不过涉及的是我们这个时代人们精神领域的问题。

从《世间已无陈金芳》开始，石一枫从讲个人的故事，转变为讲社会的故事，感受中国乃至世界变化着的世道人心。

问:《世间已无陈金芳》获第七届鲁迅文学奖中篇小说奖。关于参评鲁奖，你知道些什么?

石一枫：我肯定知道参评，都得填表啊。别的就不知道了，跟《十月》杂志编辑商量了一下，觉得在那几年发表的中篇小说中选择,《世间已无陈金芳》参评最合适，就选这篇了。

问：谁告诉你的获奖消息？是怎么庆祝的?

石一枫：当时中国作协组织去漠河采风，吴义勤老师告诉我的，朋友们祝贺，热烈握手。也没怎么庆祝，跟王凯他们撸串去了。后来王凯获奖我们也吃饭来着，不过他是在北京知道的，吃饭的人多。

问：第七届鲁迅文学奖对你的授奖词是“石一枫具有敏锐的现实主义品格，同时伴随着浪漫的抒情精神和倔强的青春理想。在具有典型意义的人物性格和命运中，浓缩社会生活的特定形态，展现着人的道德困境和精神坚守”。你如何理解“现实主义”？你的获奖感言是怎样说的？

石一枫：获奖感言主要是谦虚，谦虚之外谈了谈现实主义文学在当下的特殊意义，主要的意思是除了现实还得有点儿主义，而这个主义，或云思考能力，是对作家的考验。

问：你如何看待鲁奖？觉得自己获奖是必然的吗？

石一枫：别的门类我不懂，小说奖的获奖作品都是我平时喜欢看的，我向人家学了不少东西。估计也没人觉得自己肯定能得奖或者应该得奖，那要得不上该有多痛苦啊。

问：可否谈谈自己在中篇小说创作上的经验？

石一枫：关于人和事儿都多想点儿，也就这点经验。

《漂洋过海来送你》折射了长达半个世纪的历史变迁，既有京味儿小说幽默大气的底色，又写出了新一代青年的个性。

问：《借命而生》写到许文革的时候，你多次重复“一张脸像西方雕塑似的棱角分明”，在《漂洋过海来送你》中，你也多次重复提到爷爷挂在墙上的照片，“晕了”一词也多次出现，从殡仪馆的客服经理、李、黄耶鲁甚至到八哥儿，都在不同场合“晕了”。你如何看待这一重复?

石一枫：重复肯定是一个手法，刻意为之。在我看来作用非常简单，就是加深印象。我们中国的古典小说，甚至于民歌，就是大量地使用了重复。每次看都能强化原来的意味，在不同的语境中也能看出一点儿新的意味。我觉得这种手法挺有意思。

问：这个故事如此超乎人们的想象，题目这么浪漫，内容如此荒诞，却有一种莫名其妙的内在逻辑。

石一枫：故事的缘起还是挺简单的，写故事的人都知道，往往一个看起来很繁复的故事，其实来自一个非常简单的动机。就跟音乐一样，像贝多芬的《命运交响曲》，就由四个音敷衍出一个交响乐。骨灰盒这个故事其实就是有一次看电影，当时看到有一幕，一个孩子死了，父母把他的骨灰领出，由工作人员从窗口递出来。当时我就有点儿走神，就想怎么知道这个骨灰就是这个人的呢？假如弄错了怎么办？会不会是另一个故事？我觉得挺有意思，就把这个动机扩展开，看看能不能多容纳一些东西，发现还真是能够装进一些内容，有时间的、有空间的。时间的就是从抗美援朝一直到今天，空间有美国，有中国，有阿尔巴尼亚。

问：爷爷去世后，那豆在骨灰中意外发现了一块似乎不属于爷爷的“异物”。漂洋过海也要换回爷爷的骨灰盒，那豆的执念中，除了对爷爷的感情，似乎还包含了更多?

石一枫：从人物自身来说就是感情。一个北京小孩儿，你说他能有多深的想法呢？他只能跟着本能走，本能就是亲情，是他想当个好孙子的那份执念。我觉得这个是极其朴素的，也是不容怀疑的。当然从旁观者的角度，假如能够看出更多，对于我来说就是意外之喜。你可以解释成把世界放置妥当的这么一种理想主义，就像张爱玲在一篇《论写作》文章里引用的申曲，文官提笔安天下，武将上马定乾坤，那是一个整饬而光明的宇宙。当然有人把它理解为一种面对纷繁世事的战斗精神，我觉得这都是可以的。对作者来说，我反而应该少考虑一点，我其实只想考虑人物本身的层次。

问：小说也写了老北京的礼数。爷爷和李固元这两个劳模，身上有很多传统的老一代人的优点，舍小家顾大局，有家国情怀，诚实守信，也写了老北京人身上朴素的生活观点。你如何看待老北京的传统？

石一枫：一般人都会觉得北京人比较贫，吊儿郎当的，随遇而安的一个状态，当然我觉得这可能更多的还是表象吧。在比较传统的北京人，也是比较传统的中国人的概念里，仁义礼智信的东西还是挺多的，表现得也比较朴素。比如说在小说里的这个爷爷心中，其实就是俩词，一个是讲理，一个是要脸，这辈子就为这两条活着，他觉得人要没有这两条人就不是人了。说到底还是最朴素的好人的观念吧。我觉得这个层面上的优点是历史赋予他们的，因为爷爷经历过共和国的年轻时期，那个特定的时代赋予了他们特定的观念，而这些特定观念在今天仍然起作用，或者我们希望它们仍然起作用。

小说技巧本身的作用有限，石一枫觉得更重要的是作家对生活应该有热情。你对生活有热情，才能唤起读者对阅读的热情。

问：在探寻爷爷骨灰的过程中，情节一波三折，跌宕起伏，像看侦探小说一样扣人心弦。在你的小说中，“好读”和“纯文学”这两方面从不矛盾。你是否掌握了一套特别的小说技巧？

石一枫：这个评价让我非常欣慰。假如读者能够津津有味地看完小说，我就觉得我那点儿辛苦没白费。至于说好读这事儿，我觉得好的纯文学大部分都好读。像《百年孤独》《第二十二条军规》，那些都是可以一口气看完的。中国有很多小说，像《围城》《红楼梦》，往往都是随便翻开一页就能接着往下读。好读跟纯文学肯定是不矛盾的，或者说得极端一点儿，假如读者觉得不好读，你还得教他读，教不会就说人家素质低，这种肯定有点儿不负责任。现在大伙儿都挺忙的，人家百忙之中抽出时间看你的小说，你还折磨人家，这就有点儿说不过去了。小说技巧本身的作用有限，我觉得更重要的是作家对生活应该有热情，这样才能唤起别人对作品的热情。另外就是在写作的时候别那么自我，多考虑别人的感受，别人看着会不会难受？会不会看不下去？这些问题和能否完成自我表达同样重要。这可能也跟性格有关吧，甭管跟谁在一起，我都不希望共处的那段时间令人尴尬难受，大家应该愉快一点儿。

问：小说中写，按照那豆的看法，爷爷纯粹就是图个“玩儿”。“玩儿”是北京人尤其是胡同里的北京人先天就有的基因——实际上，也可理解为北京人对于“玩儿”的态度和精神。尤其是“在诸多可玩儿的物件里，唯有这嘴百玩儿不厌、随玩儿随有。玩儿鸟玩儿多了鸟还累呢，一张好嘴却永远能够花样百出”。你对于“玩儿”的态度是怎样的？

石一枫：关于玩儿嘛，可能对于北京人来说是一个传统项目，或者是性格里带着的东西。他对什么都可以不太认真，眼里没什么太严肃的事儿。也可能是因为大事儿见多了，有苦事也有不平事，再没点儿这种精神，日子真是没法过，情绪会崩溃的。这说起来就有点儿悲凉了。另外具体说玩儿嘴，爱说话，非得把话说出花儿来，有人觉得可能是语言炫技，在我理解倒也是一种无私，就像刚才说的，他不希望跟谁在一块儿的时候让人家尴尬难受，他希望跟大家都愉快，所以他宁可自我牺牲多说点儿。如果不是这样的话，怎么就那么多年还一直玩儿下来了呢？有其内在机理。

“资料肯定是要越做越足。随着写作的时间变长，这变成了一个越来越重要的工作了。”

问：酱油厂、殡仪馆对你来说都是陌生的场所吧？你是如何写得这么真实可信，是去实地考察过吗？

石一枫：殡仪馆肯定是去过，但不是为了这个。不过这就涉及一个写小说的基本功课吧，就是资料。作家的生活圈子实际上是很小的，作家作家，都是坐在家里，但是鲁迅又说过，无尽的远方、无穷的人们都和你有关，所以你要写什么东西一定得把资料找齐了。一个是为了避免硬伤，一个是增加感性认识。你对一个地方有了感性认识，写出来才是活的。这是写了这么长时间东西积累下来的一点儿经验。写作的领域变得越来越宽，那么你的资料肯定是要越做越足。随着写作的时间变长，这就变成一个越来越重要的工作了。酱油厂肯定也是这样，你会吃酱油，但是你不一定懂得酱油厂到底是什么样的，尤其是在北京城里的一个酱油厂，它经历了怎样的典型命运？这个都得研究。小说里写的胡同我自己去转一转，通过走马观花就能积累起认识，但是很多别的地方我觉得就要扎扎实实地研究。您能看到这种区别，其实是看到了一个作家写作的机理了。

问：小说关注底层人物的生存现状，这和你生活的圈子是不相关的，你如何获取素材，把握他们的真实心理？

石一枫：其实是要进行调查研究的。我们可能一辈子没有去过酱油厂，但是谁在社会生活里是个真空意义上的人呢？你肯定会碰到三教九流的人，咱们还没娇贵到身边只有贵族的份儿上吧？对于写人呢，更多的还是在人同此理、人同此心的逻辑上去书写，不要光考虑抒发自己的情绪，同时要想一想别人的处境和心理，我觉得这是一个作家起码的素质。这个小说里写到了海外劳工，我印象里有一年参加作协的活动，去北非，发现飞机上有点儿不一样。以前去美国啊，去日本啊，机舱里都是商务人士，起码白白净净的，但是去北非的经济舱里全是五湖四海的工人师傅。他们以前可能就是农民，办了张护照就出国务工了，去全世界修路架桥。跟人家在一块儿坐了两趟飞机，我就知道何大梁和田谷多那条线索上的人物是什么样的了。

问：小说中也涉及了国企改制、阶层分化等，你在创作这篇小说的过程中有无难度？最需要克服的困难是什么？

石一枫：对，比如写到国企改制，还有中国的阶层分化，在我看来就是一个狄更斯式的写法。你要记录下这个时代最鲜明、最有典型性的事件和最鲜明、最有典型性的人物形象。难度肯定有，我觉得恰恰难在认识社会和认识生活方面。我们今天的生活，你要说它好是非常容易的事儿，你要说它坏也是非常容易的事儿，歌功颂德和宣泄情绪都是非常容易的事儿。但是真正能够看到时代的复杂性，看到它说好也不一定那么好，说不好也不一定那么不好的地方，往往也是让人感到一言难尽的地方，我觉得这个是非常难的事。实际生活上也不是那么黑白分明，条理清楚的，北岛说生活是网，有的时候我觉得生活也是一锅粥，还不是我们北方的大米粥和小米粥，而是南方人的海鲜粥，里边什么东西都有，要从这锅粥里辨别出滋味并不容易，但要是没有那些滋味，小说也没意思了。

石一枫觉得，如果能让人感到一言难尽，那么这个小说就算完成了一些思考。

问：那豆为了寻找爷爷的骨灰亲赴美洲大陆，这使小说在某种程度上有了全球视野。这是在创作之初就设定好的构架吧？

石一枫：对，这个肯定是设定好的。其实以前想写这个小说的时候，我就想到了老舍的一个小说，叫《二马》，讲的就是老少两代北京人一块儿跑到英国去的故事。那个小说在老舍的作品里边非常另类，给我留下的印象非常深。但我的写作思路肯定跟老舍不一样，因为我毕竟还是想处理我们这个时代中国和世界的关系。老舍在《二马》里的想法就已经帮不上我的忙了，不能再简单地说西方是文明的，中国是需要启蒙的。以前还有一个小说，《北京人在纽约》，把美国看成了一个梦想实现之地，那个时候中国人最光明的出路就是出国，当然这种认知好像也过时了。所以在写这个小说的时候，全球视野肯定是有，因为我们就是在全球化里成长起来的一代人，但是对于我来说更大的问题是应该怎样认识世界和中国的关系。第一是要写出它的变化历程，你看小说里有参加过抗美援朝的，有把美国当灯塔的，也有过上好日子反而不喜欢美国只喜欢中国的小粉红，这些在各个不同时代里存在的观念，可能在我们今天这个时代都存在。另外就是要在种种观念之中，写出今天的我们所面临的复杂性。如果能让人感到一言难尽，那我想这个小说儿就算完成了一些思考。

问：在《漂洋过海来送你》中，父子的关系、爷孙的关系都是暖的，爱情却是模糊的，郑老师和姚表舅、阴晴和那豆，在处理人物关系上，你是否都是由小说人物牵着自己走？故事中的人物关系，和你最初的设想还一致吗？

石一枫：这个小说我觉得主要的情感还是祖孙之间的亲情，当然这种隔辈儿亲的亲情也许有着更复杂的含义，可能是历史或者社会变化的缩影。爱情处理得比较模糊，我觉得是正常的，我们现在的人一天到晚在说爱情，但这种情感在你的整个情感体系里占有的位置并不是非常的大，即使它表现出来，也肯定没有我们所希望的那么纯粹。有时候它是一种被裹挟或者被掩埋的状态，就像郑老师和姚表舅那种，有的时候它干脆就是引而不发，像那豆和阴晴这种。我觉得这反而是我们生活中的常态。最初我倒也没有太多设想人物情感的表达应该是含蓄的还是鲜明的，写到那里让人物自己选择就行。相对于情感的抒发，我更愿意在这个小说里探讨命运以及价值观的纠葛。

从电竞的视角切入，对当下、现实，对人物命运加以记录和

思索，石一枫尝试了一个当代严肃文学领域很少关注的题材。《入魂枪》通过几位早年电竞选手的传奇经历，呈现了面对“虚拟世界”的现实主义。

问:《入魂枪》《逍遥仙儿》的故事都是直面社会问题。你在选择题材上是不是也有一些自己的原则？

石一枫：我这几年写的作品都跟当下的社会生活有关，算是比较贴近现实的写作方式。我可能还是比较强调文学的在场感，希望作品和读者的生活发生联系，能够让读者感同身受。另一个原因是我觉得现实本身就很耐琢磨，研究现实、反思现实非常有意思，可以说是一门“活”的学问。改革开放以来的现实生活已经足够丰富，这也构成了一定的历史感，哪怕就是写写游戏、写写回迁户，本身也有修史的意义。

至于题材的选择，我基本上秉持两个原则，一是要写现实生活的领域，这个领域要足够耐琢磨，本身的内涵要足够丰富；二是对于作家而言，要有能力完成塑造人物、捕捉情感乃至于还原文学化的现实场景这一系列工作。总之得是在意义上值得写，在艺术上又能写，这才能够动笔。

问:《入魂枪》写早年涉足电子游戏竞技的一代人，他们现在情况如何？网瘾问题已引起社会各界的高度关注，你希望通过小说传达什么？

石一枫：早期沉迷于游戏的那一代人，对我来说其实是被时代隔过去的一代人。《入魂枪》里表现的很多人物，只能说是涉足电竞，但又没有真正以电竞为业的游戏沉迷者吧。当电竞不能称为一种职业的时候他们深陷其中，电竞成为一种职业的时候他们又已经老了，这是他们的悲剧性。你想通过一本小说来教育大家不要沉迷游戏，或者为游戏产业摇旗呐喊，都不现实。

我希望还原和游戏相关的人。文学毕竟还是写人的，游戏玩家既是我们生活中的普通人，又有一些普通人所不具备的特质，作为文学形象是值得捕捉的。另一个层面，姑且算是哲学层面的探讨，从我们这一代人开始，人类第一次面临两个世界：一个是真实的世界，一个是虚拟的、网络化的世界。比我们更小的孩子天生就是互联网的原住民。世界第一次在人类眼前分岔，是从我们这一代人开始的。这种分裂究竟给我们带来了怎样的世界观层面的影响，这也是《入魂枪》尝试探讨的。

问：《入魂枪》向读者展现了电竞选手的心路历程，也使得我们在阅读过程中对这一行业有了立体全面的了解。

石一枫：理解生活、反思现实的功能文学还是有的，假如理解和反思是解决问题的第一步，那么文学还有点儿实际价值。当然，作家也不太可能为了这种实际价值而写作，写作毕竟还是一项创造性的工作，创造本身的意义还是强于现实意义。

问：《入魂枪》将电竞玩家的现实悲喜融入时代的浪潮中，电竞产业的发展也是社会变迁的一个缩影。《逍遥仙儿》反映的也是社会生活中发生的各种问题，培训机构的倒闭、短视频的冲击、拆迁中一夜暴富的老北京人、吃播的火爆以及由此带来的一系列弊端。

石一枫：对于写作的思维习惯，我觉得判断往往是很难的，反思往往要来得更顺手。对于我们生活里一些习以为常的现象或者成见进行反思，这很有意思。也许在文学的层面思考现实，就是永远在反思，但是难以做判断。所以在写的过程中，我尽可能不去做简单化的判断，尽量从具体的、普通的人的角度去看待我们的生活并且抱以同情和理解，这是一个基本态度。

对生活的热情和兴趣，对石一枫来说是最重要的。在他看来，不断发现社会的新鲜元素，是一个作家的基本使命。

问：《逍遥仙儿》以教育为切入口，讲述北京普通百姓的生活——你的写作是否也有一种责任感和使命感？

石一枫：《逍遥仙儿》是跟教育有一些关系，我主要想讲的还是阶层问题，或者说是人群之间的隔阂。在以前的生活和文学作品中，我们经常可以看到中产阶层和城市草根之间存在着隔阂，但那时候通常是经济上的差别造成理解的隔阂。但是今天重新审视生活，尤其是北京的中关村这类地方，你会发现土著和外来的中产阶层并不完全是在财富方面存在隔阂，甚至财富差距早已被拉平，但是在认知方面和生活方式方面，包括所谓文化等级方面存在的隔阂是更本质的。从现实生活里找到观察时代的新角度，不断发现我们社会的新鲜元素，我想这也是一个作家的基本使命。

问：评论家孟繁华认为，“石一枫发现了北京新世情中的焦虑、虚荣和虚伪……他在呈现现实的时候，同时他有立场，有他对人物、对历史、对当下的价值判断”。你如何看待这一评价？

石一枫：刚才说判断是一个很难的事儿，所幸我还算个有点儿判断力的人。不敢说是多么重大或者深刻的思想，但是在写作中尽量不被现实拽着走，做到既有“现实”也有“主义”，我觉得这是作家处理现实题材的一个基本原则。在这一点上，我想我跟孟老师说的是一回事儿。当然写什么永远是个问题，往往捕捉新题材，寻找生活里的新发现，这些方面的难度是要大于在写作技巧方面的创新。关于写法如何带着作家的天性，我总感到有一些基本问题要先解决，比如人物是否生动，还原生活是否贴切，故事本身是否有意蕴，这些可能是“怎么写”这个问题的基础层面。

问：现在看来，小说素材和技巧都不是问题，你觉得自己的创作还面临哪些挑战？

石一枫：挑战一直都有。即使素材准备好了，技巧也有了一定的储备，距离完成一篇出色的小说肯定还有很长的路要走。小说毕竟是一个字一个字写出来的，越是复杂的作品，在写作的过程中需要处理的种种意想不到的问题就越多，当然解决这些问题也是写作的乐趣。

石一枫坦言自己深受老舍和王朔两代“京味”作家的影响。同时他也觉得，风格也应该是自发生长出来的，该是什么样就是什么样。

问：可否谈谈自己的文学营养？外国文学和中国文学对自己的创作各有怎样的影响？

石一枫：我在大学中文系念到硕士毕业，算是科班出身了吧。书应该算看过几本，真要和那种爱扯洋书洋名儿的人“盘道儿”，大尾巴狼装不了，小尾巴狼勉强也能装两下。要说对写作的影响，中国、外国的文学影响肯定都受过，开卷有益嘛。中国古典小说我肯定是喜欢，西方的小说更喜欢英语国家的。但更不可忽视的影响应该还是来自当代文学，尤其是那些最当下的，还没有被经典化的文学作品。表现正在发生的时代变化，这对作家而言是极其重要的责任，也许可以说是最重要的责任，而如何言说当下，言说的过程之中又有哪些成败得失，这些教益恐怕只有同时代的作家才能给你。没兴趣再抱着本“经典”就当武功秘籍练，这让我挺欣慰的。

问：对于语言，你有怎样的追求？

石一枫：还是以清晰的表义为第一要求，最好能再生动点儿，至于其他的方面，比如腔调、风格等倒没太多追求，尽量和口语的气息保持一致就行。我觉得文学的语言应该是有风格的，但风格应该是自发生长出来的，该是什么样就是什么样，不存在“追求风格”。绷着块儿硬追求出来的风格大多是虚假的，甚而是虚伪的。

问：语言特色是如此鲜明，幽默诙谐，你觉得作为新时代的北京人，和老舍等作家的京味小说有哪些一脉相承之处？或可谈谈你觉得自己的京味小说有何特点？

石一枫：京味小说有一个特点，就是北京作家的书面语言和口语其实是高度接近的，用什么语言说话，就用什么语言写作。这种特点当然有它的优势，就是表现的时候非常有效，它很生动，很有画面感。北京话就是非常生动，非常有画面感。但得承认缺点也有，我觉得在进行思辨的时候，这种语言往往会深不下去。这方面反而是南方作家做得好，你看鲁迅的东西就是往深里走，这跟鲁迅本人有关系，跟他的语言也有关系。我也经常听南方作家说他们写作的时候，因为口语不是普通话，所以会有一个翻译的过程。但恰恰就是这么一个翻译的过程，他们对一句话的意思往往比我们北京人多想一圈儿。写东西多想一圈儿，少想一圈儿是能看出来的。我现在对北京语言的想法，除了继承它的优势，更多的也会考虑补上它的短板。

问：很多人视你为“京味作家”，你如何看待这一评价？

石一枫：我同意，毕竟是用北京话写作，言说事物的方式也是北京特有的。当然和北京相关的写作本身也很复杂，分门别类也有好几个路数呢，这和北京这座城市的复杂性有关。此外我也想指出，老舍之所以是老舍，王朔之所以是王朔，并不仅仅因为他们说话的方式，也不仅仅因为他们写了点儿北京老市民和大院儿子弟的生活，还因为他们对所处的时代做出了反思，这是任何优秀作家都应该做到的。

问：你怎样看待“大院文化”？“大院文化”是一个圈子，这个圈子中的作家，是否有一种共同的气息？

石一枫：类似生活环境里出来的作家，想必是有共同的气息。我到现在还以军属的身份住在部队大院儿里，日常生活决定了我熟悉什么，生疏什么。但放在比较长的时段里看，现在大院儿里孩子的状态、心态和过去肯定是不一样的。就拿一个简单的事儿说，以前大院儿的孩子上完中学就能当兵，别的孩子都得插队，这种优越感是不言而喻的。现在甭管什么人都得参加高考，大学毕业找工作上班，大家在出路上没有什么不同，面对的困境也没有不同，那么精神状态也就差不多。我不觉得我所写的人物因为部队大院儿的背景就有多么特殊，大家都是一样的人。

问：可否谈谈自己在创作上的规划？你如何看待自己的创作前景？

石一枫：我也没太多规划，对什么事儿有感想就写点儿什么事儿，最好长篇幅和短篇幅的作品交叉进行，节奏上也是个调剂。现在我比较庆幸找到了一个比较明确的，自己也感兴趣的领域，以后会做些更深入的思考。至于有多大前景，那不是自己说了算的，所以也不琢磨。

问：你希望成为一个怎样的作家？

石一枫：当然是人民群众喜闻乐见的作家。和八十年代相比，写小说尤其是写纯文学小说这个行当虽然越来越不被认可，但说到底还属于大众艺术，一个人写一群人看，所以从事写作这事儿归根结底也是伺候别人而不是伺候自己。一切只对自己负责或者说只对抽象的“文学”负责的写作，那需要格外强大的自信和决绝的意志，我不大赞成那种态度，但也挺羡慕持那种看法的作家。

图书在版编目 (CIP) 数据

从夹缝到通途 : 深度对话70后作家 / 舒晋瑜著 .
北京 : 北京十月文艺出版社，2025. 10（2026.1重印）. -- ISBN 978-7
-5302-2451-9
Ⅰ. I253
中国国家版本馆CIP数据核字第2024KZ0416号

从夹缝到通途
深度对话70后作家
CONG JIAFENG DAO TONGTU
舒晋瑜 著

出　　版　北 京 出 版 集 团
　　　　　北京十月文艺出版社
地　　址　北京北三环中路6号
邮　　编　100120
网　　址　www.bph.com.cn
发　　行　新经典发行有限公司
　　　　　电话 010-68423599
经　　销　新华书店
印　　刷　河北鹏润印刷有限公司
版　　次　2025年10月第1版
印　　次　2026年1月第2次印刷
开　　本　880毫米 ×1230毫米 1/32
印　　张　16.5
字　　数　330千字
书　　号　ISBN 978-7-5302-2451-9
定　　价　66.00元
如有印装质量问题，由本社负责调换
质量监督电话　010-58572393